thomas

• • • •

înconjurat de idioți

Cele patru tipuri de comportamente umane
și cum să comunicăm eficient unii cu alții

Traducere din limba engleză
ALEXANDRU BUMBAȘ

Bucureşti

Surrounded by Idiots
The Four Types of Human Behavior and How to Effectively Communicate with Each in Business (and in Life)
Thomas Erikson
Copyright © 2014 Thomas Erikson
Ediție publicată prin înțelegere cu Enberg Agency

Editura Litera
tel.: 0374 82 66 35; 021 319 63 90; 031 425 16 19
e-mail: contact@litera.ro
www.litera.ro

Înconjurat de idioți
Cele patru tipuri de comportamente umane și cum să comunicăm eficient unii cu alții
Thomas Erikson

Copyright © 2019 Grup Media Litera
pentru versiunea în limba română
Toate drepturile rezervate

Traducere din limba engleză:
Alexandru Bumbaș

Editor: Vidrașcu și fiii
Redactori: Aloma Ciomâzgă-Mărgărit, Georgiana Harghel
Corector: Georgiana Enache
Copertă: Flori Zahiu
Tehnoredactare și prepress: Ana Vârtosu

Descrierea CIP a Bibliotecii Naționale a României
ERIKSON, THOMAS
Înconjurat de idioți. Cele patru tipuri de comportamente umane și cum să comunicăm eficient unii cu alții / Thomas Erikson; trad. din lb. engleză de Alexandru Bumbaș – București: Litera, 2019
ISBN 978-606-33-4476-3
I. Erikson, Thomas
I. Bumbaș, Alexandru (trad.)
159.9

Cuprins

Cuvânt înainte 7

Introducere.
Omul care era înconjurat de idioți 11

Capitolul 1. Comunicarea are loc după regulile
interlocutorului 17

Capitolul 2. De ce suntem așa cum suntem? 23

Capitolul 3. Introducere în sistem 29

Capitolul 4. Comportamentul Roșu
Cum să recunoști și să eviți un Real Alpha 33

Capitolul 5. Comportamentul Galben
Cum să recunoști o persoană care nu mai este cu picioarele
pe pământ și cum să o readuci la realitate 45

Capitolul 6. Comportamentul Verde
De ce schimbarea este atât de dificilă și cum să o eviți 53

Capitolul 7. Comportamentul Albastru
În căutarea perfecțiunii 63

Capitolul 8. Partea neplăcută – nimeni nu este perfect
Puncte tari și puncte slabe despre care nimeni nu vrea
să vorbească 75

Capitolul 9. Învățând lucruri noi
Cum să folosești ceea ce ai învățat deja 113

Capitolul 10. Limbajul corpului:
de ce contează modul în care te miști
Cum arăți în realitate? 117

Capitolul 11. Un exemplu din viața reală
*Petrecere la firmă – cum să îi înțelegi
pe toți cei pe care îi întâlnești* 129

Capitolul 12. Adaptarea
Cum să te descurci cu idioții (de exemplu, cu oricine nu e ca tine) 135

Capitolul 13. Cum să transmiți vești proaste, pentru că
și critica pozitivă este tot... o formă de critică
Provocarea de a spune ce gândești 177

Capitolul 14. Cine cu cine se înțelege –
și de ce funcționează
Dinamica de grup în forma ei cea mai subtilă 195

Capitolul 15. Comunicarea scrisă
*Cum să evaluezi o persoană când nu poți
să o întâlnești personal* 203

Capitolul 16. Ce ne scoate din sărite?
*Temperamentul poate scoate în evidență totul
despre o persoană* 207

Capitolul 17. Factori de stres și vampiri energetici.
Ce este stresul cu adevărat? 213

Capitolul 18. Scurtă retrospectivă
Nimic nu s-a schimbat – oamenii au fost tot timpul la fel 227

Capitolul 19. Voci din viața reală 233

Capitolul 20. Mic chestionar de evaluare
a celor învățate 257

Capitolul 21. Un ultim exemplu din viața de zi cu zi
Poate cel mai edificator proiect de echipă din istoria lumii 263

Răspunsuri la întrebările din Capitolul 20 269
Lecturi suplimentare 271

Cuvânt înainte

Cu ani în urmă, Bill Bonnstetter și fiul său, David, puneau la punct un software revoluționar bazat pe metoda DISC – o modalitate de descriere a comunicării dintre oameni și de clasificare a comportamentelor, pe care am folosit-o și în cartea de față. Din păcate, Bill s-a stins din viață, dar David continuă să conducă firma – TTI Success Insights – și în prezent. Avându-și originile într-un orășel din Iowa, această metodă de profiling este folosită astăzi de firme și de corporații din lumea întreagă.

Totul a început cu o întrebare. Una simplă, punctuală: ar putea un comerciant agricultor să vândă mai multe semințe doar uitându-se pur și simplu la o fermă?

În copilărie, eu însumi fiind originar din Iowa, am avut ocazia să-l observ pe tatăl meu folosind principiile fundamentale ale lui William Moulton Marston, *Emotions of Normal People* (*Emoțiile oamenilor normali*). La vremea aceea, tatăl meu era preocupat de tipologiile cumpărătorilor, oferindu-le vânzătorilor din agricultură informații despre instrumentele lui Marston, pentru o mai bună înțelegere a propriului comportament, precum și al celui al cumpărătorilor. Îmi amintesc din vremea aceea cum, așezat la masa la care mâncam mușchi de porc și porumb copt, îl ascultam pe tata gândind cu voce tare pe marginea observațiilor lui. „Alei impecabile și crânguri îngrijite? Comportament de Albastru, cu siguranță. Șepteluri variate și clădiri noi și experimentale? Ai de-a face cu un Roșu."

Deși eram foarte apropiați, drumurile noastre nici că aveau cum să fie mai diferite. Tatăl meu, un adevărat antreprenor de tip Roșu/Galben, își dorea să construiască firme de consultanță care să îi ajute pe vânzători să-și îmbunătățească tehnica. Eu aveam să urmez calea facultății, la Universitatea din Iowa, acționând în virtutea comportamentului meu Roșu/Albastru și studiind contabilitatea și informatica. Mi-am petrecut timpul liber în laboratorul de informatică și mi-am pus sufletul în programe, folosindu-mă de degetele de informatician. În vreme ce eu studiam, tata își perfecționa abilitatea sa magică de a-i înțelege pe oameni.

Tata și cu mine am rămas apropiați, vorbind aproape săptămânal, deși pornisem pe căi atât de diferite. Într-o zi, pe vremea când eram încă student, tata m-a întrebat dacă nu mi-ar fi plăcut să lucrăm împreună. „Ce-ar fi dacă am combina talentul tău de programator cu abilitatea mea de a analiza comportamentul uman?" m-a întrebat el. Eram ambițios, îmi plăcea ceea ce făceam, așa că am pornit în cea mai frumoasă a aventură a vieții mele. Împreună cu tata, am construit un program capabil să producă rapoarte despre comportamentul uman. Acestea aveau un important potențial de multiplicare, iar informațiile pe care le-am obținut ne-au oferit posibilitate de a contura potențialul unei persoane prin intermediul unei dischete de 3.5 MB și un raport de 24 de pagini. În anul 1984, în Iowa, împreună cu tatăl meu, am pus bazele companiei TTI Success Insights care exact cu asta se ocupa.

Cu timpul, am reușit să scăpăm de iernile geroase din vestul Americii și ne-am mutat, cu familia și afacerile, în zona însorită și călduroasă din Scottsdale, în Arizona. La sfârșitul anilor 1990 am început să folosim internetul pentru a împărtăși publicului larg evaluările noastre, deja cunoscute și apreciate. Astăzi, afacerea noastră prosperă, având deja o rețea de distribuitori internaționali.

Probabil că te întrebi de ce ești atât de diferit de noi. Comportamentul uman este, în mare parte, complex și neclar. În anumite cazuri, oamenii din jurul nostru sunt niște idioți. Înțelegerea comportamentului uman este o misiune fără sfârșit, prin care încercăm să aflăm ce se ascunde în spatele alegerilor pe care le fac oamenii. Este foarte ușor, dar și periculos, să îi pui cuiva eticheta de ignorant, doar pentru că se comportă altfel decât tine. În vremurile noastre e nevoie de o înțelegere mult mai profundă, menită să ne facă să evaluăm cu mai multe acuratețe slăbiciunile și punctele tari ale celorlalți.

Tata a murit cu niște ani în urmă. Dar scopul nostru comun – acela de a pune în lumină potențialul uman – continuă să dăinuie și astăzi. Cartea de față prezintă noțiunile folosite de tatăl meu în trainingurile de vânzări și chiar în situații mai complexe – de exemplu, înțelegerea idioților care ne înconjoară.

Pe măsură ce vei avansa cu lectura, vei înțelege ce înseamnă un Roșu, un Galben, un Verde și un Albastru. Sper că vei reuși să dezvolți o serie de abilități care să te ajute să gestionezi mai bine relația cu oricare dintre aceste tipologii. Însă cea mai importantă lecție pe care o vei fi învățat este aceea că idioții nu sunt deloc idioți. Sunt doar oameni care merită respectul și înțelegerea noastră și care trebuie apreciați.

Oricine poate folosi teoriile prezentate în această carte pentru a se descurca mai bine la jocul vieții. Altfel spus, dacă nu vei înțelege și nu vei pune în practică principiile, vei continua să te simți înconjurat de idioți. Și cred că nimeni nu își dorește asta.

David Bonnstetter
CEO al TTI Success Insights

INTRODUCERE
Omul care era înconjurat de idioți

Eram la liceu când mi-am dat seama că existau unii oameni cu care mă înțelegeam mai bine decât cu alții. Îmi era ușor să discut cu unii dintre prietenii mei: orice conversație am fi avut, reușeam mereu să găsim cuvintele potrivite, iar dialogul curgea de la sine. Nu existau conflicte și ne plăceam reciproc. În schimb, cu alți oameni nu reușeam să mă înțeleg sub nici o formă. Ei nu înțelegeau nimic din ce le spuneam, iar mie îmi era imposibil să înțeleg de ce.

De ce unii oameni făceau să pară totul atât de simplu, în vreme ce alții erau niște capete pătrate? În tinerețe, desigur, nu-mi băteam capul prea mult cu astfel de întrebări. Totuși, îmi amintesc cât de uimit eram că anumite conversații se închegau cu mare ușurință, iar pentru altele nu se găsea nici măcar un punct de pornire. Am început să folosesc diverse metode pentru a-i testa pe cei din jur. Am încercat să spun cam aceleași lucruri în împrejurări asemănătoare, doar pentru a observa reacțiile celorlalți. Uneori aveam rezultate, iar asta însemna parcurgerea unor conversații interesante. În alte ocazii, în schimb, nu se întâmpla nimic. Oamenii se holbau la mine ca și cum aș fi venit de pe altă planetă și, uneori, chiar așa mă simțeam.

Când suntem tineri, avem tendința de a simplifica lucrurile. Întrucât unii oameni din anturajul meu reacționau normal, mi se părea că ei erau în regulă. Așa am început să cred că cei care nu mă înțelegeau aveau o problemă sau că era ceva în neregulă cu ei. Ce altă explicație ar fi putut exista? Unii oameni aveau o problemă, pur și simplu. Poate că era naivitatea adolescenței, iar unele consecințe au fost chiar amuzante. Cu toate acestea, ani mai târziu, lucrurile aveau să se schimbe.

Timpul a trecut, cu muncă, familie și carieră, iar eu am continuat să clasific oamenii în două categorii: cei buni și sensibili și restul, respectiv cei care nu înțelegeau nimic din nimic.

Când aveam 25 de ani, am cunoscut un bărbat care era propriul patron. În vârstă de 60 de ani, Sture își construise afacerea de-a lungul mai multor ani. Mi s-a cerut, la un moment dat, să-i iau un interviu, chiar înainte de implementarea unui proiect. Am început să vorbim despre cum mergeau lucrurile în compania lui. Unul dintre primele lucruri pe care mi le-a spus a fost acela că era înconjurat de idioți. Îmi amintesc că am izbucnit în râs, crezând că era vorba despre o glumă. Însă Sture nu glumise. S-a înroșit la față și mi-a explicat că cei din departamentul A erau niște idioți, fără excepție. În departamentul B, exista un alt tip de oameni, cei care nu înțelegeau nimic. Cât despre cei din departamentul C, ei bine, ei erau de-a dreptul insuportabili din punctul acesta de vedere! Erau atât de ciudați încât Sture nu putea să își imagineze cum de reușeau să se trezească dimineața.

Pe măsură ce îl ascultam, am început să-mi dau seama că era ceva în neregulă cu povestea lui. L-am întrebat dacă el credea cu adevărat că era înconjurat de idioți. S-a uitat la mine și mi-a spus că, după părerea lui, foarte puțini dintre angajați meritau să lucreze la firma lui.

Sture nu avea nici un fel de reținere în a le împărtăși angajaților săi această părere. Nu rata nici o ocazie de a-și insulta subalternii, numindu-i idioți în fața tuturor colegilor. Prin urmare, angajații au început să îl evite. Nimeni nu mai avea curajul să meargă la întâlniri cu el. Angajații nu îi mai transmiteau veștile proaste, pentru că Sture se răstea de fiecare dată. La unul dintre sedii, angajații instalaseră o luminiță de avertizare. Plasat discret deasupra recepției, beculețul se făcea roșu când Sture era la birou și verde când acesta era plecat.

Toată lumea știa să descifreze semnalul luminos. Nu doar angajații, ci și clienții urmăreau culoarea luminiței de îndată ce treceau pragul, ca să știe ce-i așteaptă. Dacă beculețul era roșu, unii oameni pur și simplu făceau stânga împrejur, urmând să revină într-un moment mai prielnic.

Știm deja că atunci când ești tânăr ești plin de idei mărețe. Așa că nu am putut să nu întreb, așa cum părea logic, cine îi angajase pe toți acei idioți? Știam, desigur, că el îi angajase pe cei mai mulți dintre ei. Și mai rău era că Sture înțelesese exact substratul întrebării mele: cine era idiotul, de fapt?

Sture m-a dat imediat afară pe ușă. Ceva mai târziu, aveam să aflu că dorise efectiv să mă împuște.

Incidentul respectiv mi-a dat mult de gândit. Era vorba despre un bărbat care avea să iasă curând la pensie. Era un antreprenor de succes, foarte respectat în domeniul lui. Însă nu avea nici un fel de talent în relația cu oamenii. Nu înțelegea deloc cea mai importantă resursă a unei companii – angajații. Și pe toți cei pe care nu-i înțelegea îi considera idioți.

Întrucât eram din afara companiei, puteam să observ cu mare ușurință cât de greșit era felul său de a gândi. Sture nici nu își dădea seama că îi judeca pe ceilalți doar prin prisma comparației cu el însuși. Pentru el, idiot era oricine nu gândea ca el. Folosea aceleași expresii ca mine pentru a-i califica pe anumiți oameni: „lăudăroși aroganți", „măgari", „nenorociți" sau chiar „tembeli notorii". Deși nu foloseam noțiunea de „idiot" – sau, în orice caz, aveam grijă să nu fiu auzit când o foloseam, era evident că aveam probleme cu un anumit tip de oameni.

Mi se părea absolut îngrozitor că trebuia să trec prin viață gândindu-mă tot timpul că eram înconjurat de oameni cu care era imposibil de lucrat. Asta nu făcea decât să îmi limiteze potențialul.

După o atentă analiză a situației, am decis că nu voiam să fiu ca Sture. După o întâlnire toxică cu el și cu câțiva dintre nefericiții lui colegi, m-am urcat la volan cu stomacul strâns. Întâlnirea fusese catastrofală. Toată lumea era furioasă. Atunci am înțeles un lucru esențial – cum anume funcționează oamenii. Viața mea avea să fie plină de întâlniri cu oameni, indiferent de profesia pe care urma să o am. Așa că mi-a fost ușor să accept că înțelegerea modului în care funcționează oamenii nu poate să fie decât în beneficiul meu.

Am început să studiez modul în care i-aș fi putut înțelege pe oamenii pe care îi consideram dificili. De ce unii sunt tăcuți în vreme ce alții pălăvrăgesc tot timpul, de ce unii oameni spun tot timpul adevărul, iar alții nu mai încetează cu minciunile? De ce unii dintre colegii mei sunt punctuali, iar alții abia dacă reușesc să ajungă la întâlnirile stabilite. Și mă interesa chiar de ce unii oameni îmi plăceau mai mult decât ceilalți? Descoperirile făcute aveau să fie fascinante, iar eu nu am mai fost același om din clipa în care am pornit în această aventură. Cunoștințele dobândite m-au schimbat ca om, ca prieten, coleg, fiu, soț și chiar ca tată.

Această carte ilustrează poate cea mai cunoscută metodă de a descrie diferențele la nivelul comunicării umane. Este o metodă numită DISA (Dominanță, Implicare, Supunere și Abilitate analitică). Cei patru termeni reprezintă cele patru tipuri de personalități, care descriu modul în care oamenii se văd pe sine în relație cu mediul în care trăiesc. Fiecare dintre aceste tipuri de personalitate este asociat cu o culoare – Roșu, Galben, Verde și Albastru. Sistemul este denumit sistemul DISC, litera „C" semnificând Conformitatea. Am folosit variațiunile acestui instrument vreme de mai bine de 20 de ani și am obținut rezultate excelente.

Dar cum anume trebuie procedat pentru a deveni cu adevărat un profesionist în gestionarea diverselor tipuri de personalitate? Există, desigur, mai multe metode. Cea mai uzuală este analiza datelor pe care le ai la dispoziție și extragerea informațiilor de bază. Însă studiul teoretic nu te face un comunicator excepțional. Numai când începi să folosești ceea ce ai acumulat poți dezvolta competențe funcționale în domeniul tău. E ca și cum ai învăța să mergi pe bicicletă – înainte de toate, trebuie să urci în șa. Abia apoi înțelegi ce ai de făcut.

De când am început să studiez modul în care funcționează oamenii, străduindu-mă să înțeleg diferențele de la nivelul comunicării, nu am mai fost același om. Nu mai sunt la fel de categoric și nu mai judec oamenii doar pentru că nu sunt ca mine. De-a lungul timpului am învățat ce este răbdarea în preajma oamenilor diferiți de mine. Nu aș merge atât de departe încât să spun că nu mai sunt în conflict cu nimeni, tot așa cum nu aș încerca să te conving că nu mint niciodată, însă aceste situații sunt mult mai rare.

Trebuie să îi mulțumesc lui Sture pentru un singur lucru – mi-a trezit interesul în legătură cu acest subiect. Fără el, probabil că nu aș fi scris niciodată această carte.

Ce poți face pentru a înțelege mai bine cum relaționează și comunică ființa umană? Ai putea începe prin a citi această carte – în întregime, nu doar primele trei capitole. Cu puțin noroc, în doar câteva minute, vei porni în aceeași călătorie pe care am început-o și eu cu 20 de ani în urmă. Îți promit că nu vei regreta.

Un singur lucru trebuie să reții: pentru a simplifica lectura, am folosit pronumele „el" sau „lui" când am dat exemple care nu sunt asociate cu o anumită persoană. Știu că ai suficientă imaginație încât să adaugi „ea" sau „ei", ori de câte ori găsești că este potrivit.

1. Comunicarea are loc după regulile interlocutorului

Ți se pare ciudat? Dă-mi voie să îți explic. Orice afirmație pe care o faci în fața cuiva este filtrată prin modelele de referință, preferințele și ideile preconcepute ale respectivei persoane. Ceea ce rămâne este, de fapt, mesajul pe care persoana respectivă îl receptează. Din mai multe motive, aceasta poate să interpreteze ceea ce vrei să transmiți într-un mod foarte diferit de intenția ta inițială. Ceea ce va fi înțeles depinde, în mod natural, de cel cu care vorbești, însă rar se întâmplă ca mesajul să ajungă la interlocutor exact în forma în care l-ai conceput la nivel mental.

Pare alarmant că ai atât de puțin control asupra a ceea ce înțelege interlocutorul tău. Oricât ai încerca să îl faci să înțeleagă, nu prea ai ce face. Aceasta este una dintre marile provocări ale comunicării. Nu poți schimba modul în care funcționează interlocutorul. Totuși, majoritatea oamenilor conștientizează și sunt sensibili la felul în care vor să fie tratați de ceilalți. Adaptându-te la modul în care își doresc ceilalți să fie tratați devii mult mai eficient în comunicare.

De ce e atât de important să faci asta?

Îi ajuți pe oameni să te înțeleagă creând o zonă de siguranță necesară comunicării, în termenii lor. Astfel, interlocutorul își va folosi energia pentru a înțelege și nu pentru a reacționa (conștient sau inconștient) la modul tău de a comunica.

Toți trebuie să devenim mai flexibili, pentru a ne ajusta modul de comunicare și a-l adapta în funcție de cei cu care vorbim și care sunt diferiți de noi. Indiferent ce metodă de comunicare alegi pentru a discuta cu cineva, vei fi tot timpul în minoritate. Nu contează ce temperament ai, majoritatea celor din jurul tău vor funcționa altfel față de tine. Felul în care comunici nu se poate baza doar pe preferințele tale. Flexibilitatea și abilitatea de a interpreta nevoile celorlalți sunt trăsăturile care definesc un bun comunicator.

Cunoașterea și înțelegerea comportamentului și a modului de comunicare al interlocutorului îți va oferi indicii despre cum va reacționa acesta în diferite situații. Această înțelegere îți va îmbunătăți și abilitatea de a înțelege mai bine persoana în chestiune.

Nici un sistem nu este perfect

Aș vrea să fiu foarte clar într-o privință: cartea aceasta nu își propune să fie un tratat exhaustiv despre modul în care oamenii comunică între ei. Nici o carte nu poate susține acest demers, pentru că numărul semnalelor pe care le transmitem constant celorlalți nu ar încăpea în nici un volum. Chiar dacă ținem cont și de limbajul trupului, de diferențele dintre modurile în care se exprimă bărbații și femeile, de diferențele culturale și de toate celelalte variabile în procesul comunicării, nu am reuși să acoperim toate aspectele. Putem adăuga și elementele psihologice și grafologice, vârsta și chiar astrologia, și tot nu am obține o imagine de ansamblu completă.

Potrivit *American Journal of Business Education* (iulie/august 2013), peste 50 de milioane de afirmații au fost formulate folosind metoda DISA. Și totuși, în ciuda acestui număr impresionant de informații, comunicarea rămâne un puzzle fascinant. Oamenii nu sunt un tabel în Excel. Nu putem calcula totul. Suntem mult prea sofisticați pentru a putea fi descriși în cele mai fine detalii. Până și un copil este mult prea complicat pentru a putea fi cuprins într-o carte. Totuși, putem evita anumite greșeli prin înțelegerea trăsăturilor de bază ale comunicării umane.

Se întâmplă de ceva vreme

„Înțelegem ceea ce facem, dar nu înțelegem de ce anume facem ceea ce facem. Prin urmare, ne evaluăm și ne valorizăm reciproc în funcție de ceea ce înțelegem că facem."

Aceste cuvinte îi aparțin psihanalistului Carl Jung. Diversele modele comportamentale sunt ceea ce oferă dinamism vieților noastre. Când spun modele comportamentale, nu mă refer doar la modul în care se comportă o persoană într-un anumit moment (acțiunile acesteia), ci la întregul set de atitudini, credințe și abordări care influențează modul în care respectiva persoană acționează. Mai mult decât atât, fiecare dintre noi acționează diferit în situații diferite, ceea ce poate fi sursă de bucurie sau de iritare pentru cei din jurul nostru.

Prin acțiuni individuale putem, desigur, să avem dreptate sau să ne înșelăm. Nu există nici un model comportamental corect sau greșit. Ești ceea ce ești și nu are rost să te întreb de ce ești așa. Ești în regulă, indiferent cum sunt organizate „circuitele" tale. Nu contează cum alegi să te comporți și cum ești perceput, ești în regulă. În limite rezonabile, desigur.

Eu așa gândesc.

Într-o lume perfectă, este ușor să spui „sunt un anumit tip de persoană și este în regulă, pentru că așa am citit într-o carte. Sunt ceea ce sunt și acesta este felul în care reacționez." Desigur, nu ar fi minunat să nu fii nevoit să-ți gestionezi propria personalitate? Să fii tot timpul capabil să reacționezi și să te comporți exact așa cum îți vine? Poți face asta. Te poți comporta exact așa cum îți dorești. Tot ce ai de făcut este să găsești situația potrivită pentru a acționa astfel.

Există două situații în care poți să fii pe deplin tu însuți. Prima este aceea în care ești singur într-o încăpere. Nu mai contează cum vorbești și ce spui. Nu deranjează pe nimeni dacă urli și înjuri, sau dacă meditezi la misterele vieții sau te întrebi de ce manechinele sunt tot timpul furioase. În singurătate te poți comporta exact așa cum simți. Simplu, nu?

A doua situație în care poți fi exact așa cum ești este cea în care ceilalți oameni din încăperea în care te afli sunt exact ca tine. Ce ne-a învățat mama? Poartă-te cu ceilalți așa cum ai vrea să se poarte și ei cu tine. Un sfat minunat și bine intenționat. Un sfat care chiar funcționează, atâta timp cât ceilalți sunt exact ca tine. Nu trebuie decât să faci o listă cu oamenii despre care crezi că gândesc și se comportă ca tine, indiferent de situație. Dă-le un telefon și ieși la o bere cu ei.

În orice altă situație, ar putea fi o idee bună să înțelegi cum ești perceput și cum funcționează ceilalți oameni. Nu cred că e o noutate că majoritatea oamenilor pe care îi întâlnești în viață nu sunt ca tine.

Cuvintele pot avea o putere incredibilă, însă cuvintele pe care le alegem și modul în care le folosim variază. Așa cum ai înțeles și din titlul acestei cărți, există diferite interpretări ale... da, exact, ale cuvintelor. Iar când folosești cuvintele nepotrivite, ei bine, se prea poate să fii un idiot.

Înconjurați de idioți – sau nu?

Ce înseamnă asta? Chiar în momentul în care scriu aceste rânduri îmi vine în minte o analogie între modelele comportamentale și o cutie cu scule. Când lucrezi ai nevoie de toate tipurile de scule. În funcție de situație, o anumită unealtă poate funcționa sau nu. Un baros de zece kilograme poate fi util la spargerea unui perete, însă nu și când vrei să bați un cui într-un perete.

Unii oamenii refuză să-i clasifice pe ceilalți în diferite tipuri de personalitate. Poate crezi că e greșit să-i grupăm pe oameni în categorii în felul acesta. Totuși, toți procedăm astfel, poate altfel decât o fac eu în această carte, dar fiecare dintre noi are un „clasor" al diferențelor. Este limpede că suntem diferiți și, după mine, a arăta acest lucru poate fi cu adevărat benefic, dacă facem totul ca la carte. Folosită în mod necorespunzător, orice unealtă poate avea consecințe nedorite. E mai degrabă vorba despre persoana care o folosește decât despre unealtă în sine. Această carte este o introducere în comportamentul uman și în studiul dialogului. Restul depinde doar de tine.

Anumite aspecte pe care le vei descoperi aici sunt preluate din TTI Success Insights. Aș vrea să le mulțumesc lui Sune

Gellberg și lui Edouard Levit pentru că mi-au împărtășit atât experiența lor, cât și materialele de formare.

Oricât de ciudat ar părea, în teorie, orice comportament este normal

Comportamentul normal...

... este relativ predictibil. Dar:
Orice persoană reacționează într-un anumit fel în situații similare. Este imposibil să prevezi fiecare reacție posibilă, înainte ca aceasta să fi avut loc.

... este parte dintr-un tipar.
Deseori, reacționăm în funcție de un anumit model comportamental. Prin urmare, ar trebui să respectăm modelele celorlalți și să le înțelegem pe ale noastre.

... este schimbător.
Ar trebui să învățăm să ascultăm, să acționăm, să vorbim deschis și să reflectăm, pentru a face ceea ce este relevant și pertinent într-o anumită situație. Orice om este adaptabil.

... este observabil.
Ar trebui să fim capabili să observăm și să ne gândim la majoritatea formelor de comportament, fără să fim psihologi de profesie. Orice om îi poate observa pe cei din jurul său.

... are o explicație.
Ar trebui să fim capabili să înțelegem de ce oamenii simt și se comportă într-un anumit fel. Cu toții putem reflecta asupra acestui aspect.

... este unic.
În ciuda condițiilor comune, comportamentul fiecărei persoane este unic și specific. Poți reuși potrivit propriilor condiții.

... este scuzabil.
Renunță la invidie și la văicăreli. Învață să fii tolerant și răbdător, atât cu tine însuți, cât și cu ceilalți.

2. De ce suntem așa cum suntem?

De unde provin personalitatea și comportamentul nostru? De ce sunt oamenii atât de diferiți? Pe scurt, este vorba despre o combinație de elemente ereditare și de anturaj. Chiar înainte de a ne naște, temelia modelelor comportamentale pe care le vom manifesta la vârsta adultă se va fi așezat deja. Temperamentul și trăsăturile de caracter pe care le moștenim ne influențează comportamentul – un proces care își are originile la nivel genetic. Modul în care acestea funcționează rămâne un mister pentru oamenii de știință, însă cu toții acceptă că joacă un rol important. Nu numai că moștenim trăsăturile părinților noștri, ci, în varii grade de influență genetică, moștenim și trăsături de la rude mai îndepărtate. Probabil ți s-a spus că semeni cu vreun unchi sau cu vreo mătușă, sau chiar că vorbești exact ca ei. Când eram mic, semănam cu unchiul meu Bertil – cred că avea legătură cu părul meu roșcat. Mi-ar lua mult timp să explic cum este posibil acest lucru, așa că deocamdată mă mulțumesc prin a-ți spune că moștenirea genetică are un impact important asupra dezvoltării noastre comportamentale.

Ce se întâmplă la naștere? În cele mai multe cazuri, copiii se nasc impulsivi, aventuroși și fără nici un fel de bariere. Un copil face exact ceea ce își dorește. Copilul spune „Nu vreau asta!" sau „Sigur că pot face asta!" Copilul trăiește cu gândul că orice este posibil. Acest tip de comportament spontan și incontrolabil (deseori) este, desigur, diferit de ceea ce și-ar dori părinții. Așadar, ceea ce era cândva un model comportamental original începe să se transforme, într-un scenariu de tip „în cel mai bun/rău caz", într-o copie a altcuiva.

Cum sunt influențați copiii?

Copiii învață și se dezvoltă în mai multe feluri, dar, cel mai adesea, procedeul cel mai întâlnit este imitația. Un copil imită ceea ce vede în jurul lui, iar părintele de același sex devine, în cele mai multe cazuri, un model de imitat. (Desigur, acesta nu este un studiu despre cum funcționează acest proces, la fel cum cartea aceasta nu este o carte despre cum să ne influențăm copiii.)

Valorile mele cardinale

Valorile mele cardinale sunt adânc înrădăcinate în mine și în caracterul meu, astfel încât este aproape imposibil să le schimb. Acestea sunt lucrurile pe care le-am învățat de la părinții mei sau de la școală, când eram mic. În ceea ce mă privește, valorile se rezumau la studiu și la variațiuni de tipul „trebuie să ai note mari" sau „nu este frumos să te bați". În ceea ce privește bătaia, pot spune că nu am ridicat niciodată mâna la cineva. Nu m-am mai bătut de pe vremea în care eram în clasa a treia și țin minte că am încasat-o la vremea aia. (Fetița cu care m-am bătut era foarte puternică.)

O altă convingere importantă este aceea că toți oamenii au aceeași valoare. Întrucât părinții m-au învățat încă de mic acest lucru, știu că nu este corect să judec o persoană după origini, sex, sau culoarea pielii. Cu toții avem adânc înrădăcinate în noi asemenea valori cardinale. Știm în mod instinctiv ce anume este corect și ce nu. Nimeni nu îmi poate lua aceste valori.

Atitudini și abordări

Următorul nivel de analiză îl reprezintă atitudinile mele, care nu sunt același lucru cu valorile cardinale. Atitudinile sunt lucruri despre care mi-am format o opinie pe baza propriilor experiențe sau a concluziilor pe care le-am tras în ultimii ani de studiu, sau chiar la școală, la liceu, sau la primul job. Chiar și experiențele pe care le avem la vârsta adultă ne pot ajuta să ne formăm atitudini.

O rudă mi-a spus odinioară că nu are încredere în comercianți. Fără îndoială că nu este singura cu o asemenea atitudine, însă, în cazul ei, efectele erau cel puțin comice. Nu cumpăra nimic fără să returneze obiectul achiziționat. Un tricou, o canapea, o mașină – procesul cumpărării era nesfârșit. Fiecare detaliu trebuia explorat și examinat. Oricât de mult ar fi studiat produsul respectiv înainte de a-l cumpăra, de fiecare dată lua decizia de a-l returna.

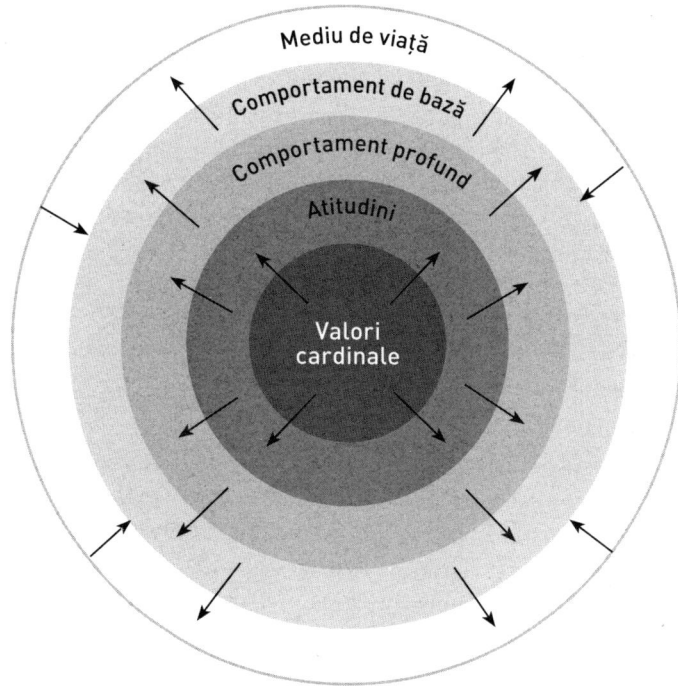

După ce am observat modelul repetitiv, am întrebat-o de ce proceda astfel și mi-a explicat motivele care determinau o asemenea atitudine: 85% dintre comercianți sunt escroci. Până în ziua de astăzi, nu știu dacă mă număr printre cei 85% sau printre cei mai fericiți, cei 15%. Important este că o atitudine se poate schimba. Probabil că ruda mea fusese păcălită de mult prea multe ori și învățase să nu aibă încredere în comercianți. Totuși, dacă ar fi avut un număr de experiențe pozitive, părerea ei s-ar fi schimbat.

Rezultatele

Atât valorile cardinale cât și atitudinile mele influențează modul în care mă comport. Ele formează comportamentul meu profund, adevărata persoană care îmi doresc să fiu. Este modul în care acționez în deplină liberate, fără influența factorilor externi.

Probabil că ai sesizat deja o problemă aici: când anume suntem pe deplin liberi și neinfluențați din exterior? Când discut această problemă cu grupuri de oameni din diferite medii, cădem toți de acord asupra unui singur context: când dormim.

Dar oamenii sunt diferiți. Unora nu le pasă. Sunt tot timpul ei înșiși pentru că nu se gândesc la modul în care sunt percepuți. Cu cât este mai puternică autoînțelegerea, cu atât mai mult crește probabilitatea de a te adapta la cei din jurul tău.

Cum mă percep ceilalți cu adevărat?

Cei din jur observă, cel mai des, comportamentul tău moderat. Interpretezi o situație și faci o alegere cu privire la modul în care reacționezi – acesta este comportamentul pe care îl experimentează cei din jurul tău. Este vorba despre masca pe care o porți pentru a te integra într-o anumită situație. Cu toții purtăm tot felul de măști. Nu este neobișnuit să purtăm o mască la muncă și una acasă. Și mai avem și masca pe care o purtăm când suntem în vizită la socri. Această carte nu este un curs de psihologie – dar mă mulțumesc să îți explic că interpretăm situațiile diferit și acționăm în consecință.

Că sunt sau nu conștient, mediul înconjurător mă face să acționez într-un anumit fel. Și exact așa funcționăm. Să analizăm puțin formula următoare:

COMPORTAMENT = $f(P \times M)$

Comportamentul este în funcție de *Personalitatea* și de *Mediul de viață*.
Comportamentul este ceea ce putem observa...
Personalitatea este ceea ce încercăm să înțelegem...
Mediul de viață este alcătuit din lucrurile care ne influențează.

Concluzie: Ne influențăm reciproc într-un fel sau altul. Trucul este să ne dăm seama ce se află dincolo de suprafață. Iar cartea de față se referă strict la comportament.

3. Introducere în sistem

La sfârșitul cărții vei găsi o descriere a cadrului în care a apărut sistemul DISA. Cu toate acestea, ținând cont de faptul că, cel mai probabil, vrei să descoperi cele mai interesante elemente – și cum anume funcționează totul în practică – poți continua lectura.

Așa cum ai putut observa deja, există patru tipuri comportamentale care sunt asociate unei culori. Cartea aceasta te învață cum să le recunoști. Vei descoperi foarte repede că, pe măsură ce afli trăsăturile unei culori, îți vor veni în minte multe persoane pe care le cunoști, poate chiar tu însuți.

Aproximativ 80% dintre oameni au o combinație de două culori care le domină comportamentul. Aproximativ 5% au doar o culoare, iar restul sunt dominați de trei culori. Pe tot parcursul acestei cărți, mă voi axa pe fiecare culoare, în mod individual, întrucât fiecare culoare însumează componente ale personalității unui individ. E ca o rețetă, trebuie să cunoaștem toate ingredientele înainte de a coace o prăjitură. Comportamentul pe deplin Verde, sau Verde în combinație cu altă culoare, este unul dintre cele mai des întâlnite tipuri de personalitate. Cel mai rar întâlnit este comportamentul pe deplin Roșu, sau Roșu în combinație cu o altă culoare.

THOMAS ERIKSON

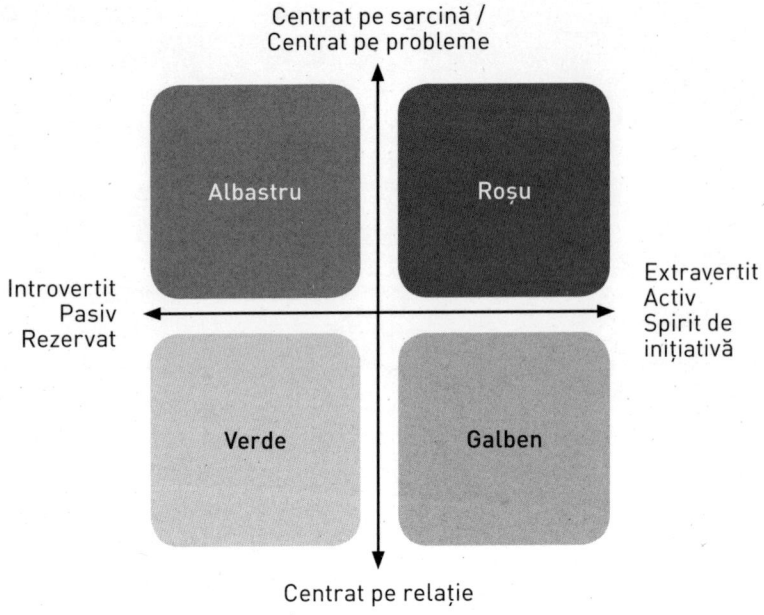

ANALITIC (Albastru)
- Reacții încete
- Maximum de efort depus în organizare
- Interes minim în relații
- Preocupat de trecut
- Grijuliu
- Tendință de a evita implicarea

DOMINANT (Roșu)
- Reacții rapide
- Maximum de efort depus în a controla situația
- Interes minim pentru grijă în relații
- Preocupat de prezent
- Tendință de a evita implicarea

STABIL (Verde)
- Reacție calmă
- Maximum de efort depus pentru conectare
- Interes minim pentru schimbare
- Preocupat de prezent
- Altruist
- Tendință de a respinge conflictul

INSPIRATOR (Galben)
- Reacție pripită
- Maximum de efort depus în implicare
- Interes minim pentru rutină
- Preocupat de viitor
- Acțiune impulsivă
- Tendință de a respinge izolarea

ROȘU	GALBEN	VERDE	ALBASTRU
agresiv	vorbăreț	răbdător	conștiincios
ambițios	entuziast	relaxat	sistematic
cu voință puternică	persuasiv	autocontrol	distant
centrat pe obiectiv	creativ	de încredere	corect
insistent	optimist	coerent	convențional
descurcăreț	sociabil	loial	pare nesigur
inițiator	spontan	modest	obiectiv
decisiv	expresiv	înțelegător	structurat
inovator	șarmant	implicare pe termen lung	analitic
nerăbdător	plin de vitalitate	stabil	perfecționist
iubește controlul	centrat pe sine	prudent	are nevoie de timp
persuasiv	sensibil	discret	reflexiv
centrat pe performanță	adaptabil	înțelegător	metodic
puternic	inspirator	bun ascultător	caută fapte
centrat pe rezultate	nevoie de atenție	de ajutor	centrat pe calitate
inițiator	încurajator	productiv	examinează
rapid	comunicativ	persistent	urmează regulile
punctual	flexibil	reticent	logic
intens	deschis	grijuliu	curios
dogmatic	sociabil	ascunde sentimentele	meticulos
direct	imaginativ	atent	reflexiv
independent	indolent	bun	rezervat

Mulți dintre oamenii pe care îi întâlnești posedă calități pe care ți-ai fi dorit și tu să le ai – se prea poate să fi fost gelos pe acești oameni, pentru că gestionează cu ușurință lucruri cu care tu te chinui. Poate că ai vrea să fii mai hotărât, ca un Roșu, sau poate îți dorești să interacționezi mai bine cu necunoscuții, așa cum o face un Galben. Sau poate că ți-ar plăcea să nu mai fii atât de stresat și să iei lucrurile mai ușor, așa cum o face un Verde. Sau chiar te pricepi mai bine la a-ți respecta propriul program, ceea ce îi este specific unui Albastru.

În mod natural, funcționează la fel de bine și în sens invers. Vei citi lucruri care te vor ajuta să îți dai seama că și tu faci pe șeful din când în când, așa cum am Roșii tendința să o facă.

Sau că vorbești prea mult, cum fac și Galbenii. Se mai poate și să iei lucrurile în mod superficial, fără să te implici în nimic – una dintre slăbiciunile Verzilor. Sau ești tot timpul suspicios, vezi riscuri peste tot, la fel cum fac și Albaștrii. În această carte vei afla care sunt punctele tale slabe și cum poți lua măsurile adecvate pentru a te autodepăși.

Indiferent ce înveți despre tine sau despre ceilalți, ia notițe, subliniază ideile și folosește teoriile prezentate în carte.

4. COMPORTAMENTUL ROȘU
Cum să recunoști și să eviți un *Real Alpha*

Ce e de făcut? Vom face cum spun eu! Acum!

Acesta este tipul de personalitate pe care Hipocrate l-a inclus în categoria temperamentală a colericului. În ziua de astăzi, un Roșu este considerat a fi ambițios, îndrăzneț, hotărât, dar și temperamental, impulsiv sau dominator. Observi cu multă ușurință un Roșu, pentru că nu depune nici cel mai mic efort de a ascunde cine este.

Un Roșu este un individ dinamic și hotărât. Are obiective în viață pe care alții nici nu și le imaginează. De vreme ce obiectivele lui sunt foarte ambițioase, atingerea acestora poate părea imposibilă. Roșii se străduiesc din răsputeri să evolueze și nu renunță aproape niciodată. Credința lor în propriile forțe este de nestăvilit. Poartă cu ei certitudinea că pot obține orice – dacă muncesc suficient de mult.

Oamenii care au multe trăsături roșii în comportament sunt extrovertiți orientați spre o anumită misiune, care se bucură de provocări. Iau decizii rapide și se simt confortabil când preiau ștafeta și își asumă riscuri. Percepția comună este aceea că Roșii sunt lideri înnăscuți. Sunt oameni care preiau comanda și merg direct la țintă. Sunt atât de hotărâți încât depășesc orice obstacol care le iese în cale. Felul lor de a fi este ideal în situații competitive. Nu este neobișnuit ca un director executiv să aibă multe trăsături Roșii în comportament.

Această formă de competiție este prezentă în tot ceea ce fac Roșii. A spune că aceștia își doresc tot timpul provocări și competiții nu este pe deplin adevărat, dar, dacă li se oferă ocazia de a câștiga ceva – de ce nu? Natura exactă a competiției nu este importantă, elementul competitiv este ceea ce îi dinamizează pe Roșii.

Lui Pelle, unul dintre vechii mei vecini, îi plăcea atât de mult să fie în competiție încât își găsea noi preocupări, doar pentru a concura. Mie îmi place să lucrez în grădină, așa că petreceam multă vreme acolo. Lui Pelle nu îi plăcea grădinăritul, dar, când îi auzea pe oamenii care comentau cât de frumoasă era grădina mea, numai atât îi trebuia. Începea noi și noi proiecte, cu un singur obiectiv: acela de a fi mai bun decât mine. Și-a înnebunit soția săpând răsaduri de flori, plantând numeroase plante și cultivând gazon. Singurul lucru pe care trebuia să-l fac pentru ca Pelle să își continue delirul era să îi spun că mi-am cumpărat plante noi. Se ducea numaidecât la florăria locală...

Poți să îi recunoști pe Roșii și prin intermediul altor modele comportamentale. Cine vorbește cel mai tare? Roșii. Cine este expansiv când explică ceva? Un Roșu. Cine face comentarii categorice la o cină între prieteni, indiferent de subiect? Și cine poate să judece o țară întreagă doar bazându-se pe ceva ce a văzut la televizor? Un Roșu!

Tot timpul se întâmplă ceva în viața oamenilor Roșii. Ei, pur și simplu, nu pot sta locului. Timpul în care nu fac nimic este timp pierdut. Viața este scurtă; mai bine să acționezi rapid. Recunoști tipologia? Tot timpul în mișcare. Așa că dați-vă la o parte; să ne apucăm de treabă!

„Spune-mi ce gândești cu adevărat – da, cu adevărat!"

Roșii nu au nici o problemă în a fi direcți și necruțători. Când li se pune o anumită întrebare, spun exact ceea ce gândesc, fără cosmetizări. Roșii nu au nevoie să își îmbrace ideile în fraze lipsite de sens. Când un gând le trece prin minte, toată lumea află instantaneu. Au opinii despre majoritatea lucrurilor și nu își selectează gândurile în mod eficient.

Roșii sunt foarte onești, pentru că îndrăznesc să își exprime adevărurile personale. Ei nu înțeleg de ce atâta bătaie de cap. Roșii spun lucrurilor pe nume.

Dacă ai nevoie de o persoană foarte energică lângă tine, poți invita un Roșu să facă parte dintr-o echipă sau dintr-un proiect de grup. Roșii continuă să lupte când toți cei din jurul lor au renunțat, mai ales dacă sunt hotărâți să reușească. Când o sarcină a devenit monotonă sau lipsită de sens, Roșul poate să o ignore complet. Eu numesc acest fenomen „o chestie tare". Dacă sarcina este suficient de importantă, un Roșu va trece prin foc și sabie pentru a o duce la bun sfârșit. Dacă simte că este inutilă, nu ezită deloc să o arunce la gunoi.

ROȘII se văd pe sine ca fiind:

motivați	fermi	ambițioși
decisivi	competitivi	independenți
prompți	hotărâți	conștienți de timp
persuasivi	cu voință puternică	centrați pe rezultate

Îmi iese ceva din asta? Dacă da, mă bag!

Roșilor le place să fie în competiție. Ei apreciază și cea mai plăpândă formă de competiție, dacă le oferă șansa de a putea ieși câștigători. Se bucură și când câștigă competiții care nu există decât în mintea lor. Poate fi vorba despre depășirea unui om care merge încet pe stradă, sau despre găsirea celui mai bun loc de parcare, sau de câștigarea unei partide de Monopoly – în ciuda faptului că scopul jocului este tocmai amuzamentul copiilor, nicidecum competiția dintre adulți. Pentru un Roșu, totul vine în mod natural, pentru că se văd pe sine ca pe niște câștigători.

Pentru clarificare, am să dau un exemplu. Am lucrat la un moment dat într-o companie al cărei CEO era un Roșu. Era energic, eficient și, desigur, incredibil de dinamic. Ședințele organizate de el erau scurte și cât se poate de plăcute. Cu toate acestea, punctul lui slab era spiritul de competiție. În tinerețe jucase fotbal și, în fiecare primăvară, acolo unde lucram, se organiza un campionat de fotbal. Campionatul era foarte popular, chiar înainte ca directorul să se alăture companiei.

Evident că și-a dorit să participe la acest campionat, deși nici un alt director dinaintea lui nu mai făcuse asta. Dar nu asta era problema. Problema era că, imediat ce ieșea pe teren, devenea o cu totul altă persoană. Când i se activa simțul competiției, nu ezita să îi strivească pe cei care îi stăteau în cale.

Lucrurile au continuat astfel vreme de câțiva ani, până când cineva a prins curaj să îi spună că juca foarte violent – un meci de fotbal, în fond, nu trebuia luat atât de în serios. Directorul respectiv nu a înțeles reproșul. A smuls afișul meciului și le-a arătat tuturor ce era scris pe el: „campionat de fotbal." Campionatele sunt competiții și, prin urmare, dacă ești într-o competiție înseamnă că intri în cursa pentru câștig. Era foarte simplu!

Pentru acest individ, traficul rutier, terenul de joc, afacerile, toate erau o competiție. Se lua la întrecere cu ceilalți chiar și în lectura unei cărți, pentru a-și demonstra cât de repede putea termina de citit o carte. Ceea ce pentru alții era o simplă distracție, pentru el nu era decât o competiție. O sută de pagini pe oră era un ritm rezonabil...

Soția lui chiar îl dăduse afară din casă, după ce acesta jucase cărți cu copiii lui, în vârstă de cinci și șase ani. Întrucât aveau memoria mai bună ca el, copiii câștigau de fiecare dată, iar frustrarea lui îi intimida pe cei mici.

Înainte să tragi concluzia că acest tip nu merită empatia noastră, ar trebui să îi înțelegi mai bine intențiile. Acest tip de comportament intens și competitiv îi deranjează pe cei din jur, fiindcă au senzația că nu este vorba decât despre un raport de dominare și de înjosire a celorlalți. Însă adevărul este cu totul altul. Intențiile sale nu erau rele, individul își dorea, pur și simplu, să câștige.

Aceasta este una dintre cele mai mari provocări pentru Roșii. Nu este neobișnuit ca oamenii să fie enervați sau intimidați de

Roșii, întrucât ei au personalități foarte puternice. Pe tot parcursul acestei cărți îți voi arăta câteva metode simple pentru a gestiona mai bine aceste persoane.

Timpul înseamnă bani

Roșii se grăbesc tot timpul. Așa că hai să pornim!

Pentru Roșii, „repede" înseamnă „bine". Dacă ești într-o întâlnire și observi că unul dintre participanți face cu totul altceva, se prea poate să fie un Roșu care și-a pierdut interesul. Dacă privești mai atent, vei vedea că mintea îi rătăcește aiurea. Roșii sunt foarte iuți la minte, ei avansează mai repede decât oricine.

Puține lucruri îi plictisesc pe Roșii mai mult decât monotonia. Dacă o întâlnire sau o discuție tărăgănează, Roșul poate întrerupe dialogul întrebând dacă este necesar să continue dezbaterea. „Vorbim de 20 de minute. Hai să ne adunăm puțin! E vorba despre o investiție de doar câteva milioane de euro. Cât poate să fie de complicat?"

Dacă te gândești puțin, de cele mai multe ori Roșii au dreptate. Când celorlalți le este greu să ia o decizie, Roșii sunt pregătiți să o facă în locul lor, pentru a grăbi lucrurile. Cu un Roșu în echipă, nu vor exista discuții interminabile. Până la urmă, e mai important să iei o decizie decât să nu faci nimic, nu-i așa?

Avantajul este evident. Vorbim despre oameni care nu pierd timpul cu discuții care nu duc nicăieri și care nu fac lucrurile să evolueze. Îndată ce o sarcină devine neclară sau durează mai mult decât este necesar, Roșul se va asigura că nu se bate apa în piuă și că lucrurile evoluează. În doi timpi și trei mișcări totul este rezolvat.

În urmă cu vreo 15 ani, am început să lucrez la o mică firmă de consultanță, cu 12 angajați. Firma fusese construită cu un simț dezvoltat al antreprenoriatului, într-un moment propice pentru afaceri. Unul dintre motivele pentru care erau atât eficienți era faptul că fondatorul companiei era un Roșu. Nimic nu tărăgăna când Björn era prezent și nici o întâlnire nu ținea mai mult decât era absolut necesar. În a doua sau a treia săptămână petrecută la noul loc de muncă, eram blocat în trafic când mi-a sunat telefonul. M-am uitat la ecran și am văzut că era Björn. Am răspuns așa cum fusesem învățat în timpul formării – cu un salut, spunându-mi numele și numele companiei. Foarte grăbit, Björn m-a întrerupt: „M-ai căutat?"

„Nu", i-am răspuns eu și am tras aer în piept, pregătit să îi spun altceva. Dar nu am mai avut ocazia.

„Bine", mi-a spus el, apoi a închis.

Opt secunde.

Neplăcut? Ei bine, la momentul acela nu ne cunoșteam foarte bine. Cu toate acestea, trebuie să recunosc că întregul episod m-a îngrijorat puțin. Eram de doar trei săptămâni la companie și mă suna șeful, enervat peste măsură! După ce ne-am cunoscut mai bine și am înțeles că Björn era un Roșu, l-am întrebat de ce fusese atât de dur la telefon. Desigur că nu și-a mai amintit apelul, dar mi-a spus că, cel mai probabil, încercase să vadă doar dacă îl căutasem. Aflând că nu, discuția nu mai avea rost să continue. Timpul pierdut cu fraze pompoase de rămas-bun nu era pentru el.

Însă, în egală măsură, aveam de-a face cu o persoană dotată cu o incredibilă forță de muncă. Björn reușea să ducă mai multe sarcini la bun sfârșit, într-o singură zi, decât oricine altcineva. Chiar și acum are o capacitate incredibilă de a fi foarte productiv într-o perioadă scurtă de timp. Dacă are o pauză de cinci minute în program, o folosește pentru a trimite un e-mail, pentru a da un telefon, sau chiar pentru scurte întruniri. Din exterior, aceste detalii par inutile în ceea ce privește urmărirea eficienței. Însă un Roșu detestă inactivitatea. Lucrurile trebuie să se întâmple. Adaugă la asta un simț dezvoltat al urgenței și toate lucrurile se vor rezolva.

Să fie cerul limita?

Pentru un Roșu, un buget realist este un buget al lașilor. Dacă nu tragem tare de noi, înseamnă că nu am încercat suficient. Roșii iubesc proiectele complicate, căci nivelul lor de ambiție nu cunoaște limite. Abilitatea de a gestiona situații dificile și provocări reprezintă trăsătura definitorie a comportamentului unui Roșu.

Când un Roșu își setează obiectivele, foarte multe se întâmplă concomitent. În primul rând, Roșul își dorește să știe cum poate fi îndeplinită o sarcină în cel performant mod posibil și în cele mai bune condiții. Dacă toți cei 19 parametri au fost respectați și dacă depunem puțin efort, rezultatele vor fi fenomenale. Acest lucru înseamnă că tot ceea ce se află sub acel imposibil nivel al excelenței este plictisitor.

Nimic nu este imposibil, doar că imposibilul durează ceva mai mult. Mai mult ca sigur, un Roșu a formulat un asemenea adevăr.

În mod normal, este vorba doar despre un anumit tip de proiect. Nu e suficient să creezi un buget de vânzări imposibil. Dacă unui Roșu nu îi plac vânzările, va ignora complet bugetul. Întrucât preferă să ia singur deciziile, Roșul nu poate fi păcălit să facă ceva ce nu îi place. Roșii pun mai multă presiune pe ei decât celelalte culori și sunt tot timpul pregătiți pentru muncă grea. Nu aș merge până acolo încât să spun că nimeni nu lucrează mai mult ca Roșii, însă m-aș aventura să spun că un Roșu e foarte competitiv și nu se ferește să demonstreze asta ori de câte ori are ocazia.

Ambiția însă, care face parte din personalitatea Roșilor, nu trebuie confundată cu dorința de putere. Roșii ocupă poziții de putere fără probleme, pentru că sunt neînfricați. Expresii precum „oamenii puternici nu au prea mulți prieteni" nu îi sperie. Dar, pentru un Roșu, puterea nu este un scop în sine. Însă le este utilă celor care își doresc să ia propriile decizii și să evite să aștepte după ceilalți.

De fapt, un Roșu poate să fie foarte modest. Este adevărat că are un ego puternic, dar statutul și prestigiul nu au, în cazul lui, aceeași importanță pe care o au în cazul celorlalte culori. Motivul este simplu: unui Roșu nu îi pasă ce gândesc ceilalți. Nu îl interesează binele lor, ci binele lui.

Hai să îți spun cum stau, de fapt, lucrurile

Un Roșu dă mereu tot ce are mai bun. Când își formează o părere despre ceva sau când își dorește ca noi ceilalți să fim de acord cu el, merge până în pânzele albe.

Mai demult, am participat la o întâlnire cu mai mulți oameni care nu se cunoșteau între ei. Era o întrunire a unor consultanți care discutau posibilitatea unei eventuale colaborări. Era în mijlocul recesiunii și pe toți ne îngrijora lipsa de direcție. Așteptându-l pe director să vină, am discutat vrute și nevrute.

De cealaltă parte a mesei stătea Elisabeth, care avea păreri ferme despre absolut orice. Fără să se sfiască, Elisabeth ne-a spus că firma respectivă avea un profit estimat de 50 de milioane de dolari pe săptămână, în ciuda recesiunii. Aproximativ 15 consultanți, bine instruiți, raționali și inteligenți, au încuviințat la unison. Imaginează-ți! 50 de milioane de dolari pe săptămână!

În vreme ce Elisabeth vorbea despre modul în care situația avea să se rezolve în domeniul consultanței, am început să mă gândesc puțin la cifre. Neștiind de unde le scoate, nu am spus nimic. Ar fi putut fi adevărat sau, dimpotrivă, putea fi doar o exagerare. Habar nu aveam. Așteptând ca întrunirea să înceapă în mod oficial, am calculat cam care ar fi fost profitul pentru un an de zile, în condițiile unui profit săptămânal de 50 de milioane de dolari... Nu mi-a ajuns hârtia pentru a finaliza socotelile.

Abia după întrunire aveam să primesc răspuns la speculațiile mele. Eram în taxi, în drum spre următoarea întâlnire, iar radioul era pornit. La știri, se anunța că firma la care fusesem urma să câștige între 2 și 2,5 milioane de dolari pe săptămână. Mi-am dat seama că Elisabeth obținuse informațiile din buletinul de știri, la fel cum mi-am dat seama și că 2–2,5 milioane de dolari pe săptămână era o cifră mult mai realistă decât cea la care făcuse ea referire.

Dar... să ne oprim puțin. E nevoie de puțină reconectare la realitate. De ce nimeni nu a reacționat? Nimeni din sala de întruniri nu a contestat și nici nu a pus la îndoială informația furnizată de Elisabeth. De ce? Pentru că fusese atât de convingătoare! Expresia de pe chipul ei era fermă, iar Elisabeth era, fără îndoială, o femeie hotărâtă. Nu avusese nici o tresărire în voce la pronunțarea cifrei exorbitante.

Exact așa funcționează Roșii. Când ei cred în ceva, au grijă să îi convingă pe ceilalți că adevărul lor este singurul care există. Probabil că există oameni atenți la detalii, care ar spune că atitudinea lui Elisabeth este una dezamăgitoare, câtă vreme știm că firma respectivă a câștigat doar 2,5 milioane de dolari pe săptămână și nicidecum 50 de milioane. Dar sunt convins că Elisabeth credea pe cuvânt în ceea ce spunea. Amestecase cifrele, fără îndoială, dar cu siguranță nu era interesată de detalii. Ce vreau să spun este că, fiind convinsă de ceea ce spunea, Elisabeth reușise să ne facă să credem că firma avea să câștige, pe săptămână, de două ori profitul pe doi ani.

Or, așa cum ar spune un bun prieten: problema asta se poate rezolva în doar două moduri – în felul meu sau în mod greșit.

Doar peștii morți merg în direcția curentului

Roșii sunt inovatori și au o voință de fier. Ca să nu mai spunem că sunt „orientați către rezultate" și „hotărâți". Pentru Roșii nu este suficient să faci lucrurile așa cum le face toată lumea. Iar dacă un lucru e greu de obținut, nu înseamnă că trebuie să îl evităm sau să renunțăm la el.

Roșii nu se tem să ia decizii. Când toți ceilalți ezită, se gândesc și evaluează riscurile, un Roșu ia o decizie controversată. Hotărârea unui Roșu este, de obicei, de neclintit. Odată ce a luat o decizie, nimic nu îi mai stă în cale.

Temeritatea lor îi determină să atace lucrurile în fața cărora celorlalți ezită. Acest lucru este evident când lucrurile se complică, iar Roșii nu dau înapoi de la alegerile dificile sau de la deciziile riscante. Nu e o coincidență că mulți antreprenori sunt Roșii. Punerea bazelor unei noi afaceri – mai ales dacă aceasta se bazează pe concepte noi – nu este, în economia de astăzi, pentru cei slabi de inimă. Nu e un lucru rău să ai o forță a naturii pe scaunul șoferului. E nevoie de o minte puternică pentru a face lucrurile să evolueze, cineva capabil să înțeleagă riscurile care sunt parte din viața de zi cu zi, dar și că e nevoie de foarte multă muncă pentru a reuși ceva. Roșii înțeleg încă de la început acest lucru și nu se lasă deloc intimidați.

Ai nevoie de cineva pentru a rezolva o problemă specifică survenită în apartamentul tău? Poate că nu ești în grațiile proprietarului tău, care îți spune că totul este în regulă cu sistemul de încălzire. Sau poate că cei de la firma de construcții care ți-au reparat acoperișul și au instalat noile lifturi au neglijat anumite detalii și nu vor să își asume responsabilitatea. Ori de câte ori vrei să rezolvi ceva te lovești de o barieră de servicii pentru clienți, de telefoane la care nu răspunde nimeni și de emailuri interminabile. Ești pe cale să renunți, dar îți amintești brusc de vecinul de la etajul doi. Nu era el un fel de Roșu? Nu este cel care a intervenit la ultima ședință de asociație și a reușit să schimbe politica de colectare a gunoiului? Ba da, el este!

Cere-i ajutorul vecinului de la etajul doi și vei vedea cum se pun în mișcare lucrurile. Poate că va trebui să depui puțin efort să îl motivezi, explicându-i că și el are de câștigat de pe urma intervenției sale. Dar te asigur că va face ca lucrurile să se pună în mișcare – îl va face pe proprietar să reacționeze și va rechema firma de construcții. În plus, va fi foarte liniștit, chiar dacă cineva s-a enervat din cauza lui.

În general, un Roșu este o personalitate foarte puternică. Este foarte clar în comunicare, și nu trebuie să te uiți prea atent pentru a identifica un Roșu. Desigur, cu timpul, Roșii învață să se stăpânească întru câtva, dar nu durează foarte mult. Se întorc la treaba lor și la emailurile pe care trebuie să le trimită.

**Nici înainte nu era mai bine.
Dă-i pace și mergi mai departe.**

Un Roșu nu încearcă să se agațe de ideea pe care a avut-o inițial, dacă descoperă că există o soluție mai bună. Este iute la minte și nu se sfiește să își schimbe terenul argumentației când este nevoie. Unul dintre avantaje este acela că Roșul nu respinge ideile celorlalți, dacă nu are el însuși o idee în minte.

Uneori, deciziile pot apărea foarte repede, dar nevoia de a schimba constant lucrurile creează un dinamism puternic și multă flexibilitate. Dacă lucrurile au tărăgănat prea mult – câteva săptămâni, să zicem – Roșul va ridica problema la un alt nivel. Unii oameni găsesc că acest lucru este stresant, dar când întrebi un Roșu de ce a schimbat ceva ce părea să funcționeze, acesta îți va răspunde: „Pentru că s-a putut".

Evident, există și reversul medaliei. Roșii se plictisesc repede și își doresc să schimbe lucrurile, prin urmare, oamenii din

anturajul lor nu știu ce va urma. Când Verzii și Albaștrii reușesc să se acomodeze cu noua organizare și au senzația că au înțeles, în cele din urmă, cum funcționează lucrurile, ei bine... un Roșu va fi inițiat deja pasul următor.
O fi bine? O fi rău? Ce părere ai?

Concluzii despre comportamentul Roșu

Prin urmare, ce părere ai? Cunoști vreun Roșu? Ai o asemenea persoană lângă tine? Dacă vrei să cunoști niște Roșii, te poți gândi la Steve Jobs, Franklin Delano Roosevelt, Venus Williams sau chiar Margaret Thatcher. Am mai putea vorbi și despre Obama sau Maica Tereza.

Da, da, ai citit bine. Dacă iei în calcul faptele Mariei Tereza, forța de care avea nevoie și oamenii cu care s-a confruntat – unii dintre cei mai faimoși lideri – pentru a reuși așa cum a făcut-o, îți vei da seama că era extrem de hotărâtă și de puternică. Un profil Roșu tipic.

5. Comportamentul Galben
Cum să recunoști o persoană care nu mai este cu picioarele pe pământ și cum să o readuci la realitate

„Sună amuzant! Lasă-mă pe mine să o fac!"

În lumea lui Hipocrate, am ajuns la tipul de personalitate numit sangvinic. Ce alte cuvinte ar putea fi folosite pentru a-l descrie pe Galben? „Optimist" și „plin de voioșie", o persoană cu o „viziune pozitivă asupra vieții". Câmpul lexical ne sugerează chiar și epitetul „un om plin de resurse"... ce părere ai? Este o excepțională descriere a comportamentului Galben. Galbenii sunt oameni care trăiesc din iubire pentru viață și care găsesc tot timpul un prilej de bucurie. Viața este un banchet, iar Galbenii sunt genul de oameni care profită din plin de ea. Motoarele lor sunt bucuria și râsul. Și de ce nu ar fi așa? Undeva, soarele strălucește tot timpul.

Cunoști pe cineva care vede lumina acolo unde ceilalți nu văd decât nori negri? Ai întâlnit pe cineva care râde, deși nu a primit o veste bună de luni de zile? Dacă da, atunci trebuie să știi că ai întâlnit un Galben. Ai fost la vreo petrecere și te-ai întrebat de ce toată lumea roiește în jurul unui anumite persoane? Ei bine, în inima petrecerii se află un Galben, o persoană care face pe toată lumea să se simtă bine. Galbenii se asigură că atmosfera este una destinsă, astfel încât orice eveniment devine o petrecere incredibilă. Când se află într-un loc de unde lipsesc amuzamentul și buna dispoziție, Galbenii se mută acolo unde atmosfera este mai vioaie.

Este ușor să recunoști un Galben. El este cel care vorbește tot timpul, cel care oferă răspunsuri în loc să pună întrebări, răspunzând uneori chiar și la întrebări care nu i-au fost puse. Galbenul răspunde la întrebări printr-o poveste care are sau nu are de-a face cu întrebarea respectivă. Dar asta nu contează, pentru că Galbenul îți va reda buna dispoziție. Mai mult decât atât, prin atitudinea lui pozitivă, Galbenul nu îți dă voie să fii trist.

Aș merge până într-acolo încât să spun că Galbenii sunt mult mai populari decât celelalte culori. De ce spun asta? Galbenii îi bucură pe ceilalți, se asigură că cei din anturajul lor sunt într-o bună dispoziție, iar în jurul lor nu se întâmplă decât lucruri amuzante. Știu cum să atragă atenția tuturor. Ne fac să ne simțim importanți și e bine să îi avem pe lângă noi.

În general, Galbenii sunt oameni foarte calzi. Asemenea Roșilor, Galbenii sunt dispuși să ia decizii rapide, însă nu sunt capabili să explice de ce folosindu-se de rațiune. Răspunsul lor este, de obicei, „pentru că așa am simțit că este bine". Desigur, intuițiile nu ar trebui subestimate. Studiile arată că intuițiile sunt „corecte" mult mai des decât ne-am aștepta. Însă nu despre acest tip de intuiții vorbim aici. Galbenii iau deseori decizii bazate pe sentimente, doar pentru că nu există un raționament care să justifice respectiva decizie.

Sora mea este Galbenă. Marita este atât de comodă în felul ei de a fi, încât nu știu pe nimeni să fi spus ceva negativ despre ea. Niciodată. Este posibil să fiu părtinitor, dar nu cunosc pe cineva care să nu o placă din prima. Are o abilitate unică de a se conecta cu fiecare om pe care îl întâlnește.

Marita are tot timpul ceva amuzant de spus. Totuși, multe dintre lucrurile pe care le spune sunt atât de ciudate încât trebuie să o întreb la ce anume se referă. Izbucnind în râs, ea îmi răspunde: „Crezi că m-am gândit la ce am spus? Nici vorbă!"

Din multe puncte de vedere, mă simt eliberat când le fac o vizită ei și soțului ei, Leif. Abilitatea lor de neînțeles de a vedea ceva pozitiv în orice este atât de încântătoare, încât mă simt și eu eliberat. Mă simt foarte vesel și liniștit când îi vizitez. De-a lungul timpului, m-am întrebat de ce mă simt așa și am ajuns la concluzia că, pur și simplu, Galbenii au un comportament pozitiv contagios.

Dacă îi spun surorii mele că mi se pare că va ploua, ea îmi răspunde că nu își poate imagina de ce cred asta. Îi arăt pe fereastră că plouă cu adevărat și că sunt nori pe cer. Desigur, îmi spune ea, dar soarele va răsări după furtună, ai să vezi. Apoi izbucnește în râs. Din nou. Afară toarnă cu găleata, iar ea stă pe canapea și se distrează. Iar eu râd împreună cu toți ceilalți, pentru că, pur și simplu, nu am cum să reacționez altfel.

„Cu cât mai mulți cu atât mai bine! Prietenii tăi sunt și prietenii mei..."

Oamenii care au multe trăsături Galbene în comportament se concentrează pe crearea de relații interumane. Sunt deschiși și pot fi extrem de convingători. Sunt entuziaști, exaltați și vorbesc cu multă bucurie despre sentimentele pe care le nutresc pentru ceilalți și, nu rareori, pentru oameni complet necunoscuți.

Galbenii pot discuta cu oricine. Nu sunt deloc timizi și îi percep pe toți cei pe care îi întâlnesc ca fiind tăcuți. Îi văd chiar și pe străini într-o lumină pozitivă, întrucât, pentru ei, străinii sunt prieteni pe care nu i-ai întâlnit încă.

Oamenii observă Galbenii după faptul că zâmbesc și râd tot timpul – unul dintre punctele forte ale acestora. Optimismul lor este de nezdruncinat. Comentariile prăpăstioase sunt deseori urmate de remarci de tipul „Ce frumos este totul!"

Asemenea Roșilor, Galbenii dispun de foarte multă energie. Găsesc că majoritatea lucrurilor sunt foarte interesante, iar indivizii Galbeni sunt cei mai curioși oameni pe care îi vei întâlni vreodată. Tot ceea ce este nou le place, iar o mare parte din energie și-o consumă în căutarea de noi activități. Cine crezi că primește cele mai multe felicitări de Crăciun? Galbenii, bineînțeles. Cine are cele mai multe contacte în telefon? Desigur, tot Galbenii. Au prieteni peste tot și păstrează legătura cu toată lumea, pentru a fi la curent cu ce se întâmplă. Galbenii vor tot timpul să știe ce se petrece. Vor să fie în toiul acțiunii și să participe la toate petrecerile.

GALBENII se văd pe sine ca fiind:

entuziaști	șarmanți	sociabili
inspiratori	optimiști	flexibili
deschiși	creativi	spontani
convingători	adaptabili	comunicativi

„Nu e uimitor? Îmi place de mor!"

Dacă există ceva care îi caracterizează pe Galbeni, am putea spune că optimismul și entuziasmul sunt trăsăturile lor definitorii. Rareori sunt prost dispuși. Întreaga ființă a Galbenilor este concentrată pe un singur lucru – descoperirea ocaziilor și a soluțiilor.

Hipocrate îi numea sangvinici pe Galbeni. Acest lucru înseamnă, pur și simplu, că sunt optimiști. Pentru ei, nimic nu constituie o adevărată problemă. Toate se rezolvă. Dificultăți și griji sunt peste tot, însă, prin incurabila lor viziune asupra vieții, Galbenii îi bucură pe cei din jurul lor, prin glume și afirmații pline de voioșie.

Nu știu de unde își extrag Galbenii nemaipomenita lor energie, însă și-o concentrează pe distracție și pe coeziune socială. Toată lumea trebuie să se implice în dinamica pe care o creează Galbenii, iar ei se asigură că nimeni nu este ignorat.

Micke, un bun prieten, este Galben, iar viața lui nu a fost lipsită de provocări și dificultăți. Soția l-a părăsit, copiii aveau tot timpul probleme la școală și, nu o dată, firmele la care a lucrat au intrat în faliment, ceea ce a făcut să-și piardă locul de muncă de mai multe ori. Nici nu mai știu de câte ori a avut accidente de mașină, de câte ori casa i-a fost vandalizată și de câte ori a fost jefuit. Uneori, nici nu îndrăznesc să răspund la telefon când văd că sună Micke. Ca să fiu sincer, cred că Micke este cel mai lipsit de noroc om pe care l-am întâlnit.

Dar ceea ce este cu adevărat ciudat la el este că nimic din toate astea nu pare să îl deranjeze. Evident, este trist când au loc accidente, dar nu durează mult. În sufletul lui, Micke freamătă de optimism.

Îmi amintesc o experiență trăită împreună, pe vremea când eram tineri. Tocmai își cumpărase un Alfa Romeo la mâna a doua, un model cu două locuri și două uși. Mașina era o rablă, mă și miram că mai funcționa. Micke abia dacă o cumpărase de o săptămână, când a lovit un stâlp de iluminat, nemaiputând să iasă din mașină pe ușa șoferului. Când am aflat despre accident, l-am sunat să văd dacă era în regulă. Răspunsul lui? „Da, totul e în regulă! Am reușit să ies pe ușa cealaltă."

Consultantul optimist lovește iar și iar

Cum Galbenii sunt oameni pozitivi și voioși, ei împrăștie bucurie și căldură peste tot. Prin optimismul lor de necontrolat, Galbenii înlătură cu multă eficiență elementele negative din jurul lor.

De ce te-ar deranja să știi că există oameni care nu văd decât lucruri bune? Cum să nu te inspire o persoană care refuză să vadă partea goală a paharului? Care vede tot timpul numai ceea ce este pozitiv?

Una dintre clientele mele este director de vânzări la o companie farmaceutică. Marianne a muncit pe brânci pentru a putea fi promovată, un proces pe care noi îl numim „calea cea lungă". Managerii și colegii ei susțin că succesul lui Marianne se datorează unui fapt foarte simplu: abilitatea ei uluitoare de a-i inspira pe cei din jur.

Am avut ocazia să o urmăresc în timpul unor reuniuni de lucru. Mi se pare că eu sunt motivator decent, dar, când Marianne se pune în funcțiune, nu poți decât să spui „Jos pălăria!" În doar câteva minute, cei din sală devin atât de inspirați încât dacă le-ar cere vânzătorilor să se arunce pe fereastră ar face-o fără să se gândească de două ori, chiar dacă se află la etajul cinci. Marianne făcea ca totul să fie foarte simplu.

„E o idee bună să sărim pe fereastră! Putem s-o facem. Hai să sărim!"

Și toată echipa sărea odată cu ea. Prin optimismul ei și prin viziunea pozitivă asupra vieții, Marianne reușea să le ridice moralul celor din jurul ei, învățându-i să lase deoparte lucrurile negative. Prin inspirația autentică pe care o degaja, Marianne îi ajuta pe oameni să-și recâștige încrederea în sine.

Am văzut-o, la un moment dat, discutând cu un client furios, care trăia cu impresia că fusese tratat necorespunzător de către cei de la firma ei, o situație nu tocmai plăcută. S-a dovedit că nu era o problemă pentru Marianne. Doar zâmbindu-i respectivului client și refuzând să îi asculte comentariile negative, Marianne a reușit să îi readucă acestuia zâmbetul pe buze și chiar să-l facă să izbucnească în râs. Cum de a fost posibil? Cred că nici ea nu ar fi capabilă să explice. Lucrurile îi vin, pur și simplu, de la sine.

Ce se întâmplă dacă întoarcem totul cu susul în jos?

Nu vei găsi nici un alt om cu mai multe resurse decât un Galben. Una dintre calitățile extraordinare ale Galbenilor este capacitatea de a vedea soluții acolo unde alții nu reușesc. Galbenii au abilitatea unică de a întoarce lucrurile pe toate părțile. Pe scurt, sunt oameni care gândesc în afara trendului. Numește-o cum vrei, dar gândirea lor nu urmează nici un model.

Galbenii sunt foarte iuți la minte: intelectul lor este foarte ager, ceea ce înseamnă că poate fi dificil să ții pasul cu ei. Uneori, până și lor le este greu să explice ideile nebunești pe care le au.

Unui bun prieten de-ai mei îi place să lucreze de acasă. Este pasionat de tot ce înseamnă design interior și de grădină. Am impresia că lui Robban i-ar plăcea, în secret, să lucreze mai degrabă în design decât să aibă jobul pe care îl are acum.

Am văzut cu ochii mei acest lucru, însă soția lui mi-a povestit cum stă treaba. Se plimbă prin grădină și începe să numere în sens invers de la 10 la 1. Când ajunge la șapte, Robban spune: „Iubita mea, am o idee".

Există și explicații pentru creativitatea lui Robban. Lui îi este foarte ușor să gândească în imagini. El are capacitatea de a „vedea" lucrurile din fața lui cu mult înainte ca acestea să existe. În plus, este și foarte curajos; nu îi este frică încerce lucruri noi, sau să vorbească despre ele. În general, gura lui funcționează în paralel cu mintea, când face aceste descoperiri.

Am lucrat cu un Galben care nici apuca să treacă strada fără să îi vină în minte câteva idei de afaceri excepționale – doar privind în jurul lui. Cum de funcționează astfel? Nu știu. Multă vreme, i-am cerut să treacă pe hârtie propunerile de afaceri care îi veneau în minte. Vei afla mai multe despre cum reacționează un Galben când vine vorba de a reacționa la un anumit tip de rigoare, în subcapitolul dedicat slăbiciunilor acestuia.

Pe Galbeni îi ajută și faptul că rareori sunt limitați. Un Galben depășește convențiile când se află într-o stare creativă. În mod normal, desigur, structura și ierarhia într-o afacere reprezintă o formă de limitare, dar pe Galbeni nu îi preocupă asemenea lucruri.

Ai nevoie de noi sugestii sau idei? Caut-o pe cea mai Galbenă persoană. Te-ai blocat la o idee? Ai nevoie să vezi o veche problemă într-o lumină nouă? Vorbește cu un Galben. Poate că nu vei reuși să aplici toate ideile cu care vine un Galben, însă, din una în alta, vei pune cap la cap ceva care să funcționeze.

Să vinzi zăpadă unui pinguin și nisip unei cămile

Cu toată energia și optimismul lor, Galbenii sunt foarte convingători. Pentru ei este ușor să se lase purtați de val, să vadă ocazii și soluții peste tot, chiar și acolo unde ceilalți văd doar un punct mort.

Se spune deseori că există o diferență între convingător și persuasiv, iar Galbenii depășesc aceste limite. Dar ceea ce spun ei pare în regulă. Prin intermediul limbajului, Galbenii sunt maeștri în a-i câștiga pe oameni de partea lor.

Referitor la limbaj: așa cum descriu în capitolul referitor la limbajul trupului, majoritatea Galbenilor gesticulează în mod excesiv, pentru a fi convingători nu doar prin cuvintele pe care le rostesc, ci și cu trupurile lor.

Însă nu este vorba doar despre energie și voință. Galbenii au o modalitate unică de a se exprima, care le oferă posibilitatea de a atrage atenția celor care îi ascultă. Deseori folosesc în discursul lor expresii care incită toate simțurile și creează impresia că senzațiile respective sunt resimțite organic.

Fără să o știe, mulți Galbeni sunt adevărați maeștri ai retoricii. Știu instinctiv că etosul lor, cel care poartă mesajul, este la fel de important ca mesajul în sine. Prin urmare, ei ajung la tine făcându-te să te simți important, fiind prietenoși și strângându-ți mâna, dar și făcând remarci personale.

Mulți politicieni sunt fenomenali din acest punct de vedere – gândește-te la Bill Clinton, de exemplu. Are charisma care este prezentă în mod natural la mulți Galbeni – interesul pe care îl manifestă față de ceilalți și abilitatea de a pune întrebările corecte, astfel încât ceilalți să se simtă importanți.

„Cunosc foarte mulți oameni. Îi cunosc pe toți, de fapt."

Dacă Galbenilor nu li se oferă posibilitatea de a-și cultiva relațiile, se vor ofili ușor, ușor și vor muri. Mă rog, poate suna exagerat, dar însăși definiția comportamentului Galben constă în abilitatea de a construi relații umane.

Galbenii îi inspiră pe toți cei din jurul lor, iar cea mai ușoară modalitate de a proceda astfel este crearea relațiilor. Galbenii știu că relațiile interumane reprezintă unul dintre cei mai importanți factori din lumea afacerilor. În cazul în care clientul tău nu te simte ca pe un individ pozitiv, va fi greu să îl convingi.

Galbenii cunosc pe toată lumea și au mai multe cunoștințe decât oricine altcineva. Ei iubesc pe toată lumea. Un Galben nu trebuie să cunoască foarte bine un om pentru a-l numi prietenul său. Ține minte că în timp ce Roșul întreabă ce este de făcut, Galbenul va dori să știe întotdeauna cine o va face. Această întrebare este crucială pentru Galbeni. Dacă echipa nu funcționează în mod corespunzător, Galbenul nu se va simți foarte bine. El are nevoie de relații care funcționează pentru a se exprima la capacitate maximă.

Concluzii despre comportamentul Galben

Ce părere ai? Ai întâlnit vreodată un Galben? Printre celebritățile care au trăsăturile comportamentului Galben se numără Oprah Winfrey, Robin Williams, Ellen DeGeneres și, pentru a lua niște exemple fictive, Pippin din *Stăpânul inelelor* sau Han Solo din *Star Wars*.

6. Comportamentul Verde
De ce schimbarea este atât de dificilă și cum să o eviți

„Cum vom rezolva asta? Nu e urgent, nu?"

Verdele este cea mai răspândită tipologie comportamentală. Verzii sunt peste tot. Cum aș putea descrie un Verde? Aș spune că este culoarea medie dintre toate cele patru. Nu trebuie să înțelegi acest lucru în sens negativ; ține minte ce implică acest lucru cu adevărat. În vreme ce Roșii sunt căutători neobosiți de performanță, Galbenii sunt ființe creative, iar Albaștrii sunt Cavalerii perfecționiști ai tabelelor Excel, Verzii sunt cei mai echilibrați. Ei contrabalansează celelalte personalități extreme într-un mod foarte elegant. Hipocrate îi numea flegmatici. Aztecii îi numeau „oamenii de pământ". „Calm", „potolit" și „comod", iată cuvintele care ar descrie un Verde.

Este doar o modalitate de a înțelege lucrurile – nu trebuie să fim extremi cu toții; altfel, nu am mai duce nimic la bun sfârșit. Dacă am fi cu toții lideri înnăscuți, nu ar mai exista oameni care să aibă nevoie să fie conduși. Dacă am fi cu toții amfitrioni entuziaști, nu ar mai avea cine să fie amuzat. Și dacă am fi cu toții niște perfecționiști obsedați de detalii, nu ar mai exista nimic care să trebuiască păstrat în ordine.

Acest lucru înseamnă că Verzii nu se alarmează la fel cum o fac ceilalți, ci privesc cu mult calm fiecare situație. Acolo unde Roșii și Galbenii se agită la maximum, Verzii se dovedesc a fi mult mai calmi. Iar acolo unde Albaștrii se pierd în detalii, Verzii caută ceea ce este corect.

Dacă ai un prieten care este Verde, să știi nu va uita niciodată data nașterii tale. Nu te va invidia pentru succesul tău și nu va încerca să se pună pe el în lumina reflectoarelor, în detrimentul tău. Nu va încerca să te întreacă și nici nu te va agasa cu cereri nefondate. Nici nu te va considera un concurent, în cazul în care ați fi puși în această situație. Nu va prelua comanda până nu i se va spune să procedeze astfel. Și nici nu va...

Stai puțin! Te gândești, probabil, la lucrurile pe care *nu le face*. Dar, până la urmă, *ce face un Verde*?

Nu poți ignora faptul că Verzii sunt mult mai pasivi decât ceilalți oameni. Nu sunt la fel de hotărâți ca Roșii, nici la fel de plini de resurse ca Galbenii și nici la fel de ordonați ca Albaștrii. Această descriere corespunde celor mai mulți oameni. Din acest motiv, este foarte ușor să te înțelegi cu un Verde. Copiii cu trăsături verzi sunt deseori considerați a fi niște mici îngerași. Mănâncă la timp, dorm la timp, își fac temele la timp.

Dar nu e doar asta. Verzii nu îi vor jigni niciodată pe ceilalți, mai ales dacă le stă în putință să evite acest lucru. Preferă să nu insulte pe nimeni și nici nu protestează dacă șeful lor ia o decizie ciudată. (Cel puțin nu în fața lui. La o cafea, cu colegii, este posibil ca lucrurile să stea puțin diferit, dar mult mai târziu.) De obicei, Verzii se străduiesc să se integreze, ceea ce îi face să fie oameni mai echilibrați. Sunt ideali pentru a-i calma pe Galbenii cei confuzi, de exemplu. Și sunt excelenți în a-i încălzi pe Albaștri, care, ocazional, pot să fie niște indivizi foarte reci.

Deseori ieșim în oraș cu o familie în care soțul este Galben și iubește să fie în centrul atenției. Propune jocuri amuzante și răspunde la toate întrebările. Toți ceilalți sunt publicul lui și nu părăsește niciodată scena. Soția lui e Verde. Calmă, așezată și pe cât de cumpănită se poate. Când Galbenul își începe giumbușlucurile, soția lui, care este Verde, se așază cuminte pe canapea și zâmbește. Este la fel de încântată ca toată lumea de vechile lui glume. Când o întreb dacă nu cumva s-a plictisit de soțul ei amuzant, uneori îmi răspunde în șoaptă: „Ba da, dar se el distrează atât de bine".

Aceasta este o trăsătură tipică a unui Verde. Sunt foarte toleranți cu privire la comportamentul singular al celorlalți. Te-ai mai lămurit? Verzii sunt oamenii la care nu te gândești, adică cei mai mulți dintre noi.

Câteva reguli simple

Verzii sunt bunătatea întruchipată. Ori de câte ori ai nevoie poți să le ceri ajutorul. Sunt oameni care vor face tot ce le stă în putință pentru a salva o relație. Și sunt și cei care se implică pe viață într-o relație. Vor ține minte data nașterii tale, a partenerului și a copiilor tăi etc. Nu m-ar surprinde să știe și când ți s-a născut pisica.

Se spune deseori că Verzii sunt cei mai buni ascultători, ceea ce este adevărat. Un Verde va fi întotdeauna mai interesat de tine decât de el însuși, și, dacă se întâmplă să îl intereseze și persoana lui, nu îți va arăta niciodată acest lucru. Verzii lucrează deseori în serviciile publice, unde îi pot ajuta pe ceilalți, fără să le pese de bani sau de alte câștiguri personale.

Verzii au și calitatea de a fi oameni dotați cu spirit de echipă. Grupul, echipa, familia, toate sunt puse înaintea lor și aș putea chiar să spun că societățile cu mulți Verzi vor fi întotdeauna cele care au grijă de cei nevoiași și de bolnavi. Nu își vor părăsi niciodată prietenul aflat la ananghie; le poți cere oricând ajutorul, îți vor oferi tot timpul umărul lor.

Schimbarea nu este punctul lor forte, deși nu le este complet străină. Dacă schimbarea este justificată și le conferă timpul necesar, până și Verzii vor fi pregătiți să încerce lucruri noi. Însă, un Verde îți va aminti întotdeauna cine ești și ce ai, fără să știe ce vei deveni. Iarba nu este tot timpul verde de partea cealaltă, ca să folosim o metaforă.

VERZII se văd pe sine ca fiind:

prietenoși	calmi	de încredere
atenți	plăcuți	răbdători
predictivi	echilibrați	dotați cu spirit de echipă
discreți	reținuți	buni ascultători

Cel mai bun prieten din lume

Așa cum am mai spus și anterior, Verzii sunt prieteni înnăscuți. Când îți spun că țin sincer la tine și că le pasă cum te simți, poți fi sigur că nu vor dormi liniștiți până nu vor fi convinși că îți este bine. Asemenea Galbenilor, Verzii sunt oameni care iubesc relațiile, iar interesul lor pentru ceilalți este autentic.

Dacă întrebi într-un grup de oameni cine este pregătit să acorde o mână de ajutor și nu răspunde nimeni, un Verde îți va spune cu siguranță: „Alege-mă pe mine!" De ce? Pentru că nu vrea să te lase la nevoie. Știe că dacă nu te ajută nimeni te vei simți trist și, deși Verdele este pasiv, este tot timpul dispus să își ajute un prieten.

Îmi amintesc de-o tânără cu care am lucrat la o firmă de consultanță cu ceva ani în urmă. Maja era, fără nici o îndoială, o Albastră, dar, mai presus decât orice, în anumite situații era Verde. Problema ei era evidentă: ori de câte ori cineva îi cerea ajutorul, ea spunea da. De fiecare dată.

În biroul ei era o dezordine totală, din cauza zecilor de dosare la care lucra, însă, în cele din urmă, reușea tot timpul să organizeze lucrurile. Ne puteam baza oricând pe ea, iar ea gestiona toate problemele de care noi ceilalți uitaserăm. Avea un zâmbet cald și prietenos, așa că i s-a cerut să lucreze la Recepție, pentru a fi ea cea care avea primul contact cu noii clienți. Nu uita niciodată să servească cafeaua, să așeze pernele sau să știe cât așteptase un client înainte de a fi primit.

Maja nu uita niciodată ziua de naștere și diferitele aniversări ale celorlalți. Ne trimitea deseori scurte mesaje pentru a ne încuraja și a ne aminti că aveam familii în afara serviciului, de care trebuie să avem grijă. Desigur, putem avea și singuri grijă de viețile noastre, dar, în bunătatea ei, Maja nu își dorea decât să ne ajute. Pentru ea, această atitudine era, pur și simplu, normală și, ori de câte ori îi ceream să o ia mai ușor și să aibă grijă și de ea, Maja se simțea jignită. Își dorea să aibă grijă de noi pentru că asta o ajuta să se simtă bine. Desigur, existau limite, iar Maja risca tot timpul ca cineva să profite de ea. Totuși, când este echilibrată, această calitate denotă multă frumusețe interioară.

Verzii se comporta așa în mod natural. La o cafea, ei sunt cei care îi întreabă pe ceilalți dacă mai vor o ceașcă. Oamenii din celelalte culori își duc singuri ceașca la aparatul de cafea, însă Verzii pur și simplu umplu ceașca pentru toată lumea.

Un Verde își dorește să se înțeleagă bine cu toată lumea și îi va ajuta chiar și pe oamenii pe care nu îi place foarte tare. În caz contrar, există riscul unui tărăboi nemaivăzut.

Verdele are un gând bun pentru toată lumea și crede în abilitățile fiecăruia. Uneori este atât de intens în credința lui încât totul sfârșește rău, dar, de obicei, este vorba de vina celeilalte persoane, nu a Verdelui în sine. Este atât de sufletist încât ceilalți pot profita de acest lucru.

Lasse, un bun prieten de-al meu, este un Verde desăvârșit. Nu contează cât de multe are de făcut; dacă cineva are nevoie de o mână de ajutor, Lasse este acolo. Uneori, generozitatea sa este atât de mare încât Lasse uită să se ocupe de propriile treburi.

În timpul weekendurilor, Lasse îi duce pe copiii săi cât și pe ai celorlalți oriunde trebuie să meargă aceștia. Îi ajută pe oameni să evolueze și le oferă ajutorul lui, fără ca nimeni să îi ceară. Te ascultă când ceva te deranjează. Acest comportament cere timp și energie, dar Lasse e bucuros că o poate face.

Odată ce un Verde ți-a promis că va face ceva anume, să fii convins că așa va fi

Dacă un Verde promite ceva, poți avea certitudinea că se va ține de cuvânt. Dacă stă în puterea lui să te ajute, o va face. Nu o va face foarte repede, dar va respecta termenul. Verzilor nu le place să nu se țină de cuvânt, pentru că știu că le vor crea probleme celorlalți. Și, întrucât sunt oameni dotați cu spirit de echipă, nu vor să facă ceva care să cauzeze nemulțumiri întregului grup. Echipa e mai importantă decât orice, echipa adică firma, grupul de lucru, echipa de fotbal, sau chiar familia. Verzilor le stă în natură să aibă grijă de cei din jur.

Motivele pentru care toată lumea lucrează bine cu Verzii rămâne un subiect de dezbatere. În anumite situații, acest lucru se întâmplă tocmai pentru că Verzilor nu le place conflictul. Mai mult decât atât, e pentru că sunt controlați de dorința de a-i face fericiți pe cei din jurul lor și de a-i satisface. Dorința de a-i mulțumi pe ceilalți este însăși motivația Verzilor. Este înnăscută și nu necesită nici un efort. Acest altruism este însoțit de o serenitate care îi liniștește până și pe cei din jurul lor.

„Nu ne dorim surprize neplăcute. E bine să știm ce se întâmplă. Fără excepție."

Poți conta oricând pe un Verde. În unele firme, este chiar o condiție la angajare să fii o persoană de încredere. Creativitatea și inocența nu sunt pe primele locuri pe lista calităților: pe scurt, ai nevoie de oameni care să înțeleagă ce au de făcut și să o facă fără prea mult tam-tam.

Așadar, angajezi Verzi. Ei reprezintă nucleul stabil care va face munca să fie dusă la bun sfârșit. Nu au probleme în a primi ordine – câtă vreme ordinele sunt exprimate într-un mod plăcut. Verzi iubesc stabilitatea și o anumită predictibilitate la locul de muncă. Sau acasă. Sau cu familia. Ce să mai, peste tot.

Ori de cât ori e loc de o problemă – o criză economică sau o schimbare în conducere – putem observa mai multe tipuri de comportament într-o singură echipă. Roșii, care nu ascultă niciodată totul până la capăt, se grăbesc să facă ceea ce consideră ei că trebuie făcut. Desigur, asta dacă nu sunt prea ocupați să zbiere la manageri pentru că nu sunt de acord cu decizia lor. Galbenii vor începe o discuție aprinsă și vor avea grijă să informeze pe toată lumea cu privire la propria părere. În loc să muncească, Galbenii vor pierde timpul dezbătând, până se termină ziua de lucru. Albaștrii vor sta la biroul lor și vor începe să sorteze toată hârțogăraia, formulând mii de întrebări la care nimeni nu are răspunsul.

Verzii? Ei bine, ei vor moșmondi câte ceva. Dacă managerii nu atentează la sentimentul lor de siguranță, vor face ce li se spune, fără să se plângă. Pentru ei, prea multă vorbărie și agitație nu își are sensul. E mai bine să îți vezi de treburile tale. De fapt, această atitudine ușurează foarte mult lucrurile. Vom ajunge și la cum îi putem ajuta pe Verzi să schimbe direcția, însă ei reușesc să își păstreze calmul și să meargă mai departe.

Vei ști întotdeauna cum anume va răspunde un Verde la anumite întrebări, pentru că nu își schimbă foarte des părerea.

Cu ceva ani în urmă, i-am fost coach lui Greger. El fusese director executiv al unei firme, vreme de mai mulți ani, iar echipa sa de management consta în mare parte din Verzi. Lui Greger îi plăcea se joace un joculeț când formula noi idei. Nota pe o hârtie răspunsurile pe care credea că le va primi de la fiecare persoană în parte. „Nu" de la Anna. „Da" de la Stefan. „Poate" de la Bertil. Nu se înșela niciodată! Greger își cunoștea foarte bine echipa și știa cum va reacționa fiecare la propunerile sale.

Nu e și cazul Galbenilor. Ei nici măcar nu știu cum vor răspunde când se ivește o nouă ocazie. Interesant, desigur, dar epuizant pentru cei din jur. În schimb, când ai Verzi în jurul tău, nu ai de ce să îți faci griji.

„Cine? Eu? Nu sunt important. Uită că m-ai văzut."

Pentru Verzi, grupul este cel mai important. Echipa înaintea individului. Ține minte acest lucru. Acest adevăr este fundamental pentru Verzi și nu ar trebui să-l chestionezi prea mult. Grupul de lucru, echipa, clubul și familia – toate aceste tipuri de grup sunt foarte importante pentru un Verde. Deseori, Verzii își ignoră propriile nevoi, dacă grupul primește ce are nevoie.

Te-ai putea gândi că grupurile constau din indivizi care, dacă sunt satisfăcuți la nivel individual, fac întreg grupul să fie satisfăcut. Este posibil, dar obiectivele vor fi, în acest caz, individuale și nu colective. Potrivit unui Verde, dacă grupul se simte bine, atunci fiecare individ se simte bine.

În acest caz, considerația unui Verde devine evidentă, căci îi respectă foarte mult pe toți cei din jurul său. Tocmai de aceea este dificil să primești un răspuns direct de la un Verde. El încearcă întotdeauna să îi satisfacă pe ceilalți.

Aș vrea să relatez în acest context o întâmplare pe care o găsesc uluitoare. Cu ceva ani în urmă, într-o zi de duminică, un coleg pe care nu îl cunoșteam foarte bine mi-a telefonat. Lucram cu Kristoffer de câteva luni, dar nu știam exact cum să-l iau pe acest tip.

Așa că am fost surprins să văd că mă caută dimineața, într-o zi de duminică. Am văzut pe ecranul telefonului cine era persoana care mă suna, dar nu știam ce voia de la mine. M-a salutat și m-a întrebat ce făceam. Tocmai cumpărasem o casă și eram ocupat cu renovarea. Kristoffer m-a întrebat ce aveam în plan pentru acea zi de duminică și țin minte că i-am răspuns că trebuia să mă ocup de boiler. Era la începutul iernii. Temperatura nu era cu mult sub zero grade, iar una dintre pompe nu funcționa corespunzător. Nu știam dacă pompa avea să reziste la o schimbare bruscă de temperatură.

Kristoffer mi-a pus o serie de întrebări (era un Verde) și mi-a dat multe sfaturi utile. Avusese și el cândva un boiler asemănător și, în plus, cunoștea un instalator care ar fi putut să treacă pe la mine să arunce o privire. Am vorbit cu el o vreme la telefon, dar tot nu pricepeam de ce mă sunase.

M-a întrebat unde locuiesc. I-am comunicat adresa, și-a notat-o și mi-a promis că i-o va da instalatorului. Apoi, m-a întrebat brusc dacă voiam să ies în oraș. Locuiam la aproximativ 30 de kilometri de birou și nu intenționam să lucrez duminica respectivă. I-am explicat și lui Kristoffer.

Am mai discutat puțin și, în cele din urmă, l-am întrebat de ce mă sunase, de fapt. Mi-a spus că era în fața biroului, în tricou, pentru că rămăsese din greșeală pe din afară, după ce ieșise să își cumpere de mâncare. Vorbeam de aproximativ 15 minute! M-am urcat în mașină și m-am dus să îl salvez de la îngheț.

Toți ceilalți sunt importanți pentru Verzi. Un Verde nu îți cere nimic, niciodată.

„Știu exact ce vrei să spui"

Se spune că Verzii sunt introvertiți, adică sunt activi în lumea lor interioară. Asta înseamnă că nu vorbesc doar de dragul de a vorbi. Când ești mai tăcut decât cei din jurul tău, e normal să fii mai atent la ce spun ceilalți. Iar Verzii sunt foarte atenți. Îi preocupă persoana ta și ideile tale.

Ascultă cu adevărat ceea ce spui. Spre deosebire de Roșii, care nu ascultă decât dacă au ceva de câștigat, sau de Galbeni care nu ascultă deloc (deși nu recunosc acest lucru), Verzii chiar sunt atenți la ceea ce spui. Au urechea formată pentru a asculta problemele oamenilor. Poate că nu îți oferă sugestii și nici soluții, dar înțeleg foarte bine ce le-ai spus. Nu înseamnă neapărat că sunt de acord cu tine – dar sunt buni ascultători.

Cred că până acum ai reușit deja să legi un pic ideile. Unde se potrivește fiecare culoare? Ce job îi corespunde cel mai bine? Acestea sunt întrebări inteligente, deși răspunsurile nu sunt deloc simple. Roșii și Galbenii par a fi buni în retail și vânzări. Însă, deseori, îi pierdem din vedere pe Verzi. Îi învățăm tot timpul pe agenții de vânzări să vorbească mai puțin și să asculte mai mult, ceva ce Verzii fac în mod natural.

Helena este o agentă de vânzări, căreia i-am fost coach cu ceva ani în urmă. Era Verde și foarte bună la suflet. Multă lume nu înțelegea cum de Helena reușea să supraviețuiască în acea industrie necruțătoare. Însă eu am o teorie. Mi-a povestit că, la un moment dat, îl întâlnise pe un director executiv foarte dur, pe care toată lumea îl respecta. Nimeni din companie nu încercase să îi vândă nimic, dar, după câteva ședințe de coaching cu mine, Helena a decis să facă pasul. Prin urmare, a fixat o întâlnire.

S-au ciocnit unul de celălalt în parcarea restaurantului în care urmau să ia prânzul. Directorul respectiv venise cu mașina lui vintage, din anii 1960. Frumoasă, strălucitoare și, desigur, foarte specială. Helena nu a scos decât un cuvânt: Wow!

Îți place?, a întrebat-o directorul, înainte chiar de a se saluta. Helena încuviință din cap. Apoi, bărbatul îi povesti despre mașină, despre câți bani cheltuise ca să o restaureze, vopseaua, piesele și chiar motorul. Îi arătă motorul de sub capotă. Helena încuviință din cap și speră ca bărbatul să nu îi pună întrebări, pentru că nu știa să facă diferența dintre un Ford și un Chevrolet.

Însă nu l-a întrerupt, nu a făcut decât să îl asculte. Apoi lucrurile au devenit mai firești. S-au așezat la masă, iar bărbatul i-a cerut actele pentru vânzare. Cum reușise, oare? Mai ales că nu făcuse nimic altceva decât să asculte. Directorul a semnat documentele, înainte chiar de a fi serviți.

Concluzii despre comportamentul Verde

Ai Verzi în familie? Mai mult ca sigur.

Mr. Rogers, Gandhi, Michelle Obama și Jimmy Carter sunt câțiva oameni cunoscuți care se încadrează în tipologia Verzilor. Și da, Iisus. Iată un tip care știa cum să îi ajute pe ceilalți.

7. COMPORTAMENTUL ALBASTRU

În căutarea perfecțiunii

„De ce procedăm așa? Care sunt motivele pentru care acționăm astfel?"

Ultima culoare din tipologia noastră descrie un individ cât se poate de interesant. Probabil l-ai întâlnit deja. Nu face prea mult caz de el însuși, însă este tot timpul la curent cu ce se întâmplă în jurul său. Dacă un Verde merge cu valul, un Albastru are tot timpul răspunsurile corecte. În fundal, el analizează constant: clasifică, evaluează, măsoară.

Știi că ai întâlnit un Albastru când mergi în vizită la el acasă și totul este organizat într-un fel anume. Etichete cu numele fiecăruia, pentru ca fiecare să știe unde anume să își agațe haina. Meniuri care urmează o dietă echilibrată (modificate la interval de șase săptămâni) lipite pe peretele frigiderului. Dacă te uiți la instrumentele pe care le are în casă, vei vedea că toate sunt la locul lor și că nimic nu este rătăcit. De ce? Pentru că un Albastru își aranjează tot timpul lucrurile și le pune la locul lor după ce le-a folosit.

Albastrul este și un pesimist. Pardon, este un realist. Vede greșelile și evaluează riscurile. Este melancolicul care închide ciclul personalității. „Rezervat", „analitic" și „orientat spre detaliu" sunt câteva dintre trăsăturile asociate cu un Albastru.

„Scuză-mă, dar nu e chiar așa"

Avem cu toții un asemenea prieten. Gândește-te puțin: ești la restaurant cu amicii tăi. Vorbiți despre pisici, fotbal sau chiar despre rachete spațiale. Cineva aruncă un comentariu oarecare. Poate fi prietenul tău Roșu care susține că echipa Patriots a fost la Super Bowl de 11 ori. Sau poate să fie amicul Galben care susține că în copilărie a locuit în același bloc cu Will Smith, în partea de vest a Philadelphiei.

Amicul tău cel Albastru își drege vocea și, cu o voce suavă, afirmă că echipa Patriots nu a fost la Super Bowl decât de nouă ori, prima participare fiind în anul 1985, iar apoi de alte opt ori, începând cu 2001. Tot el adaugă și că Will Smith a crescut în Wynnefield, care e în partea de nord a cartierului în chestiune, la o distanță de jumătate de oră de mers pe jos, de faimosul Centennial Arboretum[*]. În plus, tot el este cel care adaugă: „E interesant de reținut că la tragerea la sorți prin aruncarea monedei, care precedă Super Bowl, în ultimele 51 de ediții, a căzut cap de 27 de ori și pajură de 24. În baza acestor statistici, în general, câștigătorul aruncării cu banul nu va fi și câștigătorul partidei."

Trebuie să te dai bătut. Albastrul știe tot. Nu face caz de asta, dar felul în care îți explică lucrurile face orice contraargument să cadă. Știe unde a găsit o anumită informație și poate chiar să-ți arate cartea, pentru a-ți demonstra că are dreptate.

Cam așa funcționează Albaștrii. Știu cum se prezintă o problemă înainte chiar de a deschide gura. Au căutat pe Google, au citit manualul de instrucțiuni și au verificat în dicționar – abia apoi îți prezintă un raport complet.

Dar trebuie reținut un lucru: dacă cineva nu pomenește de un subiect anume, sunt slabe șanse ca Albastrul să inițieze o discuție.

Albastrul nu simte nevoie de a le spune tuturor ceea ce știe. Desigur, un Albastru nu știe tot, nimeni nu poate ști tot. Dar te poți baza pe faptul că ceea ce știe este corect.

---

[*] Parcul dendrologic al Centenarului din Philadelphia este o grădină botanică, în care pot fi admirate diverse specii de copaci, provenind din Asia, Europa și America de Nord. (n.tr.)

ALBAȘTRII se văd pe sine ca fiind:

circumspecți	logici	ordonați
corecți	meticuloși	orientați către detaliu
grijulii	metodici	preciși
interesați de calitate	modești	sistematici

Ai observat ceva în lista de trăsături de mai sus? Bineînțeles că da. Am aranjat caracteristicile Albaștrilor în ordine alfabetică, ceva ce ei ar aprecia foarte mult. Totuși, aș putea avea ceva probleme pentru că nu discut în mod individual, pe fiecare pagină, despre aceste caracteristici. Tuturor Albaștrilor care citesc această carte – și care probabil și-au luat ceva notițe, pentru a verifica informațiile pe site-ul meu – nu vreau decât să le spun un singur lucru: nu a fost intenția mea să isc o ceartă.

„Nu e mare scofală, mi-am făcut doar treaba"

Cum ar putea un „știe-tot" să fie modest? E modest din partea ta să eviți să creezi vâlvă, chiar dacă știi totul.

Rare sunt cazurile în care un Albastru își dorește să strige în gura mare cât este el de expert. Pentru un Albastru e suficient ca lumea să știe cine cunoaște cel mai bine lucrurile.

Există și consecințe ale acestei modestii. Nu de puține ori m-am aflat în mijlocul unui grup de oameni, încercând să rezolvăm împreună o problemă. Într-o ocazie, după două ore, un Albastru ne-a oferit soluția. Pentru el, nu fusese vorba de o problemă. Știa ce și cum, dar, întrucât Albaștrii nu văd niciodată imaginea de ansamblu, reacționează cu întârziere. L-am întrebat de ce, timp de două ore, nu spusese nimic. Și, asemenea unui Albastru get beget, mi-a răspuns: „Păi, nu m-ai întrebat".

E ușor să îți sară țandăra când auzi un asemenea comentariu. Dar, în egală măsură, l-am înțeles. Era mai degrabă problema mea că nu îl invitasem să ia parte la discuție. Știa că știe răspunsul, și pentru el era suficient.

Albaștrii nu au nevoie să fie aplaudați sau apreciați când fac ceva excepțional. Desigur, nu e rău să le arăți respectul tău. Nu vor face decât să încuviințeze din cap, apoi se vor întoarce la biroul lor și vor începe să lucreze la următorul proiect. Însă se vor întreba de ce face lumea atâta caz. Până la urmă, și-au făcut doar datoria.

„Unde ai citit despre asta? Ce ediție era?"

Rareori un Albastru duce lipsă de cunoștințe și de informații din toate domeniile. Oamenii spun că un Albastru este un Dumnezeu al detaliilor și nu pot să nu mă întreb dacă nu cumva tocmai un Albastru a spus aceste cuvinte.

Nici un detaliu nu este nesemnificativ pentru un Albastru. Superficialitatea nu este o opțiune pentru un Albastru. Iar dacă îi spui că nu e atât de grav să nu fie atent la absolut toate detaliile, îți va spune că nu este așa. A nu deține controlul deplin asupra a ceea ce știi înseamnă a nu avea nici un fel de control. La ce ne ajută superficialitatea?, se întreabă un Albastru. Cum ai putea să o justifici?

Nu funcționează așa. Spune-i unui Albastru că poate să ignore detaliile dintr-un nou contract și să sară ultimele 30 de paragrafe. Te va privi lung și se va întreba dacă nu cumva ai ceva probleme de concentrare. Dar, ca de obicei, nu îți va spune nimic. Pur și simplu, va ignora ce i-ai spus tu. Ar prefera să petreacă nopțile citind fiecare detaliu, dacă asta l-ar ajuta să nu rateze nimic.

În urmă cu câțiva ani, am încercat să vând un program de leadership directorului executiv al unei companii specializate în industria ambalajului. Era un Albastru, fără nici o îndoială. E-mailurile sale erau lungi și aride, iar la prima noastră întâlnire a stat deoparte timp de 50 de minute. Nu o oră, nu trei sferturi de oră, fix 50 de minute. (Avea și un motiv pentru asta: după întâlnirea noastră de o oră urma să ia prânzul, iar sala de mese se afla la opt minute distanță, plus o vizită de două minute la toaletă. O întâlnire de 50 de minute i-ar fi dat posibilitatea de a ajunge la masă exact la timp.)

La prima întâlnire, m-a așezat pe un anumit scaun, într-un anumit colț al încăperii, la biroul vizitatorilor. Nu m-a întrebat dacă am găsit ușor adresa (nu o găsisem) și nici nu mi-a oferit ceai sau cafea. Nici măcar nu mi-a zâmbit când m-a salutat. S-a uitat cu atenție la cartea mea de vizită.

După ce am trecut în revistă nevoile companiei, i-am explicat că am nevoie să mă întorc la birou pentru a pune cap la cap propunerea de contract. Odată ajuns la birou, m-am tot întrebat cum să procedez. Propunerile mele au, în general, în jur de 12 pagini, dar știam că pentru el nu va fi de ajuns. Așadar, m-am apucat să rescriu propunerea și am ajuns la peste 35 de pagini.

I-am trimis pe e-mail copia scanată, deoarece, pentru un Albastru, cuvintele de pe hârtie sunt mai importante decât vorbele. După o săptămână, i-am telefonat. S-a arătat interesat de propunerile mele și dispus să meargă mai departe, așa că mi-a cerut și restul documentelor. Mai exact, m-a întrebat:

„Asta e tot sau mai e și altceva?"

Țin minte că întrebarea lui m-a blocat. După părerea mea, descrisesem programul în detaliu. Fiecare etapă avea o agendă de activități, un obiectiv bine definit și un scop clar. Îi dădusem chiar și referințe bibliografice, informații diverse și citate.

Nu puteam să renunț, pentru că trebuia să îi vând programul, așa că am reluat textul, adăugând toate detaliile care mi-au trecut prin cap. A doua oară, propunerea mea scrisă a ajuns la 85 de pagini: fiecare element era împărțit în intervale de două ore, folosisem și mai multă bibliografie, exemple de exerciții, instrumente de analiză, modele de lucru și altele. Detalii care l-ar fi făcut pe un Galben să înnebunească. Mulțumit de mine însumi, i-am trimis din nou propunerea și l-am întrebat dacă era gata de o decizie.

„Nu mai e nimic de adăugat?", m-a întrebat el.

Ei bine, de data asta a venit la mine la birou. Timp de o oră și jumătate am stat la masa de conferințe și am revăzut împreună... fiecare detaliu al propunerii. Întocmise termenii și condițiile sub forma unui contract, iar fiecare secțiune era plină de întrebări și de notițe. În cele din urmă, mi-a spus că fusese cea mai interesantă întâlnire la care participase vreodată. Cu toate acestea, m-a întrebat la sfârșit: „Nu mai e nimic de adăugat?" Am stat și m-am gândit. Vrei și mai mult material? Nici o problemă. Îi dădusem întregul fișier cu trainingul (se întâmpla înainte de epoca e-learning), cel puțin 300 de pagini în care erau descrise sesiuni de lucru a câte 50 de minute, pe o durată de 15 zile, urmărind diferitele etape de dezvoltare a leadership-ului.

Acesta era tot materialul de prezentare, în care erau prevăzute până și pauzele de cafea, întrebările care trebuiau puse în timpul cursurilor, modul în care trebuia folosită sala de formare etc. Mărturisesc cu mâna pe inimă că nu lipsea nimic. M-am gândit că avea să îl satisfacă, în sfârșit.

După o lună, m-a întrebat dacă mai am material suplimentar. Nu mai aveam. Există falsa supoziție că Albaștrii sunt incapabili să ia o decizie, dar nu e așa. Acest director nu amâna decizia și nici nu era în situația în care nu se putea decide. Pur și simplu, el nu avea nevoie să decidă. Pentru el, procesul în sine era mult mai interesant și se întreba dacă mai aveam material suplimentar.

De ce unii oamenii tărăgănează atât de mult anumite lucruri, încât ajungi să te întrebi dacă nu cumva au adormit

Exemplul precedent ilustrează o caracteristică importantă a comportamentului Albastru. Albaștrii sunt persoane extrem de precaute. Deseori, ei pun siguranța pe primul lor. Acolo unde Roșii și Galbenii se aruncă fără să gândească prea mult, un Albastru va lua absolut totul în considerare și-și va acorda timpul necesar. E posibil ca lucrurile să fie mai complicate, nu-i așa? Prin urmare, trebuie să verific orice detaliu înainte de a acționa.

Acest lucru se poate manifesta în diverse feluri. Pentru Albaștri, călătoria în sine este mai importantă decât destinația, adică opusul unui Roșu. Desigur, această prudență poate duce la incapacitatea de a lua o decizie și înseamnă totodată că Albaștrii nu își asumă riscuri. Fără a-ți asuma riscuri îți asiguri o viață predictibilă: cred că suntem toți de acord cu asta. Nu spun că ar fi minunat, ci doar descriu niște lucruri concrete.

Uneori, un Albastru poate să dea înapoi, fiindcă nu reușește să evalueze riscurile. La un moment dat, am întâlnit un agent de vânzări Albastru, care urmase studii de inginerie. Teza lui era aceea că afacerea cea mai bună ar putea fi aceea pe care nu ai făcut-o. Evaluarea riscurilor este un proces complex, dar cine poate ști ce pericole bântuie pe acolo? Un Albastru rezolvă totul prin crearea unor sisteme avansate de gestionare a eventualelor riscuri. Își pun trei ceasuri să sune dimineața, să se asigure că se trezesc. Pleacă cu două ore înainte, când una singură ar fi de ajuns. Verifică de mai multe ori ghiozdanul copiilor înainte de a-i trimite la școală, pentru a se asigura că nimeni nu și-a băgat nasul în ele peste noapte. Se caută de trei ori ca să se asigure că au cheile în buzunar și, bineînțeles, cheile chiar sunt acolo. Unde ar putea să fie?

Beneficiile unui asemenea comportament sunt evidente. Albaștrii nu riscă să fie luați prin surprindere de evenimente neașteptate. Și, pe termen lung, economisesc mult timp comportându-se astfel.

„Nu contează că e mai ușor. Pur și simplu, nu e în regulă."

Nu trebuie ca lucrurile să fie lăsate să meargă prost, asta e tot. Calitatea este cea mai importantă. Când un Albastru crede că munca lui riscă să fie de proastă calitate, lucrurile se opresc. Totul trebuie reverificat. De ce a fost neglijată calitatea?

Cu riscul de a generaliza, aș putea spune că mulți ingineri au trăsături Albastre distincte: sunt preciși, sistematici, centrați pe fapte concrete și conștienți de calitate. Nu știu sigur, dar îmi imaginez că Toyota, compania japoneză care produce mașini, probabil are mulți ingineri Albaștri printre angajați. Albaștrii au și un regulament al lor: trebuie să întrebi de cel puțin cinci ori „de ce?" pentru a te asigura că ai calitate și că ai ajuns în miezul problemei. Aș spune că este o abordare tipic Albastră (pe lângă mentalitatea japoneză, care e pe termen lung și este Albastră ca mod de manifestare).

Să spunem că cineva descoperă o pată de ulei pe jos. Abordarea unui Roșu ar fi aceea de a arăta cu degetul persoana de lângă el și de a-i cere să curețe pe jos. Un Galben vede pata și apoi uită de ea, iar peste două zile e surprins să o revadă, pentru că alunecă din cauza ei. Verdele vede și el pata și resimte o formă de vină, pentru că pata chiar este o problemă și toată lumea pare să o ignore.

Un Albastru ar întreba: „De ce este o pată de ulei aici?" Răspunsul ar putea fi acela că are loc o scurgere din cauza unei garnituri slăbite. Acest răspuns, desigur, nu îl satisface pe Albastru. De ce s-a slăbit garnitura? Pentru că e de proastă calitate. De ce avem garnituri de proastă calitate la noi în fabrică? Pentru că celor de la Departamentul de achiziții li s-a cerut să facă economii. Cumpărăm garnituri ieftine în loc să cumpărăm unele etanșe. Dar cine ne-a cerut să facem economii și să compromitem calitatea? Vom primi chiar și un raport despre evoluția problemei, însă nu se face nimic pentru a repara problema.

În cele din urmă, soluția Albastrului ar putea fi aceea de revizuire a strategiilor de achiziții, nicidecum curățarea petei de ulei de pe jos. Ce vreau să spun este următorul lucru: un Albastru este pregătit să aprofundeze totul, pentru a se asigura că toate informațiile de care dispune sunt 100% corecte.

Îmi amintesc discuțiile pe care le-am avut cu părinții pe vremea când eram copil. Ne mutam deseori, iar casa trebuia vândută, cu tot ce era în ea. Tata, care era inginer, trebuia să facă totul singur, el fiind și cel care organiza vizitele cu potențialii cumpărători.

Mama era tot timpul supărată, pentru că tata începea fiecare vizită vorbindu-le cumpărătorilor despre defectele și neajunsurile casei. Există niște scurgeri aici și dincolo, în spatele canapelei s-a scorojit puțin vopseaua. „De ce le-ai spune așa ceva?", se întreba mama. „Pentru că asta și asta nu funcționează cum trebuie", răspundea tata. „Fără îndoială, dar trebuie să le-o spui potențialilor cumpărători? Acum nici că își vor mai dori să cumpere casa!"

Tata nu pricepea unde era problema. Fiind un om onest și de onoare, el nu le putea ascunde celorlalți defectele casei, și trăia foarte bine cu gândul că nu obținuse cine știe ce bani din vânzări. Fusese onest cu privire la defectele caselor, pentru că așa era corect.

„Dacă drumul nu coincide cu traseul de pe hartă, e ceva în neregulă cu drumul"

Gândirea logică și rațională este fundamentală pentru un Albastru. Acesta respinge, pe câte posibil, sentimentele. Desigur, Albaștrii nu pot spune stop sentimentelor lor – nimeni nu poate – dar le place să folosească argumente raționale când iau decizii. Pun valoare pe gândirea logică, însă se deprimă foarte ușor când lucrurile nu merg conform planului. Iar depresia nu are nimic de-a face cu logica, ci cu sentimentele.

Foarte puțini sunt cei care pot relua la nesfârșit o sarcină, în același fel în care o fac Albaștrii. Ei dispun de o abilitate unică de a urma întocmai instrucțiunile, fără să pună prea multe întrebări, cu condiția să înțeleagă încă de la început despre ce este vorba.

Cum se pot comporta astfel, fără să se plictisească? Ei bine, e logic. Dacă o metodă anume funcționează, de ce să o schimbi? În vreme ce Roșii și Galbenii găsesc noi modalități de a face ceva doar pentru că se plictisesc, Albaștrii repetă același lucru iar și iar.

Să luăm exemplul unui Albastru care asamblează o mobilă IKEA. Dacă există o carte de instrucțiuni, evident că va trebui să o citești cu atenție înainte să începi. Roșii, încrezători că e floare la ureche să asambleze mobila, încep să asambleze diverse piese, fără ca măcar să se uite la tot ce se află în cutie. Galbenii rup ambalajul și se exaltă la gândul că mobila va arăta foarte frumos în sufragerie. Ei trăiesc în viitor și pot deja să vadă cum va fi organizată mobila: biroul pe peretele drept al dormitorului bunicii, acoperit cu fața de masă, peste care este așezată o vază cu garoafe. Galbenii asamblează piesele cumva la voia hazardului, fără prea mult efort. Vor înșuruba niște șuruburi acolo unde este nevoie, dar vor sări peste alte părți. Un Verde va sprijini ambalajul de perete și va lua o pauză de cafea. Nu e nici o grabă.

Ce face un Albastru? Citește de două ori instrucțiunile, examinează diversele piese și confirmă că diferitele elemente ale noului birou se potrivesc cu imaginile din instrucțiuni. Cu o cârpă uscată, Albastrul curăță diferitele părți ale biroului, pentru că par prăfuite. Numără șuruburile din cutie, pentru a se asigura că nu lipsește nimic (iar, dacă observă că lipsește ceva, se prea poate să o ia de la început).

Se poate să dureze ceva până când un Albastru reușește să monteze biroul, dar, odată ce a reușit, poți fi sigur că respectivul birou vă dăinui în timp.

„Diavolul se ascunde în detalii"

Cu câțiva ani în urmă, am renovat terasa din curtea casei. Pentru că îmi place să muncesc în curte, am luat decizia de a face singur treaba. Sau, cel puțin, o parte din ea. Tatăl meu, care avea puțin peste 70 de ani la vremea aceea, a hotărât să mă ajute, pentru că știam că nu am foarte mult timp la dispoziție.

Mai ușor de spus decât de făcut. Pentru a ne asigura că fundația este solidă, trebuia să adăugăm un strat de pietriș. Tata a acționat mai repede decât camionul cu pietriș, pentru că avea el însuși o roabă, special construită pentru asta, precum și o lopată specială pe care o folosea în același scop. Tata nu înțelegea ce făceam eu cu lopata așa-zis „normală". Toată lumea știa că e nevoie de lopeți speciale pentru asemenea misiuni.

Camionul a sosit și a vărsat o cantitate considerabilă de pietriș în drum. Mă gândeam că voi petrece zile întregi cu lopata mea și, ca să fiu sincer, eram foarte obosit. Dar eram pregătit să răspund provocării.

Bătrânul meu tată? Ei bine, a luat o mână de pietriș de pe jos, a dus-o la nas, a mirosit-o și a evaluat numaidecât consistența pietrișului. După ce a bodogănit puțin, a început să transporte el însuși grămada de pietriș.

A măsurat înălțimea grămezii cu mâna, iar circumferința a calculat-o cu pasul. L-am întrebat ce face. Nu mi-a răspuns, ci a bolborosit niște dimensiuni.

„1,85, circumferința 5 metri, înclinare de... hmm."

După puțin timp mi-a spus că erau între 8,75 și 9,25 metri cubi de pietriș în drum. I-am confirmat că erau exact 9 metri cubi.

„De unde ai știut?", m-a întrebat tata. „Scrie pe camion", i-am spus eu.

Tata nu a fost prea impresionat. L-am întrebat dacă voia să numere și pietrele, dar s-a gândit că nu era necesar. Preț de câteva ore, s-a plimbat prin curte, a mutat pietrișul, l-a greblat și a nivelat totul, până s-a convins că totul este în regulă. A folosit un cric, sfoară cu plumb și apă, ca să se asigure că nimic nu avea să meargă prost.

Pietrișul trebuia întins pe o pantă de un centimetru înălțime pe metru. Te-ai putea întreba de ce. Așa scrie în carte... a răspuns el. Un centimetru pe metru. Cine știe ce s-ar fi întâmplat dacă nu ai fi respectat această regulă...

Hai să ne gândim la diferența dintre un centimetru și „aproape un centimetru". Prima măsurătoare este foarte precisă, a doua nu. Aproape un centimetru... ar putea însemna și doi centimetri... De la un plan înclinat de un centimetru la unul de doi centimetri... diferența e de 100% – o deviație uriașă.

(Cel mai amuzant lucru cu privire la această relatare nu este evenimentul în sine, ci ceea ce s-a întâmplat când tata a citit prima dată cartea. Mi-a reproșat că nu așa s-au întâmplat lucrurile și mi-a corectat povestea, susținând chiar că respectivul camion avea 12 metri cubi de pietriș, nu nouă. A mai insistat și asupra faptului că nu este un Albastru desăvârșit și că asta explică multe lucruri.)

Așa face tot timpul. La noi acasă, dacă există ceva probleme tehnice, cu privire la un televizor, o mașină, un cuptor cu microunde sau un telefon, se invocă tot timpul „manualul de instrucțiuni". Tot timpul tata ne spune... „Aici scrie asta sau asta... de ce crezi că ar scrie așa dacă ar trebui procedat altfel?"

Ce poți să răspunzi la o așa întrebare? Cum ai putea să te iei la trântă cu manualul de instrucțiuni? E imposibil să găsești un argument pe care să îl înțeleagă un Albastru. (Tata se oprește la semafor chiar și în toiul nopții, deși conduce singura mașină pe o rază de 10 kilometri. Pur și simplu, pentru că așa este regula.)

Importanța unei asemenea abordări este evidentă. Un Albastru nu poate fi prostit foarte ușor; el primește întotdeauna exact ceea ce a plătit. Are o liniște interioară incredibilă, pentru că știe că a verificat totul cu multă grijă.

Dacă și tu cunoști un Albastru, vei fi de acord cu mine. Într-un context normal, Albaștrii sunt foarte calmi și echilibrați. Poate pentru că sunt foarte atenți la tot ce mișcă.

„Tăcerea e de aur"

Introvertiți. Și cu asta am spus totul, aș putea chiar să mă opresc aici. Mulți dintre Albaștrii pe care i-am întâlnit aproape că nu scot un cuvânt dacă nu este neapărat nevoie. Pur și simplu, așa stau lucrurile. Asta înseamnă că nu au nimic de spus? Că nu au nici o părere? Nici vorbă, sunt doar persoane foarte introvertite. Albaștrii sunt indivizi calmi și stabili, pe care aztecii îi comparau cu marea, cu elementul apă.

Sunt foarte tăcuți la exterior, dar, în străfundul lor, se pot întâmpla tot felul de lucruri. „Introvertit" nu înseamnă complet tăcut, înseamnă doar că persoana respectivă este activă în lumea ei interioară. Însă, de cele mai multe ori, efectul acestei vieți interioare este tăcerea.

În general, sfatul meu este să-i asculți cu atenție pe Albaștri când aceștia decid să vorbească, pentru că, de obicei, ei gândesc ceea ce spun.

Așadar, de ce sunt atât de tăcuți? Printre altele, sunt tăcuți pentru că, spre deosebire de Galbeni, nu simt nevoia să se facă auziți. Dacă stau într-un colț în care nu îi vede și nu îi aude nimeni, nu îi deranjează câtuși de puțin. Sunt mai degrabă observatori și spectatori decât personaje principale. Ei observă și înregistrează tot ce se spune în cadrul unui grup.

Ține minte un lucru: potrivit valorilor Albaștrilor, tăcerea este ceva pozitiv. Dacă nu ai nimic de spus, mai bine taci.

Concluzii despre comportamentul Albastru

Știi totul despre Albastru? Ai identificat Albaștri în viața ta? Bill Gates și Albert Einstein și-au folosit meticulozitatea și simțul detaliului pentru a avea succes. Am putea aminti și de Sandra Day O'Connor și Condoleezza Rice. Și, desigur, în lumea ficțiunii, Mister Spock, din *Star Trek*, este Albastrul perfect – numai logică, rațiune și intelect, deși, uneori, îi mai scapă și câte o glumă.

8. Partea neplăcută – nimeni nu este perfect

Puncte tari și puncte slabe despre care nimeni nu vrea să vorbească

Așa cum sugerează și titlul acestei cărți, există oameni în jur, care, în circumstanțe mai puțin favorabile, sunt greu de înțeles. Există alții pe care nu îi înțelegem deloc, indiferent ce se întâmplă. Iar cei cu care este cel mai greu de interacționat sunt cei care nu sunt ca noi, pentru că se comportă, în mod evident, „incorect".

Diferențele încep să fie clare

Poți observa cu ușurință diferențele generale dintre cele patru tipuri de comportament. În schema următoare vei găsi un exemplu cu privire la modul în care oamenii diferă între ei. Unii oameni sunt centrați pe problemă, iar alții sunt centrați pe relație. În vreme ce unii acționează rapid, ceilalți sunt reflexivi. Aceasta este sursa majorității neînțelegerilor din zilele noastre, fie ele mici sau mari. Voi reveni asupra acestor aspecte, însă aș vreau să ilustrez aici câteva nuanțe cu privire la modelele comportamentale centrale, pe care le reprezintă fiecare culoare.

Nu spun că tu i-ai numi pe oameni idioți, așa cum făcea Sture, cel care mi-a deschis ochii și m-a determinat să scriu această carte.

Totuși, cu toată sinceritatea, tuturor ni s-a întâmplat să nu înțelegem un comentariu pe care l-am auzit, sau pe cineva care s-a comportat diametral opus față modul în care ne-am fi

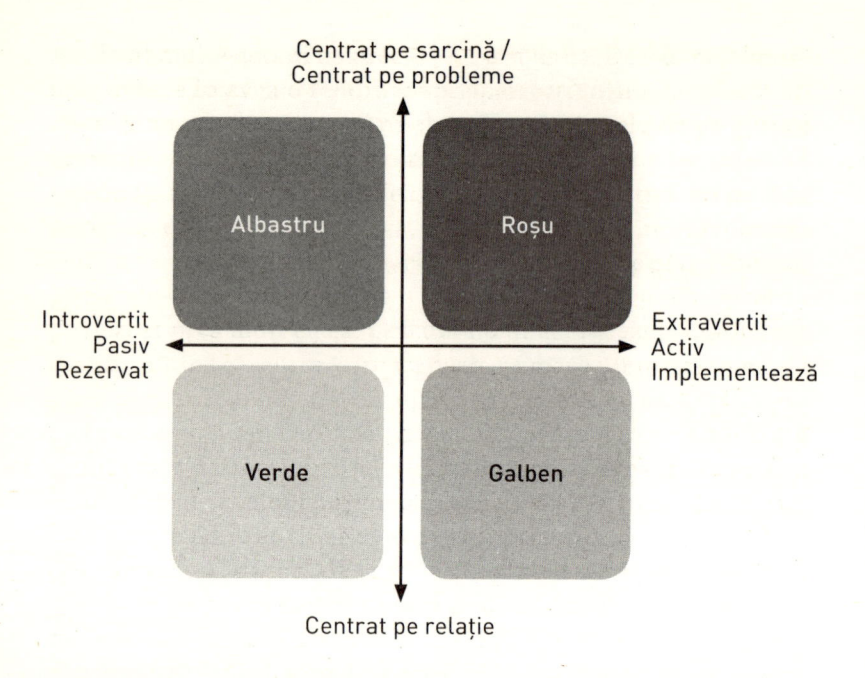

```
                    Centrat pe sarcină /
                    Centrat pe probleme
                            ▲
              ┌─────────────┼─────────────┐
              │             │             │
              │   Albastru  │    Roșu     │
              │             │             │
Introvertit   │             │             │   Extravertit
Pasiv         ├─────────────┼─────────────┤   Activ
Rezervat      │             │             │   Implementează
              │   Verde     │   Galben    │
              │             │             │
              └─────────────┼─────────────┘
                            ▼
                    Centrat pe relație
```

comportat noi. Prin urmare, avem tendința de a-i numi idioți pe acești indivizi.

Acest raționament te face să crezi că „ai tot timpul dreptate", ceea ce, desigur, înseamnă că cealaltă persoană și modul în care se comportă sunt, în mod automat, nelalocul lor. E o chestiune complicată. Un înțelept spunea cândva că, „doar pentru că tu ai dreptate, nu înseamnă că eu greșesc". Avem, de asemenea, tendința de a fi foarte atenți la greșelile și la deficiențele celorlalți. Psihologia infantilă susține că ceea ce ni se pare cel mai șocant în comportamentul copiilor noștri sunt lucrurile pe care le recunoaștem la noi înșine, dar nu ne-am dori să fie așa. Așadar, cine decide ce tip de comportament este corect sau greșit?

Este momentul pentru un adevărat clișeu

Pe de o parte, nimeni nu e perfect. Iată, tocmai am spus o platitudine. Dar, sincer, chiar nu există oameni perfecți, nimeni nu este complet lipsit de defecte. În tinerețe, am căutat constant un model în viață care să-mi poată deveni mentor – acea persoană, bărbat sau femeie, nu trebuia să aibă nici un defect. Evident, nu am găsit un astfel de om. Încă nu am dat de urma acestui om perfect. Asta, desigur, pentru că un astfel de om nu există. Trăim cu defectele pe care le avem și încercăm să scoatem la iveală tot ce este mai bun din ceea ce trăim.

Pe de altă parte, când ne gândim că cineva este idiot, să fie oare din cauza defectelor sale, sau pentru că am eșuat în a înțelege acea persoană? Anumite atribute, care pot fi folositoare în anumite situații, sunt complet nepotrivite pentru alții. Este important să ții minte un lucru: comunicarea are loc conform regulilor interlocutorului. Oricare ar fi judecățile pe care le emit oamenii despre mine, tocmai acesta este modul în care eu sunt perceput. Independent de ceea ce am vrut să spun, sau de intenția mesajului meu. Ca întotdeauna, este vorba despre conștiința de sine. Calitățile pot deveni defecte într-un context neprielnic, indiferent despre ce calități este vorba.

Scurtă descriere a modelelor comportamentale

Roșii sunt rapizi și încântați să preia comanda la nevoie. Ei fac lucrurile să se întâmple. Totuși, când pornesc la drum, devin obsedați de control și cad pradă acestui impuls. În plus, îi calcă în picioare în mod repetat pe ceilalți.

Galbenii pot fi amuzanți, creativi și capabili să îi înveselească pe cei din jurul lor. Totuși, când li se oferă un spațiu nelimitat, ei consumă tot oxigenul din cameră și nu dau voie nimănui să intervină în discuție, iar poveștile lor încep să reflecte din ce în ce mai puțin realitatea.

Verzii cei prietenoși sunt foarte apreciați de ceilalți, pentru că sunt oameni plăcuți, cărora le pasă în mod sincer de ceilalți. Din nefericire, au tendința de a fi neclari și nehotărâți când se exprimă. Oamenii nehotărâți sunt, în general, greu de gestionat, pentru că nu știi cum să-i iei, lucru care distruge energia celorlalți.

Albaștrii cei analitici sunt calmi, echilibrați și gândesc înainte să vorbească. Abilitatea lor de a-și păstra controlul este o calitate de invidiat pe care nu toți o deținem. Totuși, gândirea critică specifică lor îi face să vireze deseori spre suspiciune și spre o constantă reevaluare a celor din jur. Totul poate deveni suspect și potențial periculos.

În secțiunile următoare, voi descrie modul în care oamenii pot percepe slăbiciunile anumitor modele comportamentale. Desigur, avem de a face cu o zonă foarte sensibilă, lucru lesne de înțeles. Când fac consiliere individuală, lucrurile tind să se complice. Așadar, în timpul lecturii, ai grijă la faptul că adevărul este în ochii celui care privește. Cine are dreptate și cine greșește? Modelele comportamentale despre care îți vorbesc sunt descrise așa cum le percep ceilalți, chiar dacă intenția persoanei care tocmai s-a făcut de râs era cu totul alta.

Un singur lucru știu sigur, în ceea ce privește culorile comportamentale, și anume faptul că, prin fiecare culoare se realizează o anumită descriere. Roșii și Galbenii tind să se umfle în pene și trăiesc cu impresia că nu au nici o slăbiciune. Au un ego foarte puternic, iar o mare parte din succesul lor se datorează faptului că nu-și bat capul cu defecte și probleme, ci caută constant ocaziile și veștile bune. În mod clar, un asemenea comportament nu poate fi menținut pe termen lung.

La polul opus, Verzii și Albaștrii au tendința de a-și exagera slăbiciunile și, în anumite cazuri, își ignoră complet calitățile. Consecințele sunt evidente. Când îi oferi un feedback pozitiv unui Verde sau unui Albastru, tendința acestuia este de a deveni imun și de a schimba subiectul discuției, îndreptându-l spre ceva ce este în neregulă. Desigur, acest lucru este complet neproductiv.

Ei bine, ești gata de drum?

Cum sunt percepuți Roșii

Dacă întrebi oamenii ce părere au despre Roșii, vei primi un răspuns diferit față de cel pe care ți l-ar da un Roșu. Ce surpriză! Cercetările mele au demonstrat că în jurul Roșilor roiesc mai mulți idioți decât în cazul celorlalte culori. Mulți sunt de acord cu ceea ce ai citit deja despre Roșii, dar am mai auzit și alte comentarii. De obicei, ei exprimă acest lucru când Roșii nu sunt prin preajmă, pentru că se tem de comportamentul lor impulsiv. Un Roșu îți va spune tot timpul că preferă adevărul. Dar, când spui ceea ce gândești, riști să te trezești într-o discuție aprinsă cu un Roșu furios. Asta înseamnă că ceea ce vei citi în continuare este complet nou pentru mulți Roșii. Nu mulți sunt cei care au fost capabili să surprindă aceste caracteristici ale Roșilor. E nevoie de foarte multă energie.

Unii spun că Roșii caută cearta, că sunt aroganți și egoiști. Sunt percepuți ca fiind de neînduplecat, neliniștiți și dictatoriali, agresivi, autoindulgenți și obsedați de control.

Nu cred că această descriere este neapărat corectă, dar am auzit oameni care au vorbit despre Roșii ca fiind niște persoane tiranice și dictatoriale. Brusc, imaginea pe care o avem despre Roșii nu mai este atât de încântătoare. Liderul înnăscut își arată latura negativă.

Înainte de orice, vreau să subliniez că nimic din cele spuse anterior nu îl vor deranja pe un Roșu, pentru că el este mult mai orientat spre obiectiv decât spre relație. Dincolo de asta, ceilalți nu au dreptate. Totuși, hai să vedem ce au de spus și alții.

„De ce îți ia atât de mult? Nu poți să te miști puțin mai repede?"

Ei bine, ce ar fi de spus? Oricine își dorește să pășească în afara normei pentru a evolua mai repede nu poate fi numit decât „nerăbdător". Când un răspuns întârzie să apară prin canalele oficiale, un Roșu va sări câteva nivele ierarhice și îl va căuta direct pe cel care trage sforile.

Primul exemplu care îmi vine în minte este o experiență petrecută în trafic, în frumoasa capitală în care locuiesc. Desigur, majoritatea localnicilor sunt mult mai grăbiți la volan decât media națională – există chiar statistici care demonstrează acest lucru. Cu toate acestea, întrucât vorbim despre un comportament Roșu, aș vrea să-ți povestesc despre unul din colegii mei. Björn și cu mine foloseam mașina ca mijloc de transport în oraș, pentru simplul motiv că mijloacele de transport în comun necesitau mult timp. Björn își pierdea deseori permisul de conducere, pentru că avea o abordare ușor liberală în ceea ce privește limita de viteză.

Locuia departe de oraș, iar drumul spre serviciu (aproximativ 30 de kilometri) putea să dureze până la 40 de minute, iar asta într-o zi fără trafic. Într-o zi normală, putea lua chiar și o oră jumătate.

Björn nu era de părere că trebuia să își ajusteze condusul în funcție de fluxul din trafic și considera că nu avea motive să urmeze toate regulile. Limita de viteză înscrisă pe panourile semnalizatoare (50, 60, 70 km/oră etc.) avea doar valoare orientativă. Pur și simplu, nu erau valabile în cazul lui. Regulile erau făcute pentru oameni care nu știau să conducă o mașină!

La un moment dat, eram la o cafea cu colegii de birou, și discutam despre problemele din trafic. Toată lumea era de părere că traficul din capitală era grav afectat. Björn nu știa despre ce vorbeam noi. Nici măcar nu era conștient că exista o problemă. Din contră, lui i se părea că traficul era perfect în ultima vreme. Cerându-i să ne explice cum de era posibil așa ceva, aveam să aflăm că Björn al nostru conducea pe banda de autobuz. Tot timpul. Peste 30 de kilometri. Era mai rapid așa. Iar Björn susținea că era în regulă. Puteai chiar să îți faci un abonament ca să poți circula pe banda de autobuz. Ceea ce făcuse și el, aproximativ 140 de coroane pe lună.

La fiecare patru săptămâni îl oprea poliția, dar merita efortul. Imaginează-ți cât timp salva în felul acesta! Și nu avea de plătit decât o amendă. I se părea că era o afacere bună.

Această poveste ilustrează foarte bine modul în care funcționează comportamentul Roșu. Roșii știu la fel de bine ca toată lumea că nu este bine să încalci regulile; totuși, având în vedere că e mai rapid să procedeze astfel, Roșii le încalcă fără probleme. Ei încalcă în mod excesiv regulile. Din nou, îți reamintesc și motivul pentru care se comportă astfel: vor ca treaba să fie terminată cât mai repede.

Pe Roșii nu îi deranjează scurtăturile, câtă vreme acestea le oferă posibilitatea de a-și duce treaba la bun sfârșit, cât mai repede. Printr-o asemenea abordare a regulilor și a reglementărilor, nu ai cum să nu ajungi mai repede. Aș merge până acolo încât să pot spune că un Roșu este atât de rapid în felul de acționa, încât, dacă nu ar merge ceva cum trebuie, tot ar fi capabil să își ducă sarcina la bun sfârșit. În același timp, nimeni nu știe ce se va întâmpla.

„Nu urlu, nu sunt furios! Aaaaahhhhh!"

Întrucât comunicarea Roșilor este atât de directă și de abruptă, mulți îi percep ca fiind agresivi. Dacă stăm să ne gândim puțin, este logic, însă percepția variază în funcție de persoana care devine victima unui Roșu. De exemplu, în Suedia, nu este acceptabil să reacționezi în același fel agresiv, cum ai face-o în Franța sau Germania. Nu spun că oamenii se ceartă mai des în aceste țări, însă au o manieră diferită de a gestiona conflictele.

Gândește-te că, în general, la serviciu, oamenii sunt încurajați să fie amabili cu ceilalți și să fie „deschiși spre comunicare." Ce înseamnă asta, de fapt? E ușor să interpretăm această idee și să ne gândim că trebuie să fim onești și să spunem tot ce avem pe suflet, nu? Cu toții ne dorim un dialog deschis. E minunat. Orice organizație are nevoie de comunicare deschisă și directă, mai ales în ceea ce privește lucrurile cu adevărat importante. Așadar, cine poate reuși să comunice cu adevărat deschis? Sau să primească un răspuns direct, fără să se enerveze? Nimeni. În principiu.

Cu excepția celor Roșii, desigur. Din punctul lor de vedere, avem de-a face cu o falsă problemă. „De ce vorbim despre asta? E evident că fiecare spune ce gândește!" Majoritatea oamenilor consideră că acest lucru este foarte stresant: să fii nevoit în mod constant să accepți adevărul poate să fie dificil, mai ales dacă este vorba despre un adevăr neplăcut.

Scopul meu nu este acela de a defini ceea ce este corect sau greșit, eu nu îmi doresc decât să arăt că suntem cu toții diferiți.

Prin urmare, de ce considerăm uneori că Roșii au un comportament amenințător și arțăgos? Să fie pentru că nu sunt genul de oameni care să renunțe cu una cu două? Pentru că le place să se certe și să dezbată chiar și lucrurile mărunte, dacă le consideră importante? Pentru că ridică vocea sau pentru că răstesc la ceilalți și dau cu pumnul în masă dacă își doresc să o facă? Sau pentru că, uneori, își exprimă sentimentele într-un mod mai nepoliticos?

Hai să ne gândim la următorul scenariu: ai un proiect căruia i-ai dedicat mai multe zile din viața ta, sau chiar săptămâni. Începi să te îndoiești de tine – oare ai reușit sau nu? E proiectul la fel de bun pe cât te-ai fi așteptat? Ai îndrăzni să-l arăți clientului în faza în care este acum? Sau ar trebui să îi ceri părerea cuiva care știi că îți va da un răspuns sincer?

În clipa aceea îți iese în cale un Roșu și hotărăști să riști. Ai convingerea că această persoană – soț, soție, prieten, văr, vecin – va fi sinceră cu tine. Îi ceri o părere onestă. Cu puțină mândrie în voce, îi arăți ce ai reușit și îi prezinți pas cu pas procesul. Fără să îți dai seama, Roșul începe să se agite, pentru că a tras deja concluzia lui și s-a plictisit să te tot audă vorbind. Îți face semn cu mâna să taci din gură și îți spune: „Nu arată deloc bine. Nu prea pricep ce ai făcut aici. De fapt, arată nasol rău. Sunt uimit să văd că nu ai scris un proiect mai bun. Cred că trebuie să reiei totul de la început."

Apoi pleacă, fără să își mai bată capul. Iar tu rămâi blocat, trist și epuizat, indiferent ce culoare ai. Ți se pare că exagerez? Se poate întâmpla așa ceva în viața reală? În acest stadiu, dacă ai senzația că asemenea persoane nu există, înseamnă că nu ai întâlnit un Roșu pur. Sau că Roșii pe care i-ai întâlnit au învățat cum să fie nesinceri.

Gândește-te puțin. De ce ar pune cineva un om la pământ în felul acesta? Care erau intențiile acelui Roșu? El nu ți-a dat decât ceea ce i-ai cerut: opinia lui sinceră.

I-ai cerut să îți spună ce crede, ba chiar i-ai promis că nu te vei supăra și că nici nu vei furios și dezamăgit. „Fii pregătit", îți spune Roșul, „iată ce cred eu..." Cerându-i părerea sinceră, ai provocat o inundație de sinceritate brutală. Dar vei supraviețui – poate cu încrederea în sine ușor zdruncinată și cu egoul rănit.

De-a lungul carierei mele de consultant, am spus mereu că dacă un Roșu încearcă să rezolve o problemă importantă pentru el și la care nu are de gând să renunțe – ei bine, furtuna pe care o provoacă nu are cum să nu fie una răvășitoare. Dacă te temi de conflict, atunci poate că nu ar trebui să intri singur într-o situație conflictuală. Pe un Roșu nu îl interesează conflictele și nici nu le creează conștient, dar o ceartă, din când în când, nu poate dăuna niciodată, nu crezi? Este doar o altă formă de a comunica.

Am un sfat pentru tine: cel mai rău lucru pe care îl poți face când intri în conflict cu un Roșu este să dai înapoi. Această tactică nu va face decât să îți creeze probleme. Vom vorbi în capitolele următoare despre acest aspect.

„Ce tot faci acolo? Pot să văd ce (nu) faci!"

Ce poate să însemne nevoia de control? Pe scurt, putem spune că nevoia de control este un fenomen în care un individ are nevoie de putere asupra unei situații din care fac parte alte grupuri de persoane, sau, pur și simplu, alți indivizi. Cei care manifestă nevoia de control se simt, deseori, incapabili să se adapteze la un grup sau la o situație, și vor încerca să formuleze strategii care să le permită să evite acest lucru. Un astfel de comportament se manifestă prin pălăvrăgeli neîncetate, prin întreruperea sau ignorarea completă a celorlalți, cu scopul de a menține controlul asupra unei conversații.

Roșii pot fi considerați deseori extrem de aroganți, însă este important de știut că sunt interesați să dețină controlul asupra celor din jurul lor, dar nu prin controlarea fiecărui detaliu specific al unei situații. (Atenția sau controlul cu privire la detalii nu este ceva de care pot fi acuzați Roșii.) Este important însă pentru un Roșu să simtă că deține controlul asupra a ceea ce fac oamenii și asupra modului în care intenționează să reacționeze la anumite situații.

În centrul acestei nevoi de a controla se află convingerea că știu mai multe decât ceilalți. Și pentru că un Roșu simte că știe cel mai bine ce e de făcut, va continua să facă presiuni asupra celorlalți pentru a se asigura că fiecare face ce trebuie. Avantajul, în cazul unui Roșu, este acela că îi iese totul așa cum vrea el. Dezavantajul este evident: toți cei din jurul lui se simt controlați. Unii oameni consideră că este în regulă ca altcineva să ia decizii și să „dea cu biciul" dacă este nevoie, însă alții se simt limitați și nu își doresc decât să scape.

Cu mulți ani în urmă, am lucrat pentru o companie în care una dintre directoarele adjuncte era Roșie. (Avea și câteva trăsături de Albastră – vezi capitolul despre comportamentul Albastru.) Când delega sarcini angajaților, efectele erau cel puțin amuzante. De obicei, nu avea nici o problemă în a renunța la anumite lucruri; era chiar foarte pricepută la delegarea unor sarcini plăcute, ceea ce multor directori executivi le pare foarte greu. Totuși, întrucât era Roșie, gândea foarte repede și acționa în mod precipitat. În practică, asta însemna că stătea în preajma persoanei căreia îi delegase o anumită sarcină și, în cazul în care aceasta nu era dusă la bun sfârșit în cel mai scurt timp posibil, se apuca să o facă singură. Când angajatul respectiv se apuca, în cele din urmă, de acea sarcină, își dădea seama că nu mai era nevoie să facă nimic, pentru că fusese deja rezolvată. Atenție! Termenul limită încă nu fusese atins.

Întrucât această femeie avea atât trăsături Roșii cât și Albastre, sarcina fusese rezolvată mult mai bine decât dacă ar fi fost lăsată în mâinile angajatului. Roșu înseamnă rapid. Albastru înseamnă calitate în implementare. Din nefericire, criticile aduse respectivului angajat nu întârziau să apară. Întrucât dimensiunea ei Albastră făcea ca aceasta să fie foarte precisă la detalii, iar cea Roșie genera critici acide, directoarea era percepută ca fiind foarte rigidă. Ceea ce ne aduce la următoarea secțiune a analizei noastre.

„Încerc să îmi pese de tine – dar m-ar ajuta și mai mult dacă ai fi puțin mai interesant."

Ai întâlnit vreodată o persoană complet lipsită de sentimente? Nu? Mă gândeam eu. Repet, Roșii nu sunt oameni cărora să le placă relațiile. Totul e minunat câtă vreme persoana cu care comunici este preocupată de aceleași lucruri ca tine. Dar, dacă un Roșu stă de vorbă cu o persoană dependentă de relații (așa cum e cazul Verzilor sau al Galbenilor), acesta poate fi perceput ca fiind rece, ba chiar inuman.

Pentru ilustrarea acestei teorii, aș vrea să folosesc un exemplu din experiența personală. Am avut un coleg de muncă, pe care l-am apreciat întotdeauna (încep întotdeauna cu aspectele pozitive, ca să evit eventualele conflicte – o atitudine tipic suedeză, de altfel) și pe care îl respect și astăzi, atât ca prieten, cât și ca profesionist. Da, este vorba din nou despre Björn.

Cu câțiva ani în urmă, compania noastră trecea printr-o perioadă dificilă. Toamna acelui an fusese cu adevărat dificilă și extenuantă: zile lungi, ture târzii și, deseori, weekenduri petrecute la serviciu. Eram epuizați amândoi, ne epuizaserăm unul pe celălalt, și chiar și familiile noastre resimțeau efectele. Problemele de la serviciu ne copleșiseră și meritam amândoi un Crăciun liniștit și fericit.

Așa că am ieșit să ne începem vacanța la un restaurant japonez. Ne-am dat pantofii jos și ne-am așezat pe perne, ținând fiecare în mână câte un pahar de sake. În inconfundabilul stil suedez, ne-am uitat o vreme la meniu, atenți totodată la ce comandau ceilalți. Desigur, nici unul dintre noi nu voia să comande ceva ce nimeni nu mai comandase.

Cu excepția lui Björn. A frunzărit meniul și s-a hotărât repede. Începuse deja să se foiască, pentru că nu avea răbdare ca ceilalți să aleagă. Ca să-și ocupe timpul, Björn a început să-mi vorbească. În momentul acela, fiica mea tocmai schimbase școala, iar Björn avea multe întrebări.

„Cum merg lucrurile la noua școală? Fetița ta cum se simte?" Plăcut surprins de interesul pe care îl manifesta pentru fiica mea, am început să îi povestesc. După aproximativ 20 de secunde, am observat că Björn își dă ochii peste cap. Își rotea privirea prin restaurant, iar pe chipul lui se putea citi plictiseala.

S-a uitat la mine și mi-a zâmbit – un gest pe care nu aveam cum să-l interpretez decât astfel: „Mă cunoști. Știi cum funcționez. Nu vreau să mai vorbesc despre asta!" Și apoi a început să vorbească brusc despre cu totul altceva.

În mod normal, ar fi trebuit să mă simt prost, ba chiar insultat. Cum poate cineva să fie atât de insensibil? În special când cealaltă persoană răspunde la întrebările lui!

Să însemne asta că lui Björn nu îi pasă de ceilalți? Nicidecum. Îi pasă la fel de mult ca și altora, dar când și-a dat seama că fiicei mele îi mergea bine, discuția nu a mai prezentat nici un interes pentru el. Practic, nu a făcut decât să îmi spună că subiectul era închis. În loc să stea și să bată apa în piuă, pretinzând că este interesat de detalii inutile, a preferat să îmi spună exact cum se simțea.

Ține minte că nu facem decât să vorbim despre interpretări și percepții. Intenția din spatele unui comportament specific este o problemă, iar modul în care percepem intenția este cu totul diferit. Personal, la momentul acela nu mi-a venit decât să râd, pentru că îl cunosc foarte bine pe Björn. Știam că intenția lui nu era aceea de a răni pe cineva în mod voit. Când îi mai calcă pe bătături pe ceilalți, nu o face niciodată intenționat – pur și simplu, i se întâmplă. În realitate, este unul dintre cei mai calmi și mai generoși oameni pe care i-am întâlnit. Însă trebuie să îl cunoști pentru a înțelege acest lucru. Poate te întrebi care ar fi putut să fie răspunsul corect la întrebarea lui Björn cu privire la fiica mea. „Fiica mea se descurcă de minune." Acesta ar fi fost un răspuns suficient.

„Trebuie să fii puternic pentru a fi singur, iar eu sunt cel mai puternic dintre toți."

Noțiunea de „egoist" provine de la cuvântul latinesc *ego*, care înseamnă „eu". Eul meu este, prin urmare, egoul meu. Din punct de vedere lingvistic, oamenii au ales să pună pe picior de egalitate sensurile unor noțiuni precum egoul și egoismul. Evident, există mulți oameni pe lume care sunt și egoiști și egocentriști. Iar cei din jurul acestora au mult de suferit. Din nou, trebuie să îți repet că vorbim despre percepția pe care o avem asupra unor comportamente, și nu despre trăsături de caracter specifice.

Dacă ne uităm cu atenție la modul în care comunică un Roșu, putem înțelege de ce oamenii îl percep ca fiind egoist:
- „Cred că ar trebui să acceptăm această propunere."
- „Vreau această misiune."
- „Iată ce cred eu despre asta."
- „Am o idee excelentă."
- „Vom face cum spun eu sau riscăm să greșim?"

Adaugă o minte ageră și un limbaj al corpului cu totul aparte și te vei trezi în fața unui om care obține tot timpul ceea ce vrea. Se va lupta pentru interesele sale. Le va spune tuturor celor care îl ascultă că este capabil să facă tot ce e nevoie. Unii oameni, în special Verzii, consideră că această manieră de a folosi pronumele „eu" în timpul unui discurs este problematică. Mesajul care este transmis prin „Eul" unui Roșu îi ocupă acestuia mintea. (Această caracteristică se regăsește și la Galben, care are, la rândul său, un ego foarte puternic.)

Am învățat însă să avem grijă unul de celălalt. Știm că a fi un singuratic nu este sinonim cu a fi puternic și că avem nevoie unul de celălalt pentru a supraviețui. Cooperarea este un tip de comportament, ceva ce eu propovăduiesc de aproape 20 de ani. Așa se face că Roșii ni se par egoiști când vorbesc doar despre ei. Se asigură că se ajută pe ei înșiși, înainte de a-i ajuta pe ceilalți. Sunt dispuși să treacă peste orice, dacă observă o ocazie de a avansa. Poate că nu o fac conștient, dar consecințele sunt aceleași.

Roșii ies întotdeauna câștigători în urma unei dispute, lucru care li se pare că face parte dintr-o conversație, în mod natural. Ei știu întotdeauna mai bine decât ceilalți. Egoul lor se simte satisfăcut când au un asemenea comportament. Din nefericire, riscă să își piardă prietenii, să atragă antipatii și, uneori, să rateze accesul la anumite informații, pentru că nimeni nu și-i dorește în preajmă. Și, odată ce constată acest lucru, Roșii pot trage concluzia că toți ceilalți sunt idioți.

Cu câțiva ani în urmă, eram la o cină la care se mai aflau alte cinci persoane. Ușor angoasat, unul din participanți, un Verde-Albastru, mi-a spus că nu se simțea bine. Nu putea trăi cu povara responsabilităților pe care șeful său i le pusese în cârcă. Era copleșit de volumul de muncă și suferea de insomnii. Asta îl stresa și mai tare, pentru că știa că, dacă nu dormea, nu dădea randament a doua zi, la serviciu. Soția lui, care stătea lângă el la masă, încerca să își ascundă îngrijorarea. Nimeni nu se simțea prea confortabil la acea masă. Toți încercau să-l consoleze, punându-i întrebări menite să-l ajute să găsească o soluție. Toți încercau să îl sprijine, pe măsura puterilor fiecăruia.

Cu excepția singurului individ Roșu de la masă. După zece minute, plictisit de discuție, acesta a preluat frâiele. Analiza lui era clară: „Cred că te plângi prea mult. Nu faci decât să câștigi un salariu. Nu am fost niciodată bolnav și cred că oamenii, în general, își fac prea multe griji; nu voi ajunge niciodată în situația ta și cred că ar trebui să îți revii."

Ce mai cină a fost aceea!... Evident că nimeni nu s-a simțit prea confortabil. Să fim sinceri – Roșii sunt cei care cred că sunt tot timpul înconjurați de idioți.

Cum sunt percepuți Galbenii

Amuzanți, distractivi și pozitivi până la Dumnezeu. Absolut. Din nou, aceasta este percepția pe care o au despre ei înșiși. Dacă îi întrebi pe ceilalți ce părere au despre Galbeni, vei înțelege că lucrurile nu stau chiar așa. Cei mai mulți vor fi de acord cu ceea ce am explicat până aici, însă vor exista și comentarii. Este amuzant să îi întrebi pe Albaștri care este părerea lor. Îți vor spune că Galbenii sunt egoiști, superficiali și excesiv de încrezători în sine. Alții îți vor spune că vorbesc prea mult și că nu ascultă niciodată. Adaugă la asta și faptul că sunt distrați și neglijenți. Brusc, imaginea pe care o avem despre ei nu mai este atât de plăcută.

Când un Galben aude asemenea comentarii, se pot întâmpla două lucruri. Fie se simte rănit, fie începe să formuleze un răspuns agresiv. Depinde. Uimitor este faptul că, în timp, aceste critici nu îl mai preocupă foarte tare pe Galben. Pe de altă parte, Galbenul este un om care nu știe să asculte, iar psihologii susțin că ar fi dotat cu o memorie selectivă. Galbenul uită, pur și simplu, elementele dificile și, prin etosul său pozitiv, capătă o ușurință în a recunoaște că nu are defecte.

Hai să privim un pic dificultățile cu care se confruntă Galbenii – deși uneori nici ei nu sunt conștienți de acest lucru.

„Hei, mă asculți? Fii atent ce mi s-a întâmplat! Nu-i așa că te interesează?"

La începutul acestui capitol, am specificat că Galbenii sunt foarte buni comunicatori. Aș vrea să repet acest lucru.

Galbenii sunt *foarte* buni comunicatori. Cu accentul pus pe „foarte". Nici o altă tipologie nu are aceeași ușurință de a se exprima, de a găsi cuvintele potrivite și de a relata o întâmplare. Le vine atât de ușor și o fac fără să depună nici un efort, încât nu ai cum să nu fii impresionat. Se știe că celor mai mulți oameni nu le place să vorbească în public. Au palpitații și le transpiră palmele și se tem să nu se facă de râs. Galbenii nu cunosc asemenea probleme. Nu se pune problema să se facă de râs, iar dacă se întâmplă, nu e nici o problemă, e un motiv în plus de amuzament.

Totuși, trebuie să existe o limită în orice. Oricât ai fi de bun la ceva, uneori trebuie să te abții. Galbenii, în special cei care duc lipsă de conștiință de sine, nu cunosc o asemenea limită. Nici nu le trece prin cap să se abțină: dacă au ceva de spus, nu se sfiesc să o facă. Pentru ei nu contează că nu interesează pe nimeni ce au de zis.

Un Galben se comportă exact așa – face ce știe mai bine. Și se pricepe foarte bine la pălăvrăgit. Nenumărate sunt exemplele de situații în care Galbenii domină o conversație. Adaugă și o doză considerabilă de incapacitate de a asculta și obții, astfel, o formă interesantă de comunicare unidirecțională.

Cei mai mulți oameni sunt deranjați de această avalanșă interminabilă de cuvinte. Deseori, un asemenea comportament este perceput ca fiind o formă de egocentrism. Noțiuni precum „moară stricată", „diaree verbală" și „gură bogată" au fost inventate, fără îndoială, cu Galbeni în minte.

Am trăit de nenumărate ori următoarea situație: un grup de oameni stau în jurul unei mese de conferințe. Amfitrionul reuniunii propune o idee (poate fi orice idee). Când vine momentul discuțiilor, toți Galbenii susțin ideea respectivă, repetând de nenumărate ori același lucru, uneori, folosind chiar propriile cuvinte. (Aș vrea să le spun femeilor care citesc această carte că sunt conștient de faptul că un asemenea comportament le este specific, mai degrabă, bărbaților.) De ce se comportă astfel? Ei bine, în primul rând, pentru că e foarte important să arăți că ești de acord și, în al doilea rând, pentru că nimeni nu o poate spune mai bine decât Galbenii.

Cu câțiva ani în urmă, lucram cu o echipă de management care studia dinamica de grup. Tocmai îmi cumpărasem un telefon cu cronometru care îmi oferea posibilitatea de a cronometra cât timp vorbea fiecare persoană.

În sala de curs se aflau directorul executiv și cei șapte manageri ai săi. Peter, directorul de vânzări, era un Galben desăvârșit și urma să acopere unul dintre cele 19 puncte de pe agenda de lucru. Atenție la proporție: 1 la 19. Asta înseamnă cam 5,3% din programul discuțiilor.

Directorul executiv a deschis ședința, însă, foarte repede, am observat că Peter avea ceva de spus despre fiecare punct de pe agendă. Am oprit cronometrul și am fost fascinat de ceea ce aveam să concluzionez. Vorbise aproximativ 69% din timp. Ei bine, da. Restul de 31% din timpul total petrecut în întâlnire fusese împărțit de manageri cu directorul.

Dacă ești un Galben, probabil te-ai regăsit în acest exemplu și ți se pare că este nedrept. Toată lumea se întreabă cum de este posibil. Cum poate cineva să domine astfel o discuție? Este posibil, pentru că Galbenii nu au nici o problemă în a-și exprima părerile și viziunea, și nici în a da sfaturi, chiar dacă sunt cu totul pe lângă subiect. Un Galben are o abordare generoasă asupra propriilor abilități – iar când îi trece o idee prin minte, pur și simplu, deschide gura și începe să vorbească.

Oamenii spun că, în cazul Roșilor, gândul și acțiunea sunt unul și același lucru. În cazul Galbenilor, aș spune că gândul și discursul sunt interconectate. Ceea ce împărtășesc Galbenii cu noi este doar material neprocesat, care le iese pe gură ca atare. Desigur, uneori să întâmplă să și gândească ceea ce spun, dar, de cele mai multe ori nu se întâmplă așa. Ceea ce este cel mai dezamăgitor este faptul că, aproape fără excepție, ceea ce spun li se pare excepțional. Galbenii știu câte ceva despre cum ar trebui exprimate ideile, motiv pentru care ceea ce spun ei pare a fi fantastic. Dacă nu ești obișnuit cu o astfel de persoană, poți lua de bun ceea ce spun – o mare greșeală.

Deseori, Galbenii sunt distractivi și au capacitatea de a-i inspira pe cei din jurul lor. Dar, când vorbești cu un Galben, trebuie să ai grijă să faci și tu un comentariu, exact în secunda în care acesta tace din gură. Sau, pur și simplu, să pui capăt întâlnirii.

„Știu că nu e încurajator, dar există o metodă de a pune capăt nebuniei!"

Un Galben nu va recunoaște niciodată că este neglijent. Acesta nu dispune de abilitatea de a organiza lucrurile. Pentru el, structura și rigoarea sunt concepte plictisitoare. Iar dacă e ceva ce evită cu adevărat, am putea spune că este vorba despre sentimentul de a fi controlat de sisteme fixe și rigide.

Soluția pe care o adoptă este aceea de a memora totul, însă lucrurile nu pot funcționa astfel, pentru simplul motiv că un om nu poate reține absolut totul. Prin urmare, Galbenii au tendința de a uita lucruri, iar cei din jurul lor îi consideră neglijenți și neatenți. Întâlniri ratate, deadline-uri depășite și proiecte terminate doar pe jumătate, doar pentru că atunci când mintea lui și-a terminat treaba, Galbenul nu mai revine asupra lucrurilor. Merge înainte, trece la un alt proiect sau se ocupă de altceva.

Detalii. Pentru a finaliza un proiect, trebuie să fii foarte atent la detalii. Galbenilor nu le plac detaliile. Aș spune chiar că nu îi interesează deloc. Ei gândesc doar „în linii mari".

În general, Galbenii sunt foarte buni inițiatori. Sunt plini de resurse și au o creativitate excepțională, fiind capabili să inițieze mai multe proiecte în același timp. Însă sunt incapabili să le și ducă la bun sfârșit. A finaliza un proiect în proporție de 100% necesită o capacitate de concentrare, pe care Galbenii rareori o posedă. Ei obosesc repede și merg mai departe. Prin urmare, ni se pare că sunt neglijenți. Un Galben e tot timpul convins că munca depusă de el este suficientă. De ce ți-ai pierde timpul pe fleacuri? Până la urmă, totul s-a sfârșit cum trebuie! Faptul că atârnă ațe dintr-o cusătură sau că un document este plin de greșeli de ortografie nu reprezintă lucruri la fel de importante precum nevoia de a începe proiecte noi.

Acest comportament se întâlnește în domeniile în care activează Galbenii. Am câteva cunoștințe care nu reușesc sub nici o formă să țină socoteala timpului. Sunt în permanență dispuse să înceapă noi proiecte și, totodată, foarte optimiste cu privire la trecerea timpului. Nu contează la ce oră le spui să ajungă, ele oricum nu ajung la timp. Ora șapte e tot timpul șapte jumătate sau opt. Pentru ei nu are importanță. Întârzie orice ar fi. Iar când vorbesc despre asta, se tocmesc cu tine să te convingă că au întârziat un sfert de oră, nicidecum 40 de minute. După un timp, se conving... dar nu contează, fiindcă noi toți așteptăm să ne onoreze cu prezența.

„Ia uite, pot să jonglez cu toate mingile în același timp!"

Trebuie să discutăm puțin despre incapacitatea Galbenilor de a se concentra. Un Galben este tot timpul pregătit pentru noi experiențe. Acesta este dezavantajul incredibilei deschideri pe care o au Galbenii cu privire la tot ceea ce este nou (lucruri, idei, păreri). Asta pentru că sunt atât de multe lucruri noi!...

Și pentru că „nou" este sinonim cu „bun" (potrivit unui Galben), e mai bine să se întâmple permanent ceva nou. În caz contrar, amicul nostru Galben își pierde concentrarea. Nu-și bate capul ascultând întreaga poveste și nici măcar detaliile care ar putea fi importante. Pentru el nu este interesant, motiv pentru care își pierde concentrarea.

Așadar, ce va face un Galben? E simplu. Va face orice altceva. Mai adaugă o minge cu care să jongleze. Problema este că nu va putea jongla la nesfârșit cu mingile și, la un moment dat, acestea îi vor cădea. Sau va pleca din sala de întâlnire, iar mingile vor ajunge în grija altcuiva. Într-o întâlnire de lucru, se prea poate ca un Galben să înceapă să se joace pe telefon sau pe laptop, ba chiar ar putea să discute cu persoana de lângă el. La început, mai în șoaptă, pentru a nu fi auzit. Evident că toată lumea îl aude și este deranjată. Dar, dacă nimeni nu spune nimic, Galbenul va continua să vorbească. Galbenii se comportă ca niște copii. Sunt specialiști în testarea limitelor celorlalți. Vor continua până când cineva, enervat, va pune piciorul în prag. Și, desigur, Galbenul se va simți rănit. El nu voia decât să...

Plictiseala Galbenilor poate avea consecințe mult mai grave decât simpla perturbare a unei întâlniri. Nu se pricep la lucruri administrative și la verificări. Evident, majoritatea Galbenilor vor nega ceea ce scriu eu aici. În proprii ochi, ei sunt specialiști chiar și în acest domeniu. Însă, dacă ne gândim la abilitatea lor de a verifica lucrurile, aceasta poate avea grave consecințe asupra implementării unui proiect.

Un proiect nou? Genial! Construirea unei noi echipe dinamice, alcătuită din oameni interesanți? Verificat! Idei și concepte de dezvoltat? Glumești? Totul e gata! Muncim ca nebunii la început, pentru a grăbi lucrurile? Da. Dar apoi? Ce facem? Verificările repetate în cadrul unui proiect sunt foarte importante. Un Galben nu-și poate păstra concentrarea prea multă vreme. Preferă să se convingă pe sine că este important să aibă încredere în oameni și că proiectul oricum merge de la sine.

Am să-ți povestesc despre o întâmplare interesantă, care s-a petrecut pe vremea când făceam consiliere cu agenții de vânzări de la un post de televiziune comercială. Eram în mijlocul unei discuții cu o agentă de vânzări, o tânără foarte inteligentă, care încheiase multe contracte profitabile. Am identificat împreună niște defecte în profilul ei comportamental – asta după ce a încercat să mă convingă că până și trăsăturile negative pot fi utile – și am început să elaborăm un plan de acțiune, pentru a-și modifica puțin comportamentul.

Planul a fost un eșec de la bun început, fiindcă femeia nu știa când anume să înceapă să îl folosească. În ziua respectivă era deja trecut de ora trei, la amiază. Iar ziua următoare se anunța plină de întâlniri, așadar, trebuia să înceapă peste o săptămână. Însă, în săptămâna de după, urma să plece în delegație. Poate peste două săptămâni? A fost nevoie să verifice în agendă dacă era disponibilă. Pierdea lupta încă dinainte să o fi început.

„Eu, eu, eu!!!"

Galbenii nu sunt, în mod necesar, mai egoiști decât ceilalți, însă par să fie tot timpul așa. Acest lucru se datorează dialogului lor, care este, mai degrabă, un monolog în care nu vorbesc decât despre ei înșiși. Iar când ceilalți oameni nu sunt suficient de interesanți, Galbenii întrerup discuția și schimbă subiectul cu unul mai interesant – de cele mai multe ori se întâmplă ca noul subiect să fie despre ei înșiși.

Îmi amintesc de un agent de vânzări pe care l-am cunoscut în timpul unei conferințe organizate de o companie farmaceutică, în urmă cu câțiva ani. Gustav avea toate trăsăturile de succes ale unui Galben, problema fiind aceea că nu era deloc conștient de acest lucru. Vorbea rareori despre altceva decât despre el însuși și despre lucrurile pe care le făcuse și se comporta ca și cum el era cel care dirija conferința și nu eu. Am metodele mele de a aborda asemenea persoane. Dar este interesant să îi studiez puțin înainte de a începe să le ajustez comportamentul, doar adresându-le câteva cuvinte bine alese, în timpul primei pauze.

Să îți dau câteva exemple. Ori de câte ori puneam câte o întrebare grupului, Gustav era cel care răspundea. Răspunsurile lui ar fi putut fi interpretate ca o formă de implicare, însă, de cele mai multe ori, nu spunea decât prostii. Spunea, pur și simplu, lucrurile care îi treceau prin minte. Era incapabil să își țină ideile pentru el, și absolut tot ce gândea îi ieșea pe gură. La un moment dat, mi-am îndreptat atenția spre unul dintre colegii lui Gustav, iar el nu a făcut să își întoarcă privirea după mine și să continue să vorbească.

După ce am început să le pun întrebări celor din sală – strigându-i pe nume – tot Gustav era cel care răspundea. Impresionant, nu? Vorbea ce vorbea, apoi îl întreba pe Sven: „Asta voiai să zici și tu, nu?" Sven nu a făcut decât să încuviințeze din cap, pentru că îl cunoștea pe Gustav. Acest comportament a persistat pe toată durata reuniunii, până am reușit să îl țin în frâu. Gustav intervenea ori de câte ori era o pauză de tăcere sau de reflecție.

Nu dădea voie nimănui să vorbească și tot ce spunea avea valoare de revelație. Gustav domina sala de ședințe, fără să se gândească la ceilalți 19 oameni prezenți. Amuzant e că toată lumea era la curent cu acest comportament, însă nimeni nu avea suficientă energie să îi facă față lui Gustav. Mă priveau cu o urmă de disperare în ochi, sperând că îl voi face să tacă.

În timpul prânzului, Gustav a susținut sus și tare, ca să-l audă toată lumea, că întrevederea respectivă fusese un succes. Toți cei prezenți detestau simpla lui voce, dar nu puteau să se pună cu el. Pentru a-i ajuta, a trebuit să îi transmit un feedback rapid, după pauza de cafea, feedback asupra căruia voi reveni în capitolul dedicat.

„Nu mi-ai spus niciodată așa ceva, te asigur, pentru că în mod sigur mi-aș fi amintit!"

Unul dintre cele mai mari defecte ale unui Galben este că nu știe să asculte. Mulți dintre Galbenii pe care i-am întâlnit afirmă că sunt buni ascultători – și, desigur, îți oferă nenumărate exemple ca să te convingă –, dar poate că memoria lor este cea care are probleme. De fapt, ei cred că sunt buni ascultători, dar, pe parcursul diverselor procese mentale, capacitatea de stocare a creierului încetează să mai funcționeze.

Nu, nu este vorba despre memorie. Este vorba despre dezinteresul pe care îl manifestă Galbenii cu privire la ceea ce spun ceilalți, pentru că un Galben știe că nimeni nu poate vorbi mai bine decât o face el. Un Galben nu se poate concentra, începe să se gândească la altele și să facă cu totul altceva. El nu vrea să asculte, el vrea să vorbească.

Galbenii sunt și foarte infantili, în sensul în care nu le place decât să facă lucruri care le provoacă plăcere. Dacă o discuție, o conversație normală sau chiar o relatare îl plictisesc, ei bine, Galbenul, pur și simplu, „își acoperă urechile". Desigur, există un remediu pentru acest comportament – mergi la un curs de retorică; numai așa vei reuși să obții atenția prietenului, a partenerului de viață sau a colegului tău Galben. Dacă poți transmite mesajul într-o manieră amuzantă, vei reuși să îi câștigi atenția. Retorica nu este arta vorbirii, ci mai degrabă arta de a-i face pe ceilalți să te asculte.

Dacă ai un prieten apropiat pe care l-ai identificat ca fiind Galben, știi exact despre ce vorbesc. În mijlocul propoziției, Galbenul deschide gura și vorbește despre lucruri care nu au nici o legătură cu subiectul discuției. Să fie o problemă de memorie? Nici pe departe. Erai tu prea plictisitor. Iar dacă mai adaugi și o reală problemă cu memoria în această ecuație, atunci chiar că e grav.

Mulți oameni de succes sunt, deseori, ascultători mai buni decât media. Ei nu vorbesc atât de mult pe cât ascultă. Știu deja ce știu și, pentru a înțelege și mai mult, trebuie, pur și simplu, să fie tăcuți și să audă ce spun ceilalți. Este o modalitate de a asimila noi cunoștințe. Este ceva ce Galbenii trebuie să înțeleagă mai bine, ca să nu mai fie percepuți ca ființe irecuperabile – sau doar blocate în dezvoltarea personală. De exemplu, trebuie să asculte mesajul descris în acest capitol. Dacă refuză să reacționeze, doar pentru că este dificil și plictisitor, atunci nu vor învăța nimic, niciodată.

Cum sunt percepuți Verzii

Așadar, ce cred celelalte culori despre Verzi? Descrierea lor este ambivalentă. Dincolo de faptul că sunt considerați oameni plăcuți, prietenoși și iubitori, există bineînțeles și alte păreri. Cum te descurci cu o persoană care, pentru a evita conflictul, spune „da" deși ar vrea să spună „nu"? Cum poți ști ce gândește cu adevărat?

Roșii și Galbenii au probleme cu ceea ce eu numesc „rezistență tăcută", adică atitudinea de a prefera să nu vorbești, chiar și când ai ceva de spus. Totuși, anumiți Verzi au tendința de a spune adevărul pe la spatele persoanei în chestiune. Prin urmare, Verzii pot fi percepuți ca fiind lipsiți de onestitate, deși intenția lor este doar aceea de a evita conflictul. În general, Verzii se așteaptă tot timpul la ce e mai rău și tind să bată în retragere, în loc să confrunte problema.

Verzii mai sunt caracterizați și de inabilitatea de a se schimba. Când un Verde înțelege nevoia de schimbare, dar o refuză, cei din jurul lui percep acest lucru ca pe o frică, o formă de încăpățânare sau chiar de indiferență. Ca de obicei, vorbim despre interpretări. Dacă îi întrebăm pe Roșii ce cred despre Verzi, am putea afla lucruri dureroase.

Încăpățânarea nu poate fi o virtute

Ce te faci cu un om care nu își schimbă deloc viziunea asupra lucrurilor? Niciodată! Nici când totul indică că ar trebui să aleagă o altă cale? Cum te descurci cu o persoană stăpânită de dorința de a nu renunța cu nici un chip la propriile convingeri?

Diferența dintre Verzi și Albaștri este aceea că, în vreme Albaștrii caută cât mai multe informații pentru a rezolva o problemă, Verzii se așteaptă ca totul să se rezolve de la sine, pentru că refuză să își schimbe părerea. Au luat o decizie cu privire la un anumit lucru și nu cedează nici în ruptul capului. De ce? Pentru că nu e în natura lor să procedeze altfel.

Gândește-te puțin: poate că ți-ai petrecut viața încercând să ajungi la o concluzie cu privire la nivelul colesterolului din mâncare, la călătoria în timp sau chiar la Britney Spears. Brusc, vine cineva și îți spune că trebuie să renunți la propria părere în schimbul părerii altcuiva. Nici vorbă să procedezi așa. Verdele așteaptă să aibă convingerea deplină înainte de a face vreo schimbare. În caz contrar, ei bine... preferă să aștepte.

Pentru exemplificare, aș vrea să folosesc povestea unui tânăr care provine dintr-o familie pe care am ajuns să o cunosc bine de-a lungul anilor. Băiatul este bun la școală și are note mari. Dar și mulți prieteni.

Atenție! Aș vrea să adaug faptul că dacă vorbim despre tineri – un adolescent, în cazul de față – trebuie să fim precauți. Nu avem de-a face cu un comportament pe deplin format și nici cu o personalitate consolidată. Tinerii au multe de învățat despre viață, în general. Iar părerea lor se schimă constant.

Așadar, care e problema?

Acest tânăr are propriile idei despre ce înseamnă adevărat și fals. Și nu există nimic care să îl facă să își schimbe părerea. Poate fi vorba despre ceva ce a auzit la un prieten sau a văzut la televizor. Când respectiva informație – indiferent de sursa din care provine – s-a înrădăcinat în mintea lui, nu mai ai cum să o scoți de acolo. Nu contează efortul pe care îl depun părinții lui în a-i demonstra contrariul, cu exemple concrete, punctul lui de vedere rămâne neschimbat. Nu contează dacă ceilalți îi arată pericolele și consecințele negative ale unui asemenea comportament, el persistă în convingerile lui.

Gândește-te puțin: dacă îi pui cuiva la dispoziție toate exemplele concrete, iar persoana respectivă îți spune că înțelege, va fi de acord că argumentul tău este unul logic. Alți oameni ar accepta ceea ce le spui și ar avea rezultate bune. Însă tânărul despre care îți vorbesc nu e pregătit să își schimbe punctul de vedere. Unii oameni ar numi asta încăpățânare.

Care sunt motivele unui asemenea comportament? Excelentă întrebare. Un prim răspuns ar fi acela că totul este legat de sursa de la care a obținut respectiva informație. Dacă un prieten îți spune că poți face tot atâția bani din strângerea gunoiului cât face un medic, atunci nu contează dacă este adevărat sau nu. Dacă un prieten îți spune că nu poți fi arestat în cazul în care te urci la volan după trei beri, atunci, indiferent de ce ar spune ceilalți, înseamnă că este adevărat.

Dacă acestui tânăr i se spune că va obține o slujbă foarte bună dacă lucrează puțin mai mult la matematică, atunci devine adevărat. Dacă un Verde se încrede într-o anumită persoană, atunci ceea ce spune respectiva persoană devine literă de lege. Prin urmare, Verzii sunt ușor de exploatat, pentru că sunt naivi. Din nefericire, unii oameni profită de acest aspect.

Uneori, această obstinație devine o virtute, nici o îndoială în această privință. Dar când cei din jurul tău te percep ca fiind încăpățânat, atunci avem o problemă.

„De ce să îți bați capul? Nu merită să îți faci griji pentru nimic."

De vreme ce Verzii rareori fac primul pas, ei îți pot lăsa impresia că sunt dezinteresați și neimplicați. Și, deseori, chiar acesta este adevărul. Verdele este o persoană pasivă, ceea ce are un impact asupra comportamentului său. Nu există prea mult dinamism în viața unui Verde. Și ce contează? Dacă stai acasă nu se poate întâmpla nimic rău, nu? Ceea ce nu înțeleg Verzii este că majoritatea oamenilor chiar vor să facă ceva. Verzii consideră că toată lumea gândește ca ei și că lenevește pe canapea. Pe ei îi mulțumește să nu facă nimic. Orice le-ar perturba acest punct de vedere devine o amenințare. Rezultatul? Și mai multă pasivitate.

La un moment dat, l-am auzit pe un director Roșu-Galben spunând că angajații lui sunt lipsiți de inspirație și complet dezinteresați de munca lor. Acest lucru îi dădea multă bătaie de cap pentru că, oricât și-ar fi dorit și orice ar fi făcut, angajații lui nu treceau niciodată de prima etapă a unui proiect. Le-a propus idei noi și interesante, dar rezultatul era același. Așa se întâmplă deseori cu Verzii. Sunt capabili să recunoască o idee bună, la fel ca și ceilalți. Dar când un șef Roșu incită la dinamism, Verzii preferă să aștepte. Cel mai adesea așteaptă să aibă sentimentul că o anumită idee e bună, iar dacă asta nu se întâmplă.... oricum nu aveau de gând să acționeze în vreun fel, așa că obțin, de fapt, ceea ce își doreau. De ce să nu aștepți să vezi dacă nu cumva nevoia de a acționa dispare?

Directorul despre care vorbesc și-a chemat angajații și i-a întrebat cum li se părea afacerea respectivă. Îl îngrijora lipsa de discernământ și de angajament a celor din firmă. Doi bărbați de vârstă medie i-au spus direct și fără menajamente că nu li se părea că respectiva afacere merita vreun efort. Directorul s-a simțit frustrat. Încercase totul, dar nu primise nici o reacție.

La fel se poate întâmpla și într-o căsnicie. Există stereotipuri pentru orice. Ca unele femei care pot fi atrase de tipul taciturn și puternic, de exemplu. Nimic rău în asta. Dar, după ce se căsătoresc cu un asemenea bărbat – care nu este decât puternic și tăcut – își dau seama că nu sunt prea fericite. Iar când își fac planuri, soților lor nu le pasă, ceea ce le frustrează și mai tare. Prin urmare, femeile respective își fac planuri și mai importante, iar rezistența pe care o opun soții lor va fi pe măsură.

Acesta este paradoxul. Cu cât sunt mai mărețe planurile, cu atât mai dezinteresat și neimplicat va fi un Verde. El nu își dorește decât liniște și pace.

Iată un exemplu: scriu ficțiune de 20 de ani și mi-am dorit dintotdeauna să devin un autor publicat. Toți cei din familia mea știau acest lucru. Nu e vorba că am făcut mult caz din asta, dar nici nu mi-am ascuns ambițiile. Un Verde care îmi era foarte apropiat a înțeles cât de important era pentru mine să reușesc. I-am povestit deseori despre visul meu și i-am explicat cum m-aș fi simțit dacă aș fi reușit să devin scriitor de ficțiune. Cu toate acestea, amicul meu Verde nu m-a întrebat niciodată despre ce scriam. Poate din când în când, o dată la cinci ani, îmi spunea că nu trebuie să iau lucrurile prea în serios, pentru că nu voi face decât să sfârșesc prin a fi dezamăgit. Și când am spus lucruri de genul: „Anul acesta va fi momentul. Acum. Trebuie să muncesc mai mult ca să reușesc!", răspunsul lui a fost: „Uau, e mult de muncă". Munca este dușmanul Verzilor, tocmai pentru că munca nu este altceva decât muncă. Ei trăiesc într-un model mental potrivit căruia totul ar trebui să fie ușor.

Această formă de indiferență și lipsă de angajament poate ucide chiar și entuziasmul celei mai inspirate persoane. A trebuit să învăț să mă bazez pe ceilalți pentru a găsi energia de a mă lupta cu propria scriitură. Dar un Verde nu înțelege asta. El nu vrea ca oamenii să fie prea implicați, pentru că li se pare plictisitor. Verzii sunt genul de oameni care stau... și nu fac nimic.

„Ce se crede că este secret se spune în secret"

Verzii sunt reticenți când trebuie să exprime o părere cu privire la un subiect sensibil. Au la fel de multe viziuni și păreri ca toți ceilalți, dar nu le place să le exprime cu voce tare. Motivul e simplu – există posibilitatea să facă valuri.

Consecința unei asemenea tendințe este exprimarea într-o manieră confuză. În loc să spună „e imposibil", Verzii vor spune ceva de genul: „se pare că există niște dificultăți în a duce la bun sfârșit această sarcină". Desigur, ambele remarci semnifică același lucru: „nu vom reuși să terminăm la timp". Însă prin folosirea unei expresii indirecte îți asumi mai puține riscuri. Dar dacă ești clar cu privire la o problemă, atunci trebui să ți-o asumi.

În cazul unui Verde, e mai bine să te asiguri decât să-ți pară rău după. Exprimându-se ambiguu, Verdele evită să își asume responsabilitatea cu privire la problema în chestiune. Nu trebuie să își asume nici un risc, mai ales dacă există o urmă de incertitudine. Dacă nu a luat nici o poziție pentru a susține un lucru, ei bine, nu se exprimă nici împotriva acelui lucru. Sună ilogic, nu? Dar, dacă ești un Verde, știi exact la ce mă refer. Am întâlnit mai demult o femeie care credea în tot ce credeau și ceilalți. Dar, oare, Verzii sunt percepuți ca fiind neclari doar pentru că își doresc să salveze o relație? Nu, bineînțeles că nu. Pur și simplu,

Verzii nu sunt la fel de preciși ca celelalte culori. Când un Roșu spune direct că nu suportă să asculte Eminem, un Verde îți va vorbi despre faptul că există cântăreți mai buni decât Eminem. Când un Albastru te informează că a slăbit jumătate de kilogram de la ultima cântărire (marți de dimineață, la ora 10), un Verde îți va spune că a pierdut câteva kilograme în ultima vreme.

Acest lucru se explică prin faptul că Verzii nu sunt orientați spre îndatoriri, așa cum sunt Albaștrii și Roșii. Verzii nu vorbesc despre lucruri concrete în același fel. Ar vorbi, mai degrabă, despre relații și sentimentele, lucruri mai greu de detaliat. Cum măsori un sentiment? Nu ai cum să spui „te iubesc cu 12% mai mult decât luna trecută".

„Știu că trebuie să schimb asta cât mai repede, însă am să mă mai gândesc puțin"
Aici avem de-a face cu cea mai problematică trăsătură a unui Verde. Dacă vrei să modifici ceva la nivelul unui grup de Verzi, îți urez mult succes. Iar dacă e vorba de o schimbare majoră, îți sugerez să te întrebi dacă merită efortul. Dacă e urgent, mai bine o lași baltă. Iată ce se întâmplă în mintea unui Verde:

- știu ce am, dar nu știu și ce voi obține
- era mai bine înainte
- nu am mai făcut asta niciodată
- iarba nu e tot timpul mai verde în curtea vecinului

Îți sună cunoscut? Desigur, nu toate schimbările sunt în bine, dar hai să fim rezonabili! Nu spun că este tot timpul greșit să exprimi aceste sentimente, însă când schimbările sunt cu adevărat necesare, poate să fie foarte periculos.

Un clișeu clasic – destul de uzat, știu – este să te întrebi cât de des îți schimbi locul când iei micul dejun. Obișnuiam să le pun întrebarea asta oamenilor din grupurile de lucru pe care le întâlneam. Cei mai mulți zâmbeau și îmi spuneau că stăteau așezați, de obicei, în același loc. Desigur și eu procedez la fel. Dar dacă cineva m-ar atenționa și mi-ar spune că sunt blocat într-un comportament rigid (sau necorespunzător), aș încerca să schimb ceva. Totuși, un Verde nu se autocorectează niciodată.

Când te uiți la reacția pe care o are un Verde când i se cere să se mute în alt loc, vei înțelege că te confrunți cu o problemă. Am văzut adulți care se schimbă complet la față și cărora le transpiră fruntea doar la gândul că trebuie să se mute de cealaltă parte a mesei. Chiar am lucrat cu un tip, Sune, care avea un ritual de luat prânzul atât de bine împământenit, încât, dacă era obligat să schimbe ceva, nu ar mai fi fost capabil să funcționeze corespunzător pe tot parcursul zilei. Sune lua întotdeauna prânzul sub un tablou. Stătea acolo zi de zi, săptămână de săptămână, lună de lună, până la un an de zile. Același scaun tot timpul.

Dacă intra în sala de mese și observa că scaunul lui era ocupat, se oprea brusc. Se așeza într-un alt loc (cel de rezervă), nu la fel de bun ca cel obișnuit, lângă fereastră. Iar dacă era obligat să își mănânce supa în acest nou loc, îl privea cu multă furie pe cel care îi luase locul. Desigur, nu îi spunea nimic. În schimb, stătea bosumflat toată ziua. Acesta este încă un lucru pe care îl fac Verzii deseori – nu își exprimă frustrarea și se simt atât de rău, încât toată lumea observă. Dacă locul în care se așază Sune de obicei este ocupat, acesta se duce la bucătărie, iar ziua lui este terminată.

Aș vrea să mai includ aici un exemplu. Mama – care nu mai e printre noi, dar pe care o vom iubi mereu, păstrând-o în amintire – care era Verde, era tot timpul dispusă să aibă grijă de nepoții ei, ori de câte ori era nevoie, mai ales în perioada în care erau mici. Țin minte că, într-o vineri, eu și soția mea am fost invitați la o cină. I-am cerut mamei mele să aibă grijă de copiii mei, cu câteva săptămâni înainte, pentru că știam că avea nevoie de timp pentru a se pregăti mental.

În vinerea cu pricina, gazda noastră ne-a telefonat pentru a ne anunța că soțul ei se îmbolnăvise și că cina respectivă urma să fie amânată. I-am telefonat mamei și i-am spus că vom rămâne acasă și că nu mai este nevoie de aibă grijă de nepoții ei. Nu a scos un cuvânt. Însă i-am spus că mi-ar plăcea să vină la noi, pentru că cei mici o așteptau cu multă nerăbdare.

Mama a fost foarte ezitantă.

„Și acum ce facem?" m-a întrebat ea. I-am spus că, de fapt, nu se schimbă mare lucru. Întrucât ea avea valizele pregătite, iar noi pregătiserăm camera de oaspeți, aveam ocazia perfectă de a petrece puțin timp împreună. Cu toate acestea, mama s-a lăsat destul de greu convinsă.

„Va fi complet altceva, pentru că sunteți și voi acasă." Mama era copleșită de această schimbare, așa că m-a rugat să o las să se gândească puțin. Avea să revină cu un telefon.

Care era, de fapt, problema mamei? Schimbarea planului nostru nu presupunea nici o schimbare în cazul ei. Avea să rămână peste noapte la noi, vineri și sâmbătă, și putea să își vadă nepoții. Totuși, nu ar mai fi fost nevoită să aibă grijă de ei. Am încercat să o conving că avea ocazia să ne dea voie să avem și noi grijă de ea, așa cum făcea ea cu noi de fiecare dată.

Pentru ea însă situația era cu totul alta dacă eram și noi acasă. Asta era problema, de fapt. Eu și soția mea aveam să fim acolo. Poate că mama își dorea să se uite la televizor sau să pregătească o cină specială pentru copii. Poate, habar nu am. Nu mi-a dat nici o explicație, așa că nu pot să știu cu certitudine. Însă schimbarea era suficient de serioasă încât să îi pună probleme.

(În cele din urmă, a hotărât să vină la noi. Iată o întâmplare simpatică legată, cel mai probabil, de diferențele dintre generații. Am fost să o iau pe mama de acasă în jurul orei 4.30. M-a întrebat de ce am ajuns așa de târziu. I-am amintit că stabilisem să o iau la ora 5 și că ajunsesem, de fapt, cu o jumătate de oră mai devreme. Răspunsul? Ea era gata încă de la ora 4.)

„Nu am fost niciodată mai supărat ca acum, dar, te rog, să nu spui nimănui"

Aceasta este cea de-a doua mare dilemă specifică Verzilor. Nu suportă cearta. Această aversiune față de ideea de conflict duce la multe alte probleme, cum ar fi încăpățânarea, ambiguitatea și rezistența la schimbare. Întrucât Verzii se consideră oameni raționali, pentru ei nimic nu e mai important decât păstrarea unei relații. Problema este că metoda lor nu funcționează.

Poți înțelege conflictul în două feluri. Pe de-o parte, putem vorbi despre „abordarea armonioasă", sau despre străduința de a găsi armonia. Totul depinde de faptul de a fi în relații bune cu ceilalți, obiectivul final fiind căderea la învoială. Asta înseamnă că cei care cauzează conflicte sunt scandalagii problematici. Conflictul este semn de leadership defectuos, de comunicare deficitară și de discordie. Prin urmare, înăbușim conflictul și ne prefacem că nu s-a întâmplat nimic. Căci, cine și-ar dori să fie prieten cu un scandalagiu?

La un moment dat, am întâlnit o femeie formator de profesie, care folosea o metaforă interesantă pentru acest tip de comportament. Ea spunea că e ca și cum ai sta așezat la o masă pe care se află un maldăr de gunoi urât mirositor. Știi la ce mă refer, cu putregai și muște și tot tacâmul. Toată lumea vede maldărul de gunoi, dar nimeni nu spune nimic. Gonești muștele și așezi farfuriile lângă cojile putrezite de banană, fără să te gândești la gunoiul de pe masă. Poate că, în cele din urmă, cineva se va întreba dacă nu cumva e un maldăr de gunoi pe masă.

„Trebuie să facem ceva în privința asta", spune unul dintre cei care se află la masă. Acesta devine un agitator, pentru că din clipa aceea mai departe trebuie să ne confruntăm cu maldărul de gunoi de pe masă. Oare nu putea să își țină gura?

În zilele noastre, putem spune că am învățat lecția. Dorința de a avea un grup în care toată lumea să fie tot timpul de acord este o utopie, nici nu merită efortul. Cineva va deschide cutia Pandorei și toate acele lucruri nespuse, care se află la baza neînțelegerilor, vor ieși la iveală. Așadar, ce se întâmplă în acest caz? Gunoiul va începe să miroasă de la mare distanță. Și, în cele din urmă, armonia va duce la conflict.

Pe de altă parte, putem vorbi despre „abordarea conflictuală". Acest lucru înseamnă acceptarea faptului că există un conflict și că este normal să se întâmple așa. Nu există grup fără conflicte.

Abordarea conflictuală îți permite să te confrunți cu o anumită problemă, de îndată ce aceasta este identificată de cei din grup. Roșii și unii dintre Galbeni se comportă astfel. Când li se pare că ceva nu funcționează, nu se sfiesc să o spună. Asta înseamnă că problemele pot fi rezolvate încă de la începutul apariției lor. Însă trebuie să te confrunți cu problema înainte să ca lucrurile să se complice.

Abordarea conflictuală creează armonie, de cele mai multe ori. Însă un Verde se face că nu vede și nu aude. Va face tot ce îi stă în putință să păstreze aparența că toate lumea este de acord. E mai simpatic ca toată lumea să fie de acord, nu-i așa? Nu ar fi mai frumoasă lumea dacă nu ar mai exista conflicte?

Hai să ne gândim la o situație pe care fiecare dintre noi a trăit-o la un moment dat. Suntem într-o ședință de lucru, în prezența altor zece persoane. (Poți să crești sau să scazi numărul de persoane, ca să îți fie mai ușor să te identifici cu situația.) Unul dintre participanți – șeful sau oricine altcineva – tocmai și-a terminat prezentarea și le cere părerea celorlalți. Privește cu mult interes la colegii lui, așteptând un răspuns.

Dacă există Roșii în sală, aceștia vor vorbi despre viziunea pe care o au asupra propunerii prezentate. Roșii vor fi încântați sau, dimpotrivă, vor respinge categoric propunerea. Dar nu vor spune nimic dacă nu li se pune o întrebare directă. Se uită în jur și așteaptă cu nerăbdare ca cineva să ia cuvântul și să spună că propunerea respectivă este o mare prostie. Grupul este mult prea mare pentru a formula o opinie contrară propunerii inițiale. A formula o părere prea gravă și negativă înseamnă a atrage privirile tuturor, lucru pe care oricine ar vrea să îl evite. Dacă fiecare spune ce are în minte, cel mai probabil se va încinge o dezbatere, iar pentru că nu agreează astfel de dezbateri, Verzilor nici măcar nu le place să se afle în aceeași sală cu ceilalți. Pur și simplu, Verzii nu vor scoate nici un cuvânt.

Care va fi reacția celui care așteaptă feedback? Va trage concluzia că toată lumea este de acord, nu? Însă ceea ce el nu știe este că jumătate dintre cei care se află în sală consideră că ideea lui este o prostie. Când adevărul iese la iveală – și, mai devreme sau mai târziu, acest lucru se va întâmpla – ce crezi că se întâmplă? Exact! Apare conflictul.

Poți să fii sigur că, în timpul în care te duci să îți iei o cafea sau te duci la toaletă, adevărul va ieși la iveală. Când Verzii trebuie să se elibereze de presiunea a tot ceea ce au acumulat, vor începe să te vorbească pe la spate. În grupuri mici, de doi sau trei oameni, își vor exprima neplăcerea față de propunerea ta. Și se pricep foarte bine la asta. Câtă vreme au certitudinea că nu mai sunt în vizorul tău, te vor înjunghia pe la spate, în feluri în care nu te-ai aștepta de la un Verde...

Cum sunt percepuți Albaștrii?

Până și Albaștrii cei perfecționiști sunt criticați de ceilalți. În general, acestora li se reproșează că sunt prea evazivi, defensivi, perfecționiști, rezervați, exigenți, meticuloși, ezitanți, conservatori, lipsiți de independență, pisălogi, suspicioși, plictisitori, rezervați și reci. Uf! Lista de defecte pare să fie lungă.

Însă, ceea ce îi caracterizează cel mai bine pe Albaștri este dificultatea de a începe ceva nou, pentru că vor ca totul să fie pregătit temeinic. Orice noutate implică riscuri, iar Albaștrii sunt obsedați de detaliu. Să nu pui niciodată prea mulți Albaștri în același grup. Vor face planuri pe termen lung, fără a iniția nimic.

Mai mult decât atât, mulți Albaștri sunt percepuți ca fiind foarte critici și suspicioși. Nu ratează nimic și au tendința de a-și exprima observațiile într-o manieră lipsită de delicatețe. Produc o muncă de calitate, dar grija excesivă pentru detaliu și abordarea critică a tot ceea ce întreprind le scade moralul celor din anturajul lor. Sunt oameni care se consideră realiști. Dar, de fapt, în ochii tuturor, sunt niște pesimiști.

„Ceea ce este corect în proporție de 95% este, de fapt, greșit, în proporție de 100%"

Să fim sinceri de la bun început. Această preocupare excesivă pentru detalii poate merge mult prea departe. Există o limită în orice. Îl ții minte pe directorul care voia să cumpere pachetul de formare în leadership? Nu a trecut de prima etapă.

Albaștrii vor să aibă toate informațiile cu privire la un anumit aspect, ceea ce le poate provoca probleme cu cei din jur. Oamenii care se mulțumesc cu lucrurile care sunt „în regulă" nu pot gestiona foarte ușor toate întrebările și grija pentru detaliu a Albaștrilor. Un Albastru pur și simplu nu crede că „în regulă" este suficient de bun.

Îmi place să mai meșteresc prin casă – schimb ușa, mai pun un tapet pe pereți etc. Cu câțiva ani urmă, am renovat bucătăria locuinței și, deși familia m-a ajutat mult, în mare parte am lucrat singur, iar la final am fost foarte încântat. Pentru un om căruia îi place să facă lucrurile singur, cred că m-am descurcat foarte bine.

Un bun prieten, Hans, mi-a făcut o vizită. Ne știm de mulți ani și este un om care are multe pe cap. Știa că muncisem foarte mult și că eram mulțumit de mine. Când a ajuns la mine în bucătărie, a privit în jur și mi-a spus în șoaptă: „Ai o bucătărie nouă? Arată bine. Dar ușa de la dulap e cam strâmbă."

Evident, comentariul lui nu mi-a picat prea bine. Însă, pentru Hans, totul era logic. Observase un defect, iar grija lui pentru perfecțiune însemna că nu putea să ignore acel defect. În plus, nu este un om căruia să îi placă relațiile atât de mult încât să se abțină să spună lucrurile așa cum îi veneau în minte. Nu mă critica pe mine în mod direct, ci doar ceva ce făcusem. Mai exact, faptul că nu instalasem corect ușa dulapului.

Exigența poate fi exprimată în nenumărate feluri: poate fi vorba despre o persoană care nu se simte bine dacă vede dezordine pe birou, de o alta care rescrie un mail de 15 ori sau chiar de cineva care lucrează ore întregi la un fișier Excel sau la o prezentare PowerPoint.

Nu termină niciodată, pentru că tot timpul mai e ceva de făcut

La un moment dat, țineam un curs de comunicare pentru un grup de oameni care lucrau în aceeași încăpere. Erau 20 de persoane. În prima zi, le-am oferit rezultatele analizei comportamentale pe care o făcuseră toți. Au citit-o cu foarte mult interes, iar cei mai mulți dintre ei păreau chiar satisfăcuți.

Cu excepția unei doamne, pe care rezultatul analizei o nemulțumea profund. De fapt, i se părea că era incorect. După ce confirmasem cu ea că era în regulă să discutăm despre rezultate în fața tuturor, am întrebat-o ce anume o nemulțumea.

„Sunt multe detalii incorecte", ne-a spus ea. De exemplu, analiza arătase că avea o tendință spre perfecționism, iar ea considera că nu era deloc așa. Am observat zâmbetele de pe chipul celorlalți. Aparent, colegii ei știau ceva ea nu știa.

Am întrebat-o de ce credea că analiza respectivă scosese la iveală că era o perfecționistă, dar nu a știut să îmi răspundă. Pentru ea, totul era un mister și analiza în sine i se părea inutilă.

Dându-mi seama că am de-a face cu o Albastră, am încercat să nu dezbat prea mult cu ea. Oricum nu m-ar fi crezut. Eram doar un consultant oarecare, care își perfecționase un instrument de analiză pe parcursul a 20 de ani. Ce aș fi putut eu să știu?

În schimb, i-am cerut să ne dea un exemplu care să ne arate că nu era o perfecționistă. Nici o problemă, avea în arsenal o sumedenie de exemple. Femeia respectivă avea trei copii, și fiecare dintre cei trei fii ai ei avea trei prieteni. De fiecare dată când venea seara acasă de la serviciu, găsea atât de mulți pantofi la intrare, încât era nevoit să sară peste ei. Începea să-i curețe de noroi și să-i aranjeze frumos la ușă. Mi-a mărturisit că obișnuia să așeze pantofii cu număr mare mai în spate, pentru că aceștia erau purtați de tinerii care plecau ultimii. Iar pantofii cu numere mai mici erau așezați mai aproape de ușă.

Apoi mergea în bucătărie. Ce descoperea acolo? Firimituri de pâine peste tot. Tinerii mâncau sendvișuri, iar bucătăria arăta ca după război. Îi lua 20 de minute să curețe totul, să aranjeze vesela, să șteargă masa și scaunele. Abia după aceste ritualuri de curățenie reușea și ea să se dezbrace și să se relaxeze.

Cei din sală o ascultau și erau uimiți. Femeia îi privea și nu înțelegea uimirea lor. Ei nu i se părea că un asemenea comportament era obsesiv. Doar în casa ei era multă dezordine.

Ceea ce este amuzant în această relatare este faptul că, câțiva ani mai târziu, aveam să o reîntâlnesc pe această femeie, dar într-un context cu totul diferit. M-a îmbrățișat și mi-a spus că analiza mea fusese 100% corectă. Uimit, am întrebat-o cum de a reușit să ajungă la această concluzie.

Se pare că a ținut în geantă profilul comportamental pe care i-l făcusem; analiza respectivă cuprindea o listă de comportamente și de calități și, ori de câte ori își dădea seama că se comporta ca în analiza respectivă, făcea o bifă în dreptul frazei respective. În cele din urmă, avea să constate că bifase toate trăsăturile. Așadar, profilul comportamental îi plăcuse și îl considera deja un instrument extraordinar, care o ajutase să se cunoască mai bine.

„Nu te cunosc, așa că cel mai bine este să păstrăm distanța"

Ni s-a întâmplat tuturor să cunoaștem o persoană care pare simpatică, cu care inițiem o conversație, gândindu-ne că va fi una plăcută. După o vreme, îți dai seama că, de fapt, doar tu ești cel care vorbește. Dacă ai trăsături de Galben în personalitatea ta, vei observa că dialogul e presărat cu multe pauze ciudate. Asta dacă există cu adevărat un dialog. E posibil să observi că cealaltă persoană se agită și că, de fapt, nu vrea să participe la conversația respectivă.

„Ce se întâmplă? Până mai ieri vorbeam despre meciuri sau despre vacanța petrecută cu familia în urmă cu un an. Ai ceva cu mine sau care e problema?"

Da. Acestui tip nu îi place să vorbească cu străini. Dar, stai puțin. Poate că te gândești că lucrezi cu el de trei luni și, prin urmare, ți se pare absolut normal să îl întrebi cum îl cheamă pe cățelul său. Însă acest tip are nevoie de spațiu personal, atât fizic, cât și psihologic. Trebuie să își cunoască foarte bine interlocutorul înainte de a se deschide în fața lui. Nu așa cum face un Roșu, care vorbește despre tot ceea ce simte; sau un Galben, care vorbește despre cele mai ascunse secrete ale lui, doar pentru că are impresia că ceilalți sunt interesați; sau un Verde, care poate fi foarte personal în abordare, dar numai în grupuri mici și într-un mediu pe care îl controlează.

Un Albastru nu are nevoie de pălăvrăgeli. Poate lăsa impresia că nu îi pasă de ceilalți, căci nu are tendința de a cultiva relații umane. Bineînțeles, îi pasă de ceilalți, dar nevoile lui se află la un alt nivel decât ale celorlalți. Îi plac propria companie și cea a familiei.

Consecințele sunt clare: cei din jurul lui îl consideră rece și distant. Bula individuală în care trăiește este evidentă, pentru că are o atitudine foarte rece, trăsătură pe care o resimt cel mai acut Galbenii și Verzii. Așadar, li se pare că prietenul lor Albastru este foarte plictisitor. Albaștrii pot să ne facă să ne simțim ciudat. „Oare de ce e atât de rece cu mine? Nu-i pasă deloc de mine?"

„Paza bună trece primejdia rea. Gândește-te de trei ori"

Aveam o bună prietenă de familie care nu putea ieși din casă fără să se asigure că avea cheile în geantă, chiar dacă ultimul lucru pe care îl făcuse înainte să se îndrepte spre ușă era să le pună în geantă.

În anii 1980, pe vremea când eram consultant bancar, ajungeau la mine oameni care așteptaseră o jumătate de oră la coadă doar pentru ca să verifice dacă soldul contului lor era același cu cel tipărit pe bonul de la bancomat. Același calculator. Același bilanț financiar. Dar nu poți fi sigur niciodată. Era mai bine să verifice. Să verifice de două ori. Iar dacă era posibil, ar fi verificat de trei ori.

De unde această nevoie de control? De ce Albaștrii nu pot avea încredere în ceea ce spun ceilalți și să accepte, pur și simplu, informația pe care o primesc? Răspuns: bineînțeles că pot să o facă. Dar dacă verifică și ei la rândul lor, toate riscurile sunt eliminate, nu-i așa? Totul trebuie să fie confirmat, înregistrat și bine documentat.

Ține minte, vorbim despre comportamente, așa cum sunt acestea percepute de ceilalți. Un Albastru mai verifică o dată, pentru a se asigura că nu există nici o problemă. Când totul este confirmat, vine momentul să iei o decizie.

Am un prieten bun care folosește Microsoft Excel cu multă atenție. Dar nu ca noi toți ceilalți. Acest tip are o metodă specială. Scrie o formulă și introduce toate datele. Înainte de a-i trimite fișierele șefului său, verifică din nou totul, folosindu-se de un calculator.

De ce se comportă astfel? Dacă ar trebui să îi explici acest lucru unui Roșu, ți-ar spune că tipul respectiv e un mare idiot. Explică-i unui Galben, și acesta se va prăpădi de râs. Însă orice

Albastru ar înțelege numaidecât problema. Există posibilitatea ca programul Excel să facă greșeli. Deși el este cel care a introdus formula, se prea poate să apară o eroare. Mai bine să te asiguri că totul e în regulă, decât să îți pară rău mai târziu.

Cum percep ceilalți aceste aspecte? Citește mai departe!

„Nu pot avea încredere decât în mine însumi și în ceea ce văd cu ochii mei"

Tipul care utilizează Excel are probleme în a-și explica atitudinea. Mulți dintre cei din jurul său au tot soiul de păreri despre nevoia lui obsesivă de a verifica totul de mai multe ori, inclusiv ceea ce fac ceilalți. Se enervează când, prin comportamentul său, acesta le demonstrează că nu are încredere în ei.

Cealaltă mică problemă este legată de faptul că toate aceste verificări necesită foarte mult timp. Însă și mai problematic este modul în care au de suferit relațiile cu ceilalți. Ai idee cât poate fi de demoralizator să îi spui cuiva că ai găsit soluția la o problemă complicată, pentru ca apoi respectiva persoană să verifice și să chestioneze fiecare element în parte?

Desigur, dacă ne uităm cu atenție, e imposibil să nu identificăm greșeli. Și nici nu e suficient să ai dreptate. Unui Albastru trebuie să îi demonstrezi acest lucru. Dacă te consideră o autoritate într-un anumit domeniu, se va pricepe mai bine să te asculte. Totuși, drumul poate fi anevoios.

Am ținut multe cursuri și sesiuni de formare cu privire la acest subiect, iar oamenii care pun întrebări complicate sunt, în general, ingineri, agenți de vânzări sau controlori financiar. Și poate câțiva contabili. Adesea, aceștia sunt Albaștrii – deloc impresionați de ceea ce am de spus. Faptul că mi-am petrecut ultimii 20 de ani din viață studiind aceste aspecte nu este suficient pentru ei. (Amintește-ți de femeia acuzată de perfecționism.)

Singurul lucru pe care îl poți face este să accepți că, printre acești oameni, standardul dovezilor este foarte ridicat. Faptele contează întotdeauna, prin urmare, dacă m-am pregătit suficient de mult, înseamnă că pot să demonstrez că ceea ce spun eu este adevărat. Cu timpul, Albaștrii vor începe să aibă încredere în mine.

9. ÎNVĂȚÂND LUCRURI NOI

Cum să folosești ceea ce ai învățat deja

Să înveți lucruri noi nu este unul dintre cele mai ușoare lucruri. Poate părea simplu, dar nu este așa. Există tot timpul foarte multe de făcut, de citit, dar și de învățat. De unde să începi? Acest lucru este determinat de interesele personale. În mod natural, este mult mai ușor să dedici timp lucrurilor care te interesează și care te fac curios. Nu e nimic ciudat în asta.

În ceea ce mă privește, afirmația lui Sture – „teza" sa despre idioți, pe care am prezentat-o la începutul acestei cărți – avea să fie imboldul care m-a motivat să învăț mai multe despre oameni și despre modul în care aceștia relaționează. Însă mi-a luat mulți ani să acumulez această cunoaștere. Am citit cărți, am absolvit cursuri de formare și am primit mai multe certificări, în diverse domenii. Mai mult decât atât, am ținut mii de cursuri pe această temă. Prin urmare, ca om de vârstă mijlocie, cred că mă pricep puțin la modul în care funcționează oamenii. Însă, cel mai probabil, cunoștințele mele nu sunt decât de suprafață.

Dacă am avea tot timpul din lume la dispoziție, nu ar fi o problemă

Tot acest proces de învățare necesită timp. Poate că nu dispun de instinctul natural pe care îl au alții. Nu știu cum se face. Dar știu câte ceva despre metodele de predare și despre cum putem învăța lucruri noi. Iar mie îmi vine greu să mă gândesc că există un subiect mai important decât ființa umană. Nu contează ce profesie ai și nici unde te duce viața – vei întâlni tot timpul oameni noi.

De exemplu, poți să fii:
- un angajat care lucrează într-o echipă
- un vânzător care are clienți
- un manager de proiect care, deși nu este în vârstă, reușește să fie un bun lider
- un director executiv care are o echipă de angajați în subordine
- un director adjunct aflat la mijlocul scării ierarhice dintr-o companie
- un antreprenor care își găsește singur clienții și tranzacțiile
- un părinte
- un soț/o soție
- un antrenor al unei echipe de fotbal
- un președinte al unei asociații locale sau al unei asociații școlare

O asemenea cunoaștere poate fi aplicată fără limite. Înțelegerea oamenilor va fi tot timpul un factor crucial în atingerea obiectivelor în viață, indiferent care ar fi acestea.

Consultă cu atenție diagrama de pe pagina următoare. Nu este un model nou, dar spune multe despre modul în care cunoașterea teoretică este transformată în competențe reale. Primul pas este lectura unei cărți – și mă bucur foarte mult că citești această carte. Este o modalitate extraordinară de a începe procesul de învățare.

O nouă abordare

Misiunea mea este clară – îmi doresc ca oamenii să înțeleagă această metodă de clasificare a personalității. Atât de multe conflicte ar putea fi evitate doar dacă am înțelege de ce oamenii din jurul nostru se comportă într-un anumit fel. Nu am nimic împotriva conflictului; de obicei, nu mă deranjează, pentru că știu cum să îl gestionez. Însă când oamenii distrug mai mult decât au construit, cred că ar trebui să fim capabili să găsim alte modalități de evoluție. Viața înseamnă mai mult decât să învățăm din greșeli.

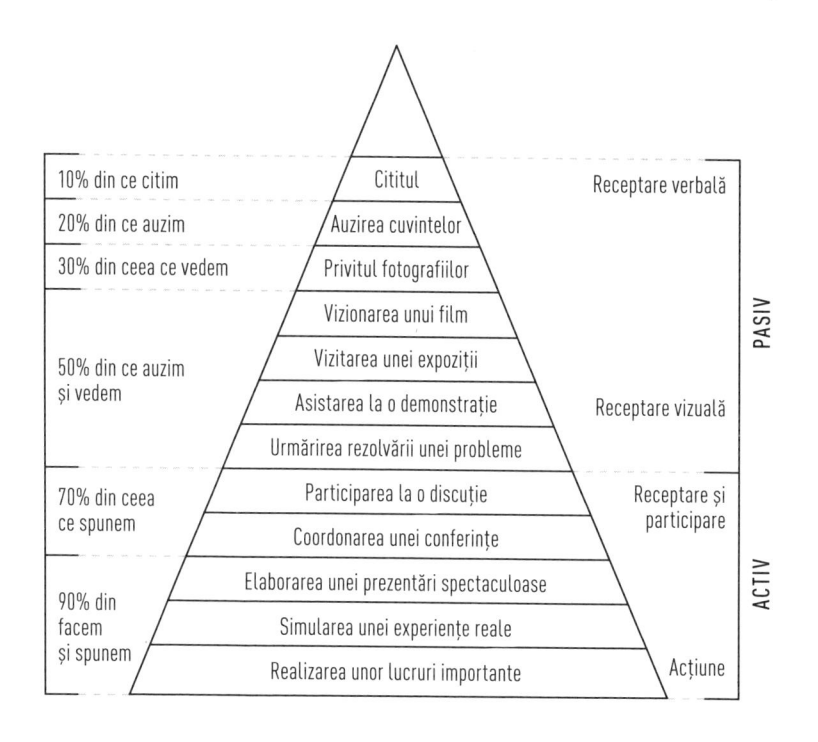

10% din ce citim	Cititul	Receptare verbală
20% din ce auzim	Auzirea cuvintelor	
30% din ceea ce vedem	Privitul fotografiilor	
	Vizionarea unui film	PASIV
50% din ce auzim și vedem	Vizitarea unei expoziții	
	Asistarea la o demonstrație	Receptare vizuală
	Urmărirea rezolvării unei probleme	
70% din ceea ce spunem	Participarea la o discuție	Receptare și participare
	Coordonarea unei conferințe	
90% din facem și spunem	Elaborarea unei prezentări spectaculoase	ACTIV
	Simularea unei experiențe reale	
	Realizarea unor lucruri importante	Acțiune

Un limbaj ca oricare altul

„Limbajul" despre care vorbesc în această carte – limbajul DISA IPD (Institutul pentru Dezvoltare Personală) – funcționează ca orice alt limbaj în procesul de învățare. Dacă ai studiat vreodată limba spaniolă sau limba germană la școală, știi bine la ce mă refer. Să înveți pentru un examen este una. Să fii capabil să vorbești fluent este cu totul altceva. Nu e suficient să-ți împrospătezi cunoștințele o dată pe an, înaintea unei călătorii în Spania. Dacă vrei să fii cu adevărat capabil să vorbești limba spaniolă (nu numai să ceri de mâncare la restaurant), ori de câte ori întâlnești un vorbitor nativ, încearcă să comunici cu el pentru a-ți exersa spaniola.

Desigur, după ce vei termina de citit această carte, vei putea să experimentezi cu oamenii pe care îi întâlnești. Chiar te sfătuiesc să procedezi astfel. La început, îți va fi greu să ghicești trăsăturile personalității celorlalți, riscând chiar să te faci de râs.

10. Limbajul corpului: de ce contează modul în care te miști

Cum arăți în realitate?

Introducere

Fiecare tip de comportament descris anterior generează un anumit limbaj corporal. Pe lângă toate lucrurile pe care le spui și le faci, vei proiecta un anumit tip de limbaj corporal, reperabil de cei din jurul tău. Unii oameni interpretează acest limbaj corporal și încearcă să înțeleagă starea ta de spirit. Haide să privim mai atent la limbajul corporal.

Noțiunea de „limbaj corporal" se referă la toate formele de comunicare non-verbală, conștiente sau inconștiente. Diferențele de limbaj corporal variază de la un om la altul și de la un grup de oameni la altul. Acest limbaj funcționează și ca un factor social și cultural, chiar dacă are un fundament biologic.

Limbajul nostru conține aproximativ 100 000 de cuvinte din care vreo 5 000 sunt folosite în mod regulat. Dintre aceste 5 000 de cuvinte, aproximativ 1 000 sunt folosite în discursul nostru zilnic. Comparativ, potrivit anumitor specialiști, limbajul corporal conține aproximativ 700 000 de semnale. Da, numărul total al acestora poate fi dezbătut, dar nu acesta este scopul meu. Trebuie doar să înțelegi că există un număr foarte mare de semnale, mult mai mare decât am putea crede și decât suntem conștienți că ar fi.

Nu voi examina toate aceste semnale, dar este interesant să vedem diferențele de la nivelul diferitelor profiluri ale personalității. Ține minte, starea noastră psihică, alături de contextul în care ne aflăm pot avea o influență crucială asupra limbajului nostru corporal.

Postura

Pe de-o parte, dacă ai o postură naturală și relaxată, cei din jurul tău vor avea impresia că ești o persoană cu multă încredere în sine. Pe de altă parte, dacă ai postură gârbovită, oamenii vor crede că ești o persoană resemnată, care a suferit multe dezamăgiri. O postură dreaptă va da impresia unui personalități căreia îi place să domine; cu alte cuvine, când stai drept le inspiri respect celor din jurul tău. Totuși, poate fi și un indiciu că ai studiat la Academia Militară.

Privirea

Ne folosim ochii pentru multe lucruri. Când îți fuge privirea împrejur, lași impresia că ai vrea să fii oriunde altundeva. Pe de altă parte, există unii oameni care te privesc drept în ochi, aproape fără să clipească. Evident, acest tip de privire creează o impresie cu totul diferită. Se știe, de pildă, că mincinoșii nu te privesc în ochi, ci își ascund privirea. Întrucât se cunoaște acest lucru, cei mai mari mincinoși au învățat să te privească direct în ochi când mint. Prin urmare, nimic nu este evident. (Faptul că o persoană își atinge în mod repetat gâtul este un indicator mai clar că respectiva persoană minte.) Când ceva este oribil sau neplăcut, foarte mulți oameni își acoperă fața cu mâinile. Iar când ai nevoie să gândești, ai tendința de a închide ochii.

Capul și fața

De obicei, când vorbim, fie încuviințăm sau dăm din cap, în funcție de părerea pe care o avem. Când ascultăm cu multă atenție o discuție, putem să înclinăm capul într-o parte. Când lași capul pe spate sau te încrunți, poate fi semn de tristețe sau de depresie. Când ne uimește ceva, deseori ridicăm din sprâncene, iar ceva care nu ne place ne face să strâmbăm din nas. Doar pe față există 24 de mușchi diferiți, iar aceștia pot fi combinați în nenumărate expresii și grimase.

Mâinile

Da, este o problemă clasică. Când saluți, cât de tare trebuie să îi strângi mâna celuilalt? O simplă strângere de mână poate scoate la iveală multe informații despre o persoană. Pe de-o parte, o strângere de mână fără vlagă poate indica o personalitate supusă. Așa că, dacă dai peste o asemenea strângere de mână, poate ar fi o idee bună să strângi mai tare mâna celuilalt. Pe de altă parte, dacă strângerea este fermă, acest lucru sugerează că persoana respectivă este foarte hotărâtă. Oricine strânge cu vigoare mâna celuilalt are mult mai multe șanse să se înscrie în categoria persoanelor hotărâte. Pumnii strânși indică rareori vești bune, mai degrabă agresivitate. Unii nevrotici își ciupesc deseori hainele, înlăturând fire de păr sau scame. Acest lucru indică deseori faptul că, mai degrabă, ar trebui să își îndrepte atenția spre alte lucruri. Mâinile ținute la spate exprimă, deseori, forță și siguranță.

Îți amintești ce am spus despre minciuni? Un mod eficient de a identifica un mincinos este să observi când își duce mâna la piept (preferabil, mâna dreaptă pusă pe inimă) – și oftează cu indignare când este acuzat de minciună. „Eu să mint? Cum poți spune așa ceva despre mine?" Acest gest îi întărește intențiile cele mai oneste, însă îi pune foarte repede pe ceilalți în gardă, pentru că este un gest excesiv, care nu este necesar. Ceva ciudat se întâmplă fără îndoială acolo.

Teritoriul

E foarte important ca toți oamenii să simtă că au spațiul personal, căci cu toții avem nevoie de un loc în care să ne simțim „acasă". Printre altele, acest teritoriu poate fi distanța față de oamenii cu care vorbești, când vorbești cu ei. Zona personală este, în general, la doar câțiva pași, iar zona socială se află la o distanță de aproximativ 1–3 metri. Când vorbim despre zona personală, ne referim la spațiul de comunicare dintre doi oameni care se cunosc. „Zona socială" se referă la spațiul dintre doi străini care comunică. Însă totul depinde de cultura celor care vorbesc. În nordul Europei, de exemplu, spațiul personal este mult mai mare decât în regiunea mediteraneeană.

Prin urmare, ce putem face cu toate aceste informații?

Cum diferă diversele forme de comportament de la o persoană la alta? Este evident că ceea ce „știm" despre limbajul corporal nu se aplică fiecărei persoane. Cineva care își ridică mânșetele poate să fie, pur și simplu, plictisit sau nervos. Un alt exemplu este modul în care oamenii gestionează incertitudinea. Un Verde care este nesigur se lasă pe spate. Un Roșu nesigur se apleacă în față, pentru că modalitatea lui de a gestiona incertitudinea este dominarea discuției. În paginile care urmează, vei găsi mai multe exemple de asemenea diferențe. Încearcă să-i observi pe oameni în viața de zi cu zi, să vezi dacă poți identifica unele dintre aceste forme de comportament. Însă, ține minte, limbajul corporal este foarte particular. Desigur, există manifestări valabile la nivelul tuturor culturilor – privirea furioasă, de exemplu, este aceeași indiferent de țară –, dar sunt foarte multe diferențe pe care va trebui să le studiezi, pentru a-ți modela abilitatea de a-i înțelege pe ceilalți. Acest capitol este menit să funcționeze ca un simplu ghid de orientare.

Limbajul corporal Roșu

Există câteva detalii pe care trebuie să le ții minte cu privire la Roșii. Sunt oameni care:
- păstrează distanța față de ceilalți
- au strângeri de mână puternice
- se apleacă în față în mod agresiv
- folosesc contactul vizual direct
- folosesc gesturi autoritare

Așa cum am menționat anterior, Roșii au un limbaj corporal bine definit. Poți recunoaște un Roșu de la distanță. Când ai de-a face cu o mulțime, vei vedea oameni care mișună, alții care stau nemișcați, care vorbesc cu ceilalți sau care, pur și simplu, încearcă să înțeleagă ce se petrece. Să spunem că ești în piața centrală a unui oraș aglomerat. Dacă privești cu atenție, vei vedea o persoană grăbită care traversează piața respectivă și care nu se uită deloc spre cei din jur. Cu privirea fixată pe un punct situat în fața lui, Roșul grăbește pasul și traversează piața fără nici o problemă. Nu se dă la o parte, ba din contră, își croiește drum printre ceilalți. Are pasul apăsat și puternic. Se așteaptă ca toți ceilalți să se dea la o parte din calea lui. Prima dată când întâlnești un Roșu, acesta păstrează o distanță față de tine. Strângerea lui de mână este foarte puternică. Așteaptă-te ca un Roșu să te strângă tare de mână, ca să îți arate cine e șeful. (Unii oameni consideră că acesta e un comportament masculin de tip alfa, dar se întâmplă și în cazul femeilor. Un Roșu simte nevoia de a demonstra că este o persoană de care trebuie să te temi.)

Uită de zâmbetele exuberante. Fața lui este întunecată, mai ales înaintea unei reuniuni de afaceri. Însă, chiar și în contexte sociale, Roșii sunt foarte rezervați. Un Roșu nu îți va da o îmbrățișare (când este treaz; însă, sub influența alcoolului, se poate întâmpla orice).

Când lucrurile încep să fie tensionate – ceea ce întâmplă destul de repede, mai ales când sunt implicați Roșii – acesta se apleacă deasupra mesei și se exprimă în forță. Contactul privirilor este foarte direct, iar privirea lui este îndreptată spre tine. Când vine vorba despre limbajul puterii, Roșii sunt puși pe hartă încă din capul locului. Fii pregătit pentru asta.

Mai mult decât atât, pregătește-te și pentru un număr limitat de gesturi, însă, chiar și așa, cele care se manifestă pot fi agresive și destinate a controla. Roșii îi arată cu degetul pe ceilalți. Ideea că a-i arăta cu degetul pe ceilalți este o dovadă de proastă creștere nu pare să îl intereseze pe Roșu. Se întâmplă și ca Roșii să arate spre tine întinzând brațul în direcția ta, cu palma îndreptată în jos. Dacă vrei să încerci, cere-i cuiva să arate cu degetul spre tine și spune-i cum te simți.

Mai poți observa și că Roșii sunt predispuși să te întrerupă (de fapt, nu sunt singurii). Se abțin deseori, în așteptarea unei pauze în conversație. Dar, în cazul în care trebuie să aștepte prea mult, vor izbucni și vor vorbi cu voce tare.

Vocea

Ce putem spune despre tonul vocii unui Roșu? Deseori, acesta e foarte puternic. Îi auzim vorbind foarte clar și răspicat, pentru că au senzația că dacă ridică vocea se fac înțeleși. Desigur, până și Roșii pot fi nervoși și își pot face griji cu privire la anumite lucruri, însă, de obicei, nu-i vei auzi vorbind despre asta. Vocea nu le tremură niciodată.

Acesta este unul dintre secretele pe care le au Roșii. Indiferent ce se întâmplă în spatele aparențelor, Roșii vor fi convingători. Nici o ezitare, nici o bâlbâială. Cu degetul pe trăgaci. Iar, dacă nu am fost atenți, vor repeta ce au spus, dar și mai tare. În cele din urmă, tot ei vor domina discuția.

Viteza discursului

Așa cum am menționat mai sus, Roșii sunt într-o permanentă grabă. În cazul lor, repede înseamnă bun. În mod normal, acest lucru e valabil și pentru discursul, și pentru acțiunile lor. Totul în viața lor se întâmplă la o viteză uluitoare. Întrucât viteza este instrumentul cu care Roșul măsoară succesul, rapiditatea va face tot timpul parte din comportamentul lui. Iar schimbările rapide vor fi caracteristica situațiilor care trebuie îndreptate într-o altă direcție.

Limbajul corporal Galben

Există câteva detalii pe care trebuie să le ții minte în legătură cu Galbenii. Sunt oameni:
- tactili
- relaxați și glumeți
- care iubesc contactul vizual binevoitor
- folosesc gesturi expresive
- iubesc apropierea

Limbajul corporal al unui Galben este adesea foarte deschis și primitor. Galbenii zâmbesc cu ușurință, chiar și când nu au motive să o facă. Spun mereu glume și pot fi foarte relaxați. Când face o vizită unei persoane pe care nu o cunoaște foarte bine, un Galben este foarte volubil și poate să se întindă lejer pe canapea. Este specific Galbenilor. Îți poți da seama cu ușurință când un Galben se simte în siguranță într-o situație. Acest tip este ca o carte deschisă.

Asemănarea cu comportamentul Roșu constă, în primul rând, în tempo. Galbenii se mișcă repede și clar. Deseori, aceștia radiază încredere de sine.

Spațiul personal este un lucru relativ pentru Galbeni. În vreme ce celorlalte culori nu le place să stea în preajma oamenilor, Galbenii se apropie ușor de ceilalți. Pot să înceapă să îmbrățișeze pe toți cei din jurul lor. Bărbat sau femeie, nu contează. Depinde de starea psihică în care se află.

Deseori, ceilalți au tendința de a se sustrage unui asemenea comportament, ceea ce le provoacă multe probleme Galbenilor. Însă nu numai acestora le place să îmbrățișeze. Îmbrățișatul poate fi o formă simplă de contact fizic. O mână așezată pe un braț, o bătaie ușoară pe picior – fără nici un motiv anume. Galbenii vor doar să întărească ceea ce se spune. Când un Galben percepe ceva ca fiind natural și spontan, celorlalți le poate părea o invitație. Și, desigur, totul se poate sfârși rău...

În general, Galbenii sunt înconjurați de glume și de zâmbete. Contactul vizual nu este o problemă pentru ei; este intens, prietenos și vesel.

Vocea

Tonul vocii unui Galben denotă un angajament puternic, de la început până la sfârșit. Galbenii sunt oameni foarte dedicați. (Iar dacă nu își doresc să facă o anumită activitate, pur și simplu nu apar la întâlnire.) Pe un Galben îl auzi de departe, pentru că râde, e vesel și intens. Plin de entuziasm, de bucurie și de energie.

În general, Galbenii sunt foarte empatici. Îți sunt alături 100% sau deloc. Iar această empatie este redată și de vocea lor. Este o voce care urcă și coboară, își schimbă tonalitatea, vigoarea și intensitatea. Galbenii au un fel de a vorbi foarte melodios. Indiferent ce emoție îl cuprinde pe un Galben într-un anumit moment, acea emoție se va resimți în vocea lui.

Viteza discursului

Tempo. Nu la fel de mare ca în cazul Roșilor, dar e suficient de alertă. Ai întâlnit vreodată pe cineva care, când se grăbește să spună ceva, se încurcă în propriile cuvinte? Doar jumătate dintre cuvintele folosite sunt pronunțate așa cum ar trebui. Poți intui ceea ce ți se spune, dar, uneori, este aproape de neînțeles. Ei bine, aceștia sunt Galbenii a căror gură nu poate ține pasul cu tot ceea ce vor să spună.

Limbajul corporal Verde

Există câteva detalii pe care trebuie să le ții minte cu privire la Verzi. Sunt oameni:

- relaxați și prietenoși
- metodici
- care tind să se aplece în față
- care folosesc contact vizual prietenos
- care preferă gesturi reținute

Verzii sunt deseori – dar nu întotdeauna – destul de leneși la nivelul limbajului corporal. Când au o stare interioară echilibrată, corpul lor relaxat transmite calm și încredere. Nici o mișcare excesivă, nici o clătinare de cap și nici o mișcare a mâinilor. Simplu și ușor.

Gesturile lor nu sunt foarte ample și se potrivesc unor grupuri mai mici. Verzii nu se simt bine în grupuri mari, așa că sunt mult mai închiși și par foarte rezervați. Deseori, Verzii au un limbaj corporal care îi trădează. Încearcă să își ascundă adevăratele sentimente, dar nu reușesc întotdeauna. Dacă nu sunt echilibrați sau se simt inconfortabil, acest lucru va fi vizibil la nivelul limbajului corporal.

Când stau la masă, Verzii sunt cei la care te aștepți să se lase pe spate. E paradoxal, pentru că nu au o problemă cu apropierea dintre oameni. Asemenea Galbenilor, Verzilor le place să îi atingă pe ceilalți. Însă ai grijă să nu atingi un Verde care nu ți-a dat de înțeles că te cunoaște foarte bine. Este ușor să depășești limita, pentru că pot fi foarte protectori cu spațiul personal.

Când un Roșu intră într-o încăpere, nu ai cum să nu îl observi. Întrucât Verzii au un comportament complet diferit, aș putea spune că discreția este, în cazul lor, un punct forte. Nu este neobișnuit ca aceștia să încerce să devină invizibili.

Motivul? Nu vor să fie în centrul atenției.

Verzii au aproape tot timpul pe chip expresii prietenoase. În caz contrar, au tendința de a fi neutri. Nu te aștepta la zâmbete exagerate sau saluturi exuberante. Însă dacă Verdele te cunoaște, lucrurile stau cu totul altfel. Dacă te consideră prietenul lui, atunci poate fi foarte intim și afectuos în manifestare. Dacă simte că te știe de puțin timp, ei bine, va trebui să aștepți puțin.

Lasă-i pe Verzi să vină la tine. Nu îi forța prea mult. Cu timpul, odată ce vor avea încredere în tine, se vor relaxa și se vor comporta mai natural.

Vocea

Vocea unui Verde nu este niciodată prea puternică: nu se întâmplă ca el să atragă atenția celorlalți prin felul în care vorbește. Trebuie să depui un mic efort. Chiar și când vorbesc în fața unui grup mai mare (uneori pot să o facă, mai ales dacă nu au de ales), Verzii se vor comporta ca și cum ar fi doar trei oameni în jurul mesei. Uneori, Verzii lasă impresia că nu îi văd pe ceilalți 100 de oameni din încăpere. Volumul vocii lor este scăzut și, deseori, poate fi dificil să înțelegi ce spun.

Dar tonul lor va fi întotdeauna plăcut și plin de căldură. Totuși, ritmul este mult mai lent și mai puțin variat decât în cazul Galbenilor.

Viteza discursului

În general, Verzii vorbesc mai rar decât Roșii și Galbenii, dar nu la fel de lent ca Albaștrii. Viteza în sine nu are importanță pentru ei. Dacă un tempo mai alert riscă să distrugă dinamica unui grup, Verzii vor reduce debitul discursului, pentru că felul în care se simt ceilalți este foarte important pentru ei.

Limbajul corporal Albastru

Există câteva detalii pe care trebuie să le ții minte cu privire la Albaștri. Sunt oameni:

- care preferă să păstreze distanța
- stau așezați sau în picioare
- nu sunt foarte expansivi la nivelul limbajului corporal
- care folosesc contact vizual direct
- care vorbesc fără să gesticuleze prea mult

Cea mai simplă descriere a limbajului corporal al unui Albastru este aceea că nu are nici un limbaj corporal. În regulă, poate îți pare un pic simplist. Ceea ce vreau să spun este că nu sunt prea multe de interpretat. Nici chipul și nici corpul său nu trădează foarte multe. Când le vorbesc agenților de vânzări despre limbajul corporal, ei îmi spun că unii oameni sunt imposibil de interpretat. În cazul în care îi întreb dacă nu cumva acești oameni stau perfect nemișcați, fără să le tresară vreun mușchi pe față, răspunsul lor este unul pozitiv.

Cel mai probabil, se gândesc la Albaștri – persoane care nu se mișcă foarte mult și al căror temperament nu scoate nimic la iveală. În acest caz, lipsa unui limbaj corporal specific ne spune ceea ce trebuie să știm.

Mulți Albaștri pot face afirmații grave fără să aibă nici o expresie pe chip. Am auzit mai demult un manager care spunea că departamentul pe care îl conducea avea să se închidă și că trebuia luată o decizie de concediere a 300 de angajați. A făcut anunțul respectiv fără ca vreunul dintre mușchii feței să-i tresară.

Această caracteristică le lasă oamenilor impresia că Albaștrii sunt lipsiți de sentimente, dar, evident, nu este așa. O să îți reamintesc că Albastrul este un introvertit, adică emoțiile sale funcționează în interior.

Funcționează în egală măsură și în sens invers. În urmă cu mulți ani, am văzut la televizor o femeie care câștigase o jumătate de milion de dolari. În spatele camerelor, soțul ei scosese un strigăt de fericire, în vreme ce femeia era aproape nemișcată și avea un zâmbet rece. Gazda emisiunii respective zâmbea și o strângea în brațe pe femeie cu atâta entuziasm, încât te întrebai cine câștigase, de fapt, premiul cel mare. Iar câștigătoarea nu a făcut altceva decât spună: „Mulțumesc, a fost drăguț". Abia dacă s-a mișcat. Nu cred că era vreo milionară. Pur și simplu, comportamentul ei era al unui Albastru. Așa stau lucrurile. Sunt convins că, în sinea ei, femeia era încântată de premiu, dar nu voia să arate acest lucru. Într-o zi le voi telefona celor de la televiziunea respectivă pentru a le cere înregistrarea respectivă. Exemplul este grăitor.

Când îi vezi pe Albaștri vorbind în fața unor grupuri mai mari, tendința lor spre reținere gestuală devine evidentă. Asemenea Verzilor, Albaștrii nu simt nevoia de a fi în centrul atenției. Diferența este că, în vreme ce Verdele ar vrea să se prelingă prin pardoseală dacă s-ar putea, Albastrul va rămâne nemișcat. Va încerca să facă față grupului de oameni stând complet nemișcat, fără nici o expresie pe chip.

Un alt indiciu este acela că un Albastru are nevoie de spațiu personal. Albaștrii se simt mult mai confortabil când îi țin pe ceilalți la distanță. În mod natural, depinde de cât de bine în cunosc pe ceilalți, însă, această zonă este mai extinsă decât în cazul Galbenilor, de exemplu.

Dacă oamenii se apropie prea mult de Albaștri, limbajul corporal al acestora tinde să se blocheze și să nu mai exprime nimic. Își încrucișează picioarele și mâinile, indicând că păstrează distanța față de ceilalți. Albaștrii pot să rămână nemișcați într-un loc vreme de mai multe ore. Când sunt așezați, pot rămâne în aceeași poziție cât timp este nevoie.

În consecință, Albaștrii nu au o gesticulație excesivă. Imaginează-ți un Galben: un personaj deschis și dinamic. Iar acum imaginează-ți opusul lui. Înlătură toate mișcările de care nu ai nevoie (cele mai multe dintre ele, potrivit Albaștrilor) și vei începe să înțelegi despre ce e vorba. Altfel spus, Albaștrii sunt inexpresivi.

Totuși, Albaștrii îi privesc pe ceilalți în ochi, în mod normal. Nu îi deranjează contactul vizual, chiar dacă pe ceilalți îi face să se simtă inconfortabil.

Vocea

Deși nu au o voce scăzută, Albaștrii sunt foarte reținuți când vorbesc. Nu fac prea mare caz de persoana lor și sunt foarte stăpâni pe sine. Se întâmplă deseori să pară ființe care gândesc mult, ca și cum ar cântări fiecare cuvânt înainte de a-l pronunța.

În general, vocea Albaștrilor variază foarte puțin spre deloc, fiind de cele mai multe ori constantă – este valabil și când citește ghidul TV cu voce tare, și când rostește un discurs după câștigarea alegerilor prezidențiale. Fără prea mult ritm și muzicalitate în voce, Albastrul pronunță, pur și simplu, ceea ce este scris în discurs.

Muzicienii au o mare problemă cu vocea Albaștrilor, căci li se pare că aceasta nu curge deloc.

Viteza discursului

Scăzută. Mai ales dacă o comparăm cu viteza discursului celorlalți. Roșii și Galbenii vorbesc cu viteza sunetului, în vreme ce Albastrul are o viteză constantă a discursului. Vorbește atât cât este nevoie, căci viteza nu îl interesează câtuși de puțin.

11. Un exemplu din viața reală
Petrecere la firmă – cum să îi înțelegi pe toți cei pe care îi întâlnești

Cu mulți ani în urmă, lucram în domeniul bancar. Era interesant din multe puncte de vedere, deși uneori poate părea monoton. Cu toate acestea, am învățat foarte multe de la cei pe care i-am întâlnit în perioada aceea și am o mulțime de povești amuzante culese de la întâlnirile mele cu clienții de atunci. Totuși, cele mai interesante detalii aveam să le descopăr în culise.

Una dintre cele interesante experiențe s-a petrecut la filiala la care lucram în anii 1990, unde am întâlnit multe stereotipuri în materie de personalitate. Unele dintre acestea erau evidente în profilurile comportamentale. Erau foarte mulți Albaștri puri, Verzi și Galbeni. Și, desigur, aveam un șef Roșu.

Într-o primăvară, volumul de muncă era atât mare, încât mulți dintre noi își luaseră concediu medical, iar presiunea din partea clienților devenise insuportabilă. Oamenii erau obosiți, nervoși, iritați și hipersensibili. Aveam cu adevărat nevoie de niște vești bune. Persoana care avea cel mai mult de lucru în perioada aceea era o consilieră Galbenă. Într-o zi, a venit la cantină și ne-a spus că se săturase de fețele noastre morocănoase. Aveam nevoie de puțină distracție, iar ea știa exact ce trebuia făcut pentru asta.

Venise momentul să ne stabilim un obiectiv comun, ceva care să ne motiveze. O petrecere avea să rezolve problema! Plină de entuziasm, femeia ne-a spus că vizitase un centru de conferințe din apropiere, unde am fi putut merge toți în weekend, să ne odihnim. Exista acolo un spa incredibil și o sală de sport pe măsură, camere de hotel confortabile, precum și un restaurant foarte elegant. În plus, colega noastră îl cunoscuse pe proprietar prin intermediul prietenului unui prieten și putea să ne obțină un tarif preferențial. A vrut apoi să știe ce părere aveam despre propunerea ei.

În primă fază, n-am luat-o foarte în serios, neștiind dacă era adevărat și pentru că o suspectam că nu îl cunoștea deloc pe patron. Zâmbindu-ne, femeia a continuat să ne povestească despre câte am fi putut face în acel weekend: jocuri, concursuri, băi cu spumă și, desigur, o petrecere pe cinste seara.

Am început să discutăm serios, iar multora dintre noi ideea le-a părut excepțională. Până și șeful nostru cel Roșu observase acest lucru. Toți eram obosiți și stresați, iar el voia să ne arate aprecierea pentru efortul și angajamentul nostru. Așa că decizia a fost luată rapid; după cinci minute, șeful nostru a decis că facem petrecere și ne-a promis că va suporta toate cheltuielile.

S-a uitat la consiliera Galbenă și a întrebat-o dacă se simțea pregătită să organizeze totul, cu telefoane, rezervări și tot restul. Ea a început să țină un discurs despre cum ea făcuse treaba înainte de a veni cu ideea. Șeful nostru cel Roșu i-a făcut semn cu mâna să tacă. Pe canapeaua din spatele lui, câțiva colegi Verzi stăteau în același loc ca de fiecare dată, așa că nici nu a fost nevoie ca șeful să se întoarcă și să îi strige pe nume. I-a întrebat dacă voiau să ajute cu organizarea petrecerii. Ei au încuviințat, fără să știe exact ce anume le ceruse șeful lor. Șeful a dat din cap aprobator și a ieșit. Își făcuse treaba. De îndată ce a ieșit, a și uitat de problema respectivă.

Încântarea ne-a cuprins pe toți, iar Roșii și Galbenii au început să vorbească în același timp. Consiliera Galbenă era entuziasmată și a continuat să promoveze acea petrecere, deși decizia fusese luată. Propunerile ei despre cum ar fi trebuit să ne distrăm erau din ce în ce mai nebunești. Îmi amintesc că a început cu un bal la care să purtăm smoking și a ajuns la bal mascat, până când cineva a reușit s-o facă să tacă.

Cu toate acestea, exista cineva care stătea retras într-un colț, fără să spună nimic. Managerul nostru de credite, un Albastru, era foarte preocupat. După ce lumea s-a mai calmat, ne-a întrebat cu ce aveam de gând să ajungem acolo.

Din toată discuția pe care o avuseserăm cu toții, el nu reținuse decât că respectivul centru de conferințe se afla la vreo 30 de kilometri în afara orașului, ceea ce ar fi putut să se dovedească problematic. Ne confruntam cu o problemă logistică. Trebuia să luăm mașina sau taxiul? Sau poate banca avea să ne trimită cu un microbuz? Cum ne-am fi organizat? Nenumărate piedici păreau să apară în calea petrecerii noastre. Așa că Albastrul și-a încrucișat brațele și a scrâșnit din dinți.

Femeia Galbenă s-a năpustit asupra lui. Cum de putea să fie atât de negativist? Ea venise cu cea mai bună idee din lume și el îi tăia elanul cu tot felul de întrebări inutile? De ce nu venea și el cu o propunere constructivă? Cum am fi putut ajunge acolo, după părerea lui? Albastru nu avea nici un răspuns; nu a făcut decât să ne explice că existau opțiuni. Cu toate acestea, era incapabil să ia o decizie sau să aibă o părere.

Verzii aveau să salveze situația în cele din urmă, oferindu-se să ne ducă pe toți cu mașinile personale. Cinci mașini ar fi fost suficiente. Acest anunț a calmat situația, iar Galbena s-a simțit din nou triumfătoare. Petrecerea ei fusese salvată.

Cu toții abia așteptam petrecerea respectivă și îmi amintesc un detaliu interesant. Femeia Galbenă nu a venit la petrecere; uitase complet că avea programată o nuntă la care trebuia să participe și o aniversare a cuiva din familia ei care tocmai împlinea 50 de ani.

Ce se întâmplă la o petrecere la care nimeni nu e atent?

Imediat ce a început petrecerea, au început să se întâmple lucruri interesante. Știm cu toții că alcoolul influențează starea oamenilor. Știm și că oamenii sunt influențați în mod diferit. Dacă uităm pentru o clipă că alcoolul consumat este un factor important și ne gândim că se consumă alcool în cantități moderate (mai ales că nimeni nu avea să conducă în acea noapte), putem deja să identificăm niște modele interesante.

Aveam mulți Galbeni în echipă. Cei patru agenți de vânzări care lucrau direct cu clienții erau cât se poate de Galbeni. Erau joviali, pozitivi și distractivi. Nu aveau nevoie de alcool pentru „a se relaxa" și erau ușor abordabili. De fapt, ai putea spune că erau amețiți încă de la început, datorită energiei lor ghidușe. Pentru ei, viața era o sărbătoare continuă, amuzantă și distractivă.

Interesant este că Galbenii care consumă alcool își pot pierde din aceste caracteristici. Aveam să observ că, în timpul petrecerii, trei dintre cei patru Galbeni deveneau din ce în ce mai tăcuți, pe măsură ce timpul trecea. După ce atmosfera a devenit intensă, cei trei s-au retras complet. Mi-l amintesc pe unul dintre ei, stând în capul scărilor, cu un pahar de vin în mână. L-am întrebat care era problema, căci avea un aer trist și părea rătăcit printre gânduri. Ce rost avea munca lui? De ce depusese atât de mult efort la serviciu? Nimeni nu îi mulțumise vreodată pentru ceea ce făcea. Poate că cea mai bună soluția era să își anunțe demisia. Colegul meu cel vesel se transformase într-un pesimist deprimat.

Aveam să-l găsesc pe managerul de credite Albastru dansând pe mese și spunând glume deocheate. Nu mai auzisem niciodată asemenea glume. I-am întrebat pe ceilalți ce băuse, au ridicat din umeri și mi-au spus că așa era tot timpul după ce făcea cunoștință cu alcoolul. Dacă l-aș fi întâlnit pentru prima dată în acea noapte, aș fi putut jura că era un Galben.

Aveam senzația că Galbenii și Albaștrii făcuseră schimb de personalități. Ai putea trage concluzia că o petrecere reușită ține de Galbeni și Albaștri aflați sub influența alcoolului.

Totuși, lucrurile aveau să devină cu adevărat interesante după ce l-am descoperit pe șeful nostru cel Roșu, care de obicei era foarte sever. Avea un pahar de whisky în mână și le vorbea Verzilor de la administrație. Le spunea că nu era o persoană dezagreabilă și că, de fapt, îi plăcea pe toți foarte mult. Iar când își mai ieșea din fire la serviciu, ei nu trebuiau să o ia personal, căci nu voia nici să jignească, nici să intimideze pe nimeni.

Celor șase Verzi (doi bărbați și patru femei), care băuseră la rândul lor, li se dezlegaseră limbile, așa că începuseră să îi explice șefului că avea un comportament deplorabil și că era cel mai groaznic superior pe care îl avuseseră vreodată. Lucrau de douăzeci de ani împreună, dar nu îi spuseseră niciodată ce gândeau despre el. Prin urmare, ce au făcut? L-au încolțit și i-au reproșat tot ce acumulaseră de-a lungul timpului. Șeful cel Roșu avea să fie primul care avea să părăsească petrecerea.

Inclusiv Roșii și Verzii își schimbaseră comportamentul, în feluri foarte ciudate. Am plecat de la petrecere cu o descoperire extraordinară – alcoolul îi schimbă pe oameni, însă modul în care îi schimbă e și mai interesant.

Totuși, de îndată ce s-au întors la serviciu, lucrurile au reintrat pe făgașul normal. Galbenii ne-au împărtășit ultimele noutăți în materie de bancuri, iar tipul Albastru nu a scos nici un cuvânt. Roșul a continuat să țipe la toată lumea, iar Verzii și-au ferit privirea în așa fel încât să nu-l vadă. Ordinea fusese restabilită.

Aceste observații nu pot fi dovedite științific, dar poți face și singur propriile studii. Invită-ți prietenii la o petrecere și vei înțelege la ce mă refer. Doar să nu exagerezi cu alcoolul.

12. Adaptarea

Cum să te descurci cu idioții
(de exemplu, cu oricine nu e ca tine)

Hai să vedem cum ne putem adapta unii la ceilalți, astfel încât să putem lucra împreună. Un tip mi-a spus cândva (cu un zâmbet ironic pe față) că testul inteligenței e simplu: „Dacă ești de acord cu mine, ești inteligent. Iar dacă nu ești de acord cu mine, ei bine, ești fără urmă de îndoială un idiot."

Sper că ești suficient de inteligent încât să interpretezi corect acest mesaj. Serios – cu toții ne-am întrebat de ce unii oameni nu înțeleg nimic din ce li se spune. Așa cum am menționat în introducere, când eram tânăr, mă uimeau oamenii care, pe cât erau de inteligenți, pe atât de idioți puteau să fie. Ei nu vedeau ce vedeam eu. Unii oameni spuneau că asemenea indivizi duc lipsă de „elasticitate intelectuală", dar, de fapt, ei nu aveau curajul să folosească noțiunea de „idiot".

**Oamenii sunt diferiți, fără îndoială.
Prin urmare, ce e de făcut?**

Cum ar trebui să relaționăm cu oamenii diferiți de noi? Cu cei care reacționează și funcționează complet diferit? Putem împrumuta mai multe tipuri de personalitate, în funcție de situație? Iată o întrebare interesantă. Dacă am fi niște cameleoni capabili să ne schimbăm comportamentul în funcție de situația cu care ne confruntăm – ar fi o idee bună să încercăm? Pentru noi, oamenii, este firesc să fim ceea ce suntem și să manifestăm comportamentul care ne caracterizează. Însă, din nenumărate motive, putem simți nevoia de a ne adapta la cei din jurul nostru. Există numeroase păreri cu privire la modul în care putem fi flexibili și adaptabili pentru a face față unei serii de situații, la care să răspundem în funcție de personalitatea fiecărui om. Există chiar și o noțiune care explică acest proces – „IE" (Inteligență Emoțională) sau „CE" (Coeficient Emoțional). Pentru a putea gestiona această nevoie constantă de adaptare, este important să fim conștienți că procesul în sine necesită mult efort și multă energie.

Condiția noastră naturală este aceea de a manifesta comportamentul care ne caracterizează. Comportamentul „nenatural" este acela de a ne adapta la ceilalți, ceea ce necesită o abilitate specifică, mult training și multă energie. Dacă nu suntem siguri cu privire la ceea ce este „corect" într-o anumită situație, dacă nu suntem formați sau nu avem energie suficientă pentru a gestiona rolul despre care credem că este cel corect, atunci devenim anxioși, ezitanți și stresați. Rezultatul? Pierdem și mai multă energie, iar efortul nostru devine din ce în ce mai vizibil. Spre marea surpriză a celor din jur, cei care sunt obișnuiți să ne vadă comportându-ne într-un anumit fel.

Într-o lume perfectă

În cea mai bună dintre lumi, toți oamenii ar trebui să fie ei înșiși ca să funcționeze ca atare. Să cadă de acord tot timpul și conflictele să nu existe. Se spune că o asemenea lume există cu adevărat: ea poartă numele de Utopie. Dar nu este atât de simplu. Așa cum am precizat la începutul cărții, dacă te consideri capabil să îi schimbi pe cei din jur, vei sfârși prin a fi dezamăgit. M-ar surprinde să poți schimba pe cineva.

Indiferent ce culoare ești – Roșu, Galben, Verde, Albastru, sau o combinație de mai multe culori – vei fi tot timpul în minoritate. Majoritatea oamenilor pe care îi vei întâlni vor fi diferiți de tine. Nu contează cât ești de echilibrat, nu poți fi toate culorile în același timp. Prin urmare, trebuie să te adaptezi la oamenii pe care îi cunoști. O bună comunicare este, deseori, o metodă de a te adapta la ceilalți.

Dar poate te gândești că nu e adevărat și că poți fi tu însuți. De fapt, nu te-ai adaptat niciodată, la nimeni, și totul a decurs foarte bine.

Desigur.

În mod natural oricine pornește de la el însuși. E în regulă să fie așa. Însă nu te aștepta să ajungi la oameni prin mesajul pe care vrei să îl comunici. Dacă poți trăi gândindu-te că majoritatea oamenilor pe care îi întâlnești nu vor împărtăși ceea ce le îndrugi tu, atunci este foarte bine. Înseamnă că nu ai nici o problemă.

Deja faci asta, chiar dacă nu crezi

Te asigur că îți adaptezi constant comportamentul, chiar dacă nu îți dai seama de acest lucru. Cu toții ne adaptăm din când în când. Este parte din jocul social, din comunicarea vizibilă și invizibilă, care este într-un progres continuu. Nu fac decât să îți propun un sistem mai performant. Nu trebuie să tragi la sorți sau să ghicești. Poți să faci ajustările corespunzătoare încă de la început. Însă trebuie să reții că nici un sistem nu este perfect.

Unor oamenii pe care i-am întâlnit nu le place ideea de a se adapta în mod deliberat la ceilalți, întrucât consideră că acest proces denotă manipulare și lipsă de onestitate. Însă, din nou, te poți abține tot timpul.

Un exemplu din viața reală

Îți voi relata o poveste adevărată despre un bărbat pe care l-am întâlnit în timpul unei conferințe, un antreprenor de succes, foarte apreciat și popular în domeniul său. Acest bărbat – să-i spunem Adam – era Galben, un vizionar care își punea, ocazional, planurile în aplicare.

Adam nu se gândise niciodată la modul în care se comporta ca persoană sau la cum era perceput de ceilalți. Nu avusese nici un motiv să o facă. Cineva îl convinsese să participe la conferința organizată de mine, dar nu știa în ce se băga.

Subiectul conferinței era același ca și cel abordat în această carte: un atelier de o zi, în care le explicam participanților profilurile comportamentale. După pauza de prânz, am observat că ceva îl deranja pe Adam. Chipul lui era serios, iar limbajul corporal nu mai transmitea nimic. Când am preluat din nou cuvântul și am dezvoltat trăsăturile profilurilor comportamentale, am observat că Adam se adâncea și mai tare în scaunul lui și era evident că se gândea la altceva.

L-am întrebat ce anume îl supăra, iar Adam a izbucnit: „E complet greșit! Sunt profund iritat!"

Adam nu înțelegea cum de puteam să îi clasific pe oameni în acest fel. S-a dovedit că nu îi convenea ideea de a se adapta la celelalte tipuri de oameni, dar nu pentru că se gândea că și ceilalți ar trebui să se adapteze la el. Nu. Ceea ce îl preocupa era faptul că procesul de adaptare era o formă de manipulare, iar asta îi displăcea total.

Cu toții ne-am întrebat care era, de fapt, problema. Adam era de părere că oamenii nu puteau fi clasificați în felul acesta. Și că folosirea unor modele comportamentale era un lucru complet greșit. Se gândea că era foarte periculos să nu acționezi în acord cu propriile sentimente.

Cineva din grupul respectiv a încercat să îi explice că el mai ales, dintre toți oamenii, ar fi trebuit să asculte, pentru că era tot timpul atras spre conflict. Dezbaterea se încinsese și, după aproximativ o jumătate de oră, a trebuit să solicit o pauză.

Pot să înțeleg îngrijorarea lui Adam și respect faptul că ridicase această problemă. Ceea ce îl preocupa era că adaptarea nu avea cum să funcționeze: dacă ne-am adapta cu toții unii la ceilalți, nimeni nu ar mai putea fi el însuși. În cazul acestui model de gândire, omul ar resimți o imensă decepție, generată tocmai de imposibilitatea de a fi el însuși.

Există un adevăr în această idee. Însă, în egală măsură, ține de tine să alegi nivelul la care îți modulezi comportamentul. Cu cât afli mai multe despre oameni, cu atât mai ușor devine să iei decizii. Intri în joc sau mergi pe cont propriu? Decizia îți aparține.

Mai mult decât atât, Adam era atât de indignat încât eu, ca specialist în domeniu, a trebuit să îi descriu în detaliu teoria mea și să îi dau exemple concrete pentru a-l convinge. Când a văzut instrumentul de evaluare perfecționat de mine, Adam a rămas fără cuvinte. În cele din urmă, Adam a ajuns să înțeleagă rolul și beneficiile evaluării personale. Însă tot el m-a învățat să fiu atent când aplic aceste cunoștințe.

Cât de des urmărim un sistem fără să știm dacă funcționează?

Nici un sistem nu este perfect. Există tot timpul excepții. Comportamentul este doar o piesă din jocul de puzzle care este viața oamenilor. Fără îndoială, acesta joacă un rol important, dar este departe de a ne oferi o imagine de ansamblu.

Am împărțit secțiunile despre adaptare în două, pentru fiecare culoare. Prima parte vorbește despre lucrurile de care ai nevoie pentru a interacționa sănătos cu o persoană – mai ales când vrei să înțelegi persoana respectivă și să o faci să simtă că o înțelegi. A doua parte explică modul în care îi poți face pe ceilalți să îți ia partea. Ceea ce își dorește fiecare profil într-o anumită situație nu este, în mod necesar, cel mai bun lucru care să îți permită progresul.

Le poți face mult bine celorlalți – dacă alegi să faci asta.

Adaptarea la comportamentul Roșu

Ce așteaptă un Roșu de la tine?

„Fă ce ceea ce îți cer, cât mai repede posibil"

Dacă întrebi un Roșu, acesta va fi de acord cu tine că majoritatea oamenilor se mișcă foarte încet. Vorbesc prea încet, pălăvrăgesc mult până să ajungă la miezul problemei, și sunt foarte ineficienți. În lumea unui Roșu, se pierde foarte mult timp. Amintește-ți ce ți-am spus despre nerăbdarea care îi caracterizează pe Roșii, despre nevoia lor de a avea rezultate foarte rapide. Un Roșu înnebunește atunci când ceilalți pierd timp pentru a se gândi la o problemă.

Gândul și acțiunea sunt unul și același lucru pentru un Roșu. Totul trebuie terminat foarte repede. Dacă există ceva ce le displace cu adevărat acestor oameni, am putea spune că pălăvrăgeala este ceea ce îi enervează foarte tare.

Concluzie: Dacă vrei să te adaptezi la dinamica unui Roșu – grăbește-te! Grăbește-te! Vorbește și acționează rapid! Uită-te des la ceas, pentru că asta face un Roșu. Dacă poți reduce la jumătate timpul care era alocat inițial unei reuniuni, fă-o! Dacă ai un Roșu cu tine în mașină, nu îl va deranja să depășești limita de viteză. (În cazul în care conduci prea încet, se prea poate să fie tentat să pună el mâna pe volan.)

„Vrei ceva? Spune!"

Așa cum ai aflat deja, Roșii sunt oameni care merg direct la țintă și cărora le place să fie înconjurați de oameni care au același comportament, capabili să ceară ceea ce au nevoie – și asta foarte rapid. Un Roșu obosește repede dacă îți pierzi timpul vorbind degeaba. În plus, își dă seama foarte repede când are de-a face cu o moară stricată.

Se întâmplă des ca unii să bată câmpii cu privire la contextul în care este identificată o problemă, chiar înainte de a fi înțeles pe deplin problema respectivă. Iar unii bat câmpii și cu privire la soluția problemei.

Uită de asta! Nu o să funcționeze!

Concluzie: Dacă vrei să îi atragi complet atenția unui Roșu, renunță la pălăvrăgeli inutile. Este extrem de important să fii direct. Identifică punctele esențiale ale mesajului pe care vrei să îl transmiți și începe de acolo. Să spunem că vrei să îi prezinți ultima versiune a bilanțului financiar. Spune-i unui Roșu ce e scris pe ultimul rând al bilanțului – este singura informație pe care o așteaptă. Mai apoi, dacă chiar este nevoie, poți intra în detalii.

Îți recomand să nu folosești nici măcar un cuvânt în plus. Însă asigură-te că ți-ai făcut temele când vine vorba despre contextul apariției unei probleme. Este posibil ca un Roșu să îți pună întrebări, iar dacă simte că ești nesigur, va avea grijă să te facă să regreți.

Materialele scrise trebuie să fie concise și bine prezentate. Eseurile interminabile scrise de cineva căruia îi place să se audă nu sunt pe placul unui Roșu. E suficient un singur rând concis sau chiar o frază scrisă pe un șervețel – am făcut eu însumi asta.

„Nu-mi pasă câtuși de puțin ce ai făcut în vacanță"
Roșii sunt oameni care trăiesc în prezent. Tot ceea ce se întâmplă se întâmplă aici și acum. Au o abilitate unică de a se concentra doar pe priorități. Prin urmare, trebuie să rămâi pe subiect când discuți cu un Roșu. Nu are nici o problemă cu creativitatea sau ideile noi, ba chiar sunt apreciate, atâta timp cât nu bați pasul pe loc. Însă când un Roșu simte că te abați de la subiect și o iei pe miriște, conflictul nu va întârzia să apară.

Cea mai bună metodă pentru un Roșu este să identifice problema și să înceapă să o rezolve. Simplu, nu?

Concluzie: Nu te abate de la subiect! Cel mai bine e să te pregătești înainte de o ședință cu un Roșu. Dacă, în timpul unei discuții interesante, îți vine în minte o nouă idee, notează-o pe o hârtie și întreabă-l la sfârșitul întâlnirii dacă îți dă voie să vorbești despre asta. În caz contrar, programează o nouă ședință.

Dacă un Roșu te întreabă cât e ceasul, răspunde-i exact. Nu-l duce cu zăhărelul că e timp suficient. O să ia singur decizia. Și reține că trebui să ții pasul cu el. Potrivit unui Roșu, „repede" este sinonim cu „eficient".

Iar acum să vorbim despre afaceri. A fi un bun afacerist pare o artă, dar gândește-te puțin. Dacă ești agent de vânzări, se prea poate să fi asistat deja la mai multe traininguri, în cadrul cărora ai învățat că trebuie să construiești o relație cu clienții. Trebuie să ajungi să îi cunoști și să îi câștigi de partea ta.

Este un sfat bun. Fă-o. Construiește-ți relații atâta vreme cât le consideri necesare. Însă nu face asta cu un Roșu. De exemplu, dacă ai o întâlnire de afaceri cu un Roșu pe care nu îl cunoști, nimic nu îl enervează mai tare decât să îl întrebi unde locuiește, unde și-a petrecut vacanța sau ce părere are despre ultimul meci de fotbal. Un Roșu nu e acolo pentru a discuta și a construi relații. Un Roșu este acolo doar pentru afaceri. Indivizii profund Roșii devin foarte agresivi când simt că cineva încearcă să se împrietenească cu ei.

Un Roșu nu se află acolo pentru a-ți deveni prieten. El nu are decât un singur motiv – acela de a încheia o afacere cu tine. Te poate da pe ușă afară – la figurat vorbind – dacă simte că încerci să te împrietenești cu el.

Nu flata un Roșu dacă nu îl cunoști bine. Păstrează complimentele pentru tine.

Concluzie: Paradoxal, este foarte simplu să îi convingi pe Roșii să cumpere. Dacă vrei să faci afaceri bune cu ei, nu trebuie decât să mergi la ei la birou, să le prezinți succint propunerea și să le ceri să încheie afacerea. Uită de meciul de ieri sau de faptul că l-ai întâlnit la supermarket pe Roșul din fața ta. El oricum nu te-a observat. Când un Roșu are încredere în tine și a luat hotărârea că ești o persoană decentă care îi poate aduce avantaje, ei bine, vei putea începe să discuți cu el despre mașini, iahturi sau chiar despre noutățile din politică. Poți chiar să joci o partidă de tenis. Dar numai și numai atunci. Nu fi surprins dacă ședința se încheie în mijlocul unei propoziții. Nu trebuie să o iei personal. Pur și simplu, s-a plictisit de conversație.

„Nu prea știi? Atunci de ce îmi pierd timpul cu tine?"

Poate părea o contradicție, însă unui Roșu îi place să fii hotărât și direct. Deși deseori el este cel care ia singur deciziile cele mai importante, Roșul este o persoană căreia nu îi plac oamenii ezitanți, pentru că ezitările nu prea inspiră încredere. Comentarii de tipul, „e greu de spus", „depinde" sau „nu știu ce să spun", nu fac decât să frustreze un Roșu.

Dacă ai o părere, spune-o. Roșii te judecă și judecă hotărârea ta. Ar trebui să îi asculți, desigur, însă trebuie să ai și tu o părere personală. În caz contrar, va părea că ești slab, iar aceasta nu este o calitate care să te ajute prea mult în relația cu un Roșu.

Ține minte că ne plac tot timpul oamenii în care ne putem recunoaște. Un Roșu nu întâlnește zilnic alți Roșii, dar când se întâmplă, este un om mulțumit. „Încă unul ca mine? Minunat!" Am întâlnit Roșii care și-au strâns prietenește mâna înaintea unei dezbateri tensionate.

Concluzie: Spune-ți părerea, fără nici o înfloritură. E posibil ca, în cele din urmă, să fii nevoit să faci compromisuri, însă nu te vinde niciodată pe bani puțini. Un Roșu poate să se enerveze ușor, să ridice vocea, să bată din picior sau să bată cu pumnul în masă. Cei mai mulți oameni dau înapoi în fața unui asemenea comportament. Nu e plăcut să se urle la tine, nu?

Ei bine, cel mai rău lucru pe care îl poți face este să bați în retragere și să-l lași să vorbească peste tine. Dacă îi dai voie unui Roșu să se răstească la tine, pierzi ceva foarte important în ochii lui – respectul. Dacă nu te respectă, te va mânca de viu. Și te va călca în picioare iar și iar, până vei fi complet marginalizat. Nu vei mai fi luat în considerare. Un preș și-atât.

Cel mai bun lucru pe care îl poți face este să te poziționezi în centrul furtunii, spunându-i că greșește. Când un Roșu descoperă că nu ai de gând să cedezi, se va transforma într-o clipă. Cu condiția să știi ce spui.

Fără chiul, o să ai timp de dormit după ce mori

Dacă ai un șef Roșu, să știi că va munci foarte mult, poate chiar mai mult decât alte persoane pe care le-ai întâlnit. Se ocupă de mai multe lucruri în același timp și controlează absolut tot ce se întâmplă în jurul său.

Un Roșu poate să trăiască cu ideea că lucrurile nu ies din prima. Însă îți va cere și ție să muncești foarte mult. Trebuie să fii foarte sârguincios; iar dacă ai posibilitatea de a lucra ore suplimentare, nu ezita să o faci. Însă nu trebuie să devii un „workaholic" – viața are mai multe de oferit. Totuși, pentru un Roșu, munca excesivă este dovada calității. Te va aprecia foarte mult dacă vede că îți dai silința.

Concluzie: Arată că muncești mult. Nu trebuie să dai buzna în biroul unui Roșu, la fiecare cinci minute, ca să îl informezi că ți-ai petrecut noaptea muncind – nici măcar nu se va lăsa impresionat. Te va întreba dacă o asemenea sarcină a meritat noaptea pierdută. Cu toate acestea, ar trebui să îi raportezi regulat cum ai avansat și să îi prezinți, pe scurt, rezultatul eforturilor tale.

Fii dispus să preiei inițiativa. Oferă sugestii pe care Roșul nu le-a cerut. Ca de obicei, pregătește-te să te lupți cu el, însă îi va plăcea că ești motivat.

Te rog recitește ce am scris mai sus. Nu înseamnă că Roșul te va *plăcea* doar pentru că ești motivat. Am spus că Roșului „îi va plăcea că ești motivat". Se întâmplă adesea ca un șef Roșu să te placă, însă nu te aștepta să îți ridice o statuie.

Cum să te comporți când dai de un Roșu

Nu înseamnă că trebuie să te adaptezi pe deplin la modul în care își dorește un Roșu să te comporți – asta ar însemna să te predai. Există numeroase alte lucruri de care trebuie să ții cont pentru a obține rezultatele la care te aștepți. Întrucât Roșii au și ei defecte, însă preferă să le ignore, poți să îi ajuți să obțină un rezultat mai bun – dar trebuie să știi cum. Iată câteva lucruri de care trebuie să ții cont.

„Detalii. Plictisitooor..."

Roșiilor nu le place să intre în detalii. Detaliile sunt plictisitoare pentru ei și necesită timp. Astfel, Roșii tind să ignore mărunțișurile. Îi poți acuza de multe lucruri, dar nu că ar fi meticuloși. Pentru ei, destinația este mai importantă decât călătoria, așa că Roșii vor face tot ce le stă în putință să ajungă la rezultatele dorite. Roșii nu se vor împiedica de lucruri mici și nici nu își vor bate capul analizând modalități de a acționa.

Concluzie: Dacă vrei să ajuți un Roșu să facă treabă bună, încearcă să-i demonstrezi cât de importante sunt detaliile. Explică-i că rezultatele vor fi și mai îmbucurătoare și profiturile mai mari, dacă ia în calcul o serie de elemente mărunte, dar cruciale.

Fii pregătit pentru o ripostă și refuzul de a acționa conform sfaturilor tale. Însă dacă îi oferi argumente solide, îți va urma sfatul. După cum bine știm, oamenilor Roșii le place să forțeze limitele, câtă vreme ajung la destinație.

Rapid, dar cumplit de greșit

Așa cum am mai spus, tot ce se întâmplă în viața unui Roșu este urgent. Îți poți da singur seama care sunt riscurile unui asemenea comportament. Poate fi o idee bună să apeși pe accelerație, dar numai când *toată* lumea se află în același tren. În mod normal, Roșii se află tot timpul în fruntea unei echipe și sunt foarte deranjați când ceilalți nu țin pasul.

Un Roșu are nevoie de cineva care să îl convingă să ia pauze din când în când și să-l facă să înțeleagă că nu toți se pot mișca la fel de repede ca el. Nu va fi niciodată capabil să ducă singur un proiect – chiar dacă e convins că poate. Un Roșu are nevoie de o echipă.

Probabil ai auzit de expresia „repede și prost".

Concluzie: Oferă-i exemple concrete prin care să îi arăți că lucrurile făcute repede nu aduc nimic bun. Arată-i riscurile care pot să apară când lucrurile sunt făcute în grabă. Explică-i că ceilalți nu poți ține pasul și arată-i că ar fi ideal ca toată lumea să priceapă despre ce este vorba în proiectul respectiv. Nu renunța. Fă-l să înțeleagă că singur nu poate gestiona totul și obligă-l să aibă răbdare și să îi aștepte și pe ceilalți.

Apoi, nu uita să îi explici cât de util a fost să încetiniți ritmul și cât de mult a profitat de pe urma unei astfel de strategii.

Hai să încercăm câteva lucruri noi și să vedem cum merge

Oare chiar trebuie să facem asta? Roșii nu au nici o problemă în a-și asuma riscuri. Mulți Roșii chiar caută situații riscante, doar de dragul de a o face. De fapt, ceea ce toți ceilalți percep ca fiind riscant, pentru un Roșu e diferit. „Hei, viața e riscantă. Nimeni nu iese viu din ea!"

Cu toate acestea, Roșii au nevoie de cineva care să cântărească avantajele și dezavantajele. Dezavantajele sunt plictisitoare, desigur, prin urmare, un Roșu nu va face altceva decât să le ignore. Câtă vreme răspunsul la eventualele riscuri este în detalii, abordarea ta trebuie să fie asemănătoare cu modul în care discuți despre detalii cu un Roșu.

Concluzie: Roșii evaluează riscurile urmărind datele concrete. Datele concrete sunt ceva pe care se pot baza. Câtă vreme Roșilor nu le place să privească în retrospectivă – fiindcă e inutil și plictisitor – ci să se concentreze pe prezent și pe viitor, poate fi nevoie de un schimb onest de experiențe.

Dă-i exemple de situații care s-au dovedit a fi periculoase. Poate fi vorba despre riscuri în afaceri, despre a schia fără cască, sau despre a-i spune șefului că e un idiot. Arată-i date concrete și cere-i să se gândească de două ori înainte de la lua o decizie cu privire la un proiect nou, fără să fi verificat, în prealabil, toate condițiile.

Ca de obicei, ai dreptate, așa că menține-te ferm pe poziție.

„Nu sunt aici ca să îți fiu prieten. De fapt, nu sunt aici ca să fiu prietenul nimănui"

Întrucât cei mai mulți Roșii nu sunt foarte preocupați de relații, ei sunt deseori criticați pentru că insistă asupra faptului că relațiile trebuie să se construiască în termenii lor, chiar și în viața privată.

Oamenii din jurul Roșilor au deseori sentimentul că sunt striviți de prietenii și de colegii lor. Rareori un Roșu are această intenție; este pur și simplu ceva ce se întâmplă. Nu poți face omletă fără să spargi ouă.

E posibil ca Roșii să nu înțeleagă că ceilalți îi ocolesc pentru că preferă să evite conflictul. Acest lucru înseamnă că Roșii pot rata informații importante. Poți să nu îi inviți la bere vineri seara, dar e mult mai grav să se simtă ignorați când sunt luate decizii importante. În cel mai rău caz, acest lucru îi poate face să creadă că cei din jurul lor le ascund intenționat informații importante.

Concluzie: Roșii trebuie să înțeleagă că drumul spre transparența perfectă coincide cu procesul de adaptare la ceilalți. Se prea poate ca aceste lucruri să nu le fi trecut prin minte; sunt mult mai concentrați pe sine și pe propriile probleme. Însă, dacă își dau seama că nu pot gestiona un proiect singuri, pot să ia o pauză și să se gândească mai mult la cei cu care lucrează.

Roșii pot să asculte și contribuie activ la o discuție când își dau seama că e important ca oamenii să vorbească despre primul dințișor care i-a apărut copilului, despre ultima vacanță sau chiar despre barca pe care visează să o cumpere. Odată ce un Roșu înțelege de ce sunt importante aceste discuții aparent banale, ușa este deschisă. Se prea poate chiar să afli lucruri noi despre el.

Care sunt slăbiciunile tale? Descurcă-te cu ele!

Roșii se înfurie foarte repede. Nu am cum să o spun mai clar. Temperamentul lor este construit asemenea unei bombe cu ceas și le dă dureri de cap tuturor celor din jur. Însă Roșii nu par să înțeleagă acest lucru; pentru ei, urletele sunt o formă de comunicare.

Nimănui nu îi plac hărțuitorii, dar nimeni nu are curajul să o spună. Când un Roșu calcă pe cineva pe bătături, trebuie să îi explici politicos că lucrurile nu pot să funcționeze în felul acesta. Va face pe nevinovatul și-ți va spune că nu înțelege despre ce vorbești. Însă, în sinea lui, se va gândi că, dacă oamenii se tem de el, ceva nu este în regulă.

Concluzie: Trebuie să te confrunți imediat cu comportamentul unui Roșu. Nu e loc de vreo excepție; spune clar și răspicat că nu tolerezi asemenea remarci și motive de ceartă. Cere-i să se poarte ca un adult, iar dacă își pierde controlul, pleacă de lângă el. E important să nu-l lași s-o țină pe-a lui, oricât de mult ar lătra.

Ține minte că aceasta este o tehnică – cearta și ciondănelile – care a funcționat vreme de mulți ani pentru Roșu. E posibil ca în copilărie să fi reușit să obțină ceea ce își dorea numai prin ceartă. Mai mult ca sigur, familia lui s-a confruntat cu un temperament exploziv încă din primii ani ai copilăriei. Și poți să bagi mâna în foc că a cedat doar când nu mai avea de ales. Foarte puțini sunt cei care s-au confruntat cu el, ceea ce înseamnă că dacă i s-a cerut să păstreze un ton calm, acest lucru nu l-a făcut decât să se răstească și mai mult. Ceea ce detestă cel mai mult un Roșu este să i se spună că trebuie să vorbească mai încet.

Adaptarea la comportamentul Galben
Ce așteaptă un Galben de la tine?
„Nu-i așa că e plăcut să fim aici, împreună?"

În esență, Galbenilor nu le este frică de conflicte. Dacă ceva nu merge cum trebuie, nu au nici o problemă în a se rățoi, dar, în măsura posibilului, Galbenii preferă o ambianță caldă și plăcută. Galbenii se simt cel mai bine ori de câte ori cineva este prietenos cu ei și răsare soarele.

Totuși, un Galben poate fi foarte sensibil la starea de spirit a celorlalți și nu este deloc mulțumit când în grupul său există oameni cu moralul la pământ, tot timpul puși pe ceartă.

Concluzie: Un Galben funcționează cel mai bine când este fericit și bucuros. Creativitatea lui atinge cote maxime și emană numai energie pozitivă. Ar trebui să te străduiești să creezi o ambianță prietenoasă și caldă în jurul lui.

Zâmbește mult, distrează-te și râzi. Ascultă glumele lui, râzi la remarcile infantile pe care le face și întreține atmosfera veselă pe care o creează.

Dacă te comporți astfel, îl vei face să se simtă mai bine și să te asculte mai mult, ceea ce este întotdeauna un lucru bun. Un Galben prost dispus nu e ceva ce îți dorești lângă tine.

„Am rugat pe cineva să rezolve o mică problemă, dar nu îmi mai amintesc pe cine..."

Ca să fiu sincer, este destul de greu să menții viu interesul unui Galben. Există multe lucruri care îi plictisesc pe Galbeni, fie ei colegi de muncă, clienți, prieteni sau chiar vecini. O metodă infailibilă de a-i plictisi pe Galbeni este să aduci în discuție detalii nesemnificative.

Nu face asta. Un Galben nu poate să gestioneze detaliile, se plictisește numaidecât. Nu numai că va uita despre ce e vorba, dar se va și gândi la faptul că nu are nevoie de detaliile respective. Tăria lui constă în generalități. Îi poți cere unui Galben să-ți vorbească despre viziunea lui pe zece ani, dar nu îl întreba cum are de gând să o pună în aplicare.

Concluzie: Dacă vrei să îi atragi atenția unui Galben, trebuie să renunți, pe cât posibil, la detalii. Trebuie să pui tot timpul întrebările corecte. E în regulă să știi să instalezi ultimul sistem audio surround, dar nu îi cere unui Galben să te ajute. Nu e pentru el. El vrea doar să asculte muzică.

E ca în cazul Roșilor, dacă nu mai rău. Galbenii nu au răbdare cu lucrurile care nu funcționează. Ține minte că nu le pasă cum funcționează, ci doar că funcționează. Așa că, lasă deoparte manualul cu instrucțiuni, nici măcar nu o să îl răsfoiască.

„Urmează-ți instinctul, funcționează întotdeauna"
Dacă aș fi primit câte un dolar ori de câte ori un Galben mi-a explicat că a luat o decizie bazată pe instinct, aș putea avea un apartament la Ritz. Există un studiu care arată că unii oameni iau decizii mai bune când acționează din instinct. Orice ai face, nu-i spune nimic despre asta prietenului tău Galben, pentru că ți-l va reaminti de fiecare dată când va avea ocazia.

Un Galben trebuie să simtă că decizia este corectă și că poate merge până acolo unde va putea respinge datele concrete care îi arată că decizia lui este incorectă. Nu mă înțelege greșit: un Galben înțelege perfect că unii oameni se uită la faptele concrete, și asta este foarte important. Nu e prost. Nu e vorba că nu e interesat, el, pur și simplu, își dorește să se simtă în felul acesta.

Vrei să îl faci pe un Galben să ia o decizie? Încearcă să dai la o parte fișierul Excel, să te apleci spre el și să îl întrebi zâmbind: „cum ți se pare?"

Va ști la ce te referi și vei primi un răspuns.

Concluzie: Acceptă că un Galben simte lucrurile astfel. Are o toleranță ridicată la incertitudine și nu se teme de riscuri. Adaptează-te la problema asta. Poți ajunge la el arătându-i că și tu îți urmezi instinctul. Nu contează cât de greșit ți se pare, doar așa vei ajunge la inima unui Galben. Se va recunoaște în tine și veți deveni cei mai bun prieteni. Iar soarele va străluci deasupra voastră.

„Această mașină este un model nou? Nu a fost testată niciodată? Nu a mai încercat-o nimeni, niciodată? Perfect!"
Dacă un Roșu pune accentul pe viteză, un Galben se concentrează pe noutate. „Nou" este sinonim cu „bun". Orice Galben știe asta. Și de ce ar fi altfel? Fără creativitate și noi invenții, progresul nu ar mai fi posibil, nu?

Tuturor ne place puțină entuziasm în viața de zi cu zi. Diferența constă în modul în care înțelegem acest entuziasm. În cazul unui Galben, „nou" înseamnă „entuziasmant". Galbenii sunt așa-zișii „adoptatori precoce", sunt primii care încearcă lucruri noi. Sunt preocupați de ultima modă în vestimentație și știu tot timpul care este cel mai neobișnuit model de mașină și cine o conduce. Cine are ultimul model de telefon și care este noul restaurant care va face senzație în următoarele luni.

Cum reușește un Galben să țină pasul cu aceste lucruri? Nu mă întreba. Probabil că își dedică timp acestor descoperiri noi și interesante. Însă sunt și primii care implementează metode și concepte noi, dar și strategii de vânzare de bunuri și servicii. E foarte amuzant.

Concluzie: Oferă-i posibilitatea unui Galben să se dedice celor mai noi activități. Va adora să facă asta. Dacă vrei să îi vinzi ceva unui Galben, folosește expresii de tipul „ultimul răcnet", „cea mai nouă invenție" sau „nu s-a mai folosit niciodată așa ceva". Potențialul tău client va fi convins instantaneu.

„Nu a mai încercat nimeni acest lucru? Eu voi fi primul!"

Unui Galben îi va plăcea de tine pentru că ești atât de interesant și explicit. Echipează-te cu multă energie, pentru că poate fi o provocare să ții pasul, dar un Galben te va adora. Totuși, fii pregătit să te înlocuiască repede, mai ales dacă descoperă pe altul mult mai în temă cu noutățile decât ești tu.

„Pari o persoană interesantă. Vrei să știi cine sunt?"

Am stabilit anterior că Galbenilor le plac oamenii. Ei funcționează cel mai bine când se află în compania celorlalți. Desigur, Galbenilor nu le plac toți cei pe care îi întâlnesc, dar le acordă tuturor o șansă de a se face plăcuți.

Trebuie să îi arăți unui Galben că ești la fel de deschis și de prietenos ca el. Dacă ești prea închis și secretos, va simți că este în plus. De ce nu i-ai răspuns când ți-a vorbit? De ce nu ai râs la povestea amuzantă cu cățelul lui? De ce nu știe nimic despre tine? Care sunt visele tale? Lipsa unei legături profunde poate duce la incertitudini în mintea unui Galben, iar relația voastră nu se va dezvolta în linii pozitive. Dacă ești Roșu sau Albastru, trebuie să te gândești atent la modul în care vei face ca lucrurile să funcționeze. Asta dacă vrei, desigur.

Concluzie: Fii abordabil și demonstrează că ești tot timpul disponibil. Zâmbește mult și asigură-te că ai un limbaj corporal deschis. Când un Galben te întreabă unde ți-ai petrecut copilăria, nu îi răspunde, pur și simplu, că ai crescut în New York.

Spune-i că ai crescut în Chelsea și că îți plăcea să alergi pe High Line și că un hoț de buzunare ți-a furat la un moment dat portofelul pe 5th Avenue. Poți să îi mai spui și că ți-ai întâlnit iubirea la un restaurant, când aceasta a răsturnat din greșeală pe pantalonii tăi o farfurie de cartofi prăjiți. Poate ți se pare că aceste detalii sunt inutile, însă Galbenii sunt persoane foarte interesate de cei din jurul lor.

Desigur, vei afla și tu în curând o mulțime lucruri despre el, pentru că îți va împărtăși singur detalii personale, fără chiar să i le ceri. Totuși, asigură-te că pari curios și interesat.

Și nu uita că Galbenilor le place să se simtă flatați.

Cum să te comporți atunci când întâlnești un Galben

Pentru a menține un Galben într-o bună dispoziție, va trebui să îl flatezi constant. Însă, îți vei da seama repede cam care e problema cu el. Galbenii nu fac prea multă treabă. Am studiat un grup de Galbeni care trebuia să rezolve o problemă. Vorbeau cu toții în același timp și se distrau, iar dacă îi întrebai cum merg lucrurile îți spuneau că totul e „Fantastic!" Dar, de fapt, nu avansaseră deloc. Pentru a obține randament din partea Galbenilor, nu este suficient să le asiguri o ambianță plăcută. Odată ce ai ajuns pe frecvența lor, trebuie să faci următoarele lucruri:

Învață diferența dintre acele momente în care un Galben se face că ascultă și cele în care ascultă cu adevărat

Voi fi sincer: Galbenii sunt cei mai proști ascultători. Dar nu vor recunoaște niciodată acest lucru. Însăși expresia „proști ascultători" este foarte explicită – iar Galbenii fac tot ce le stă în putință pentru a evita negativitatea. Ba chiar majoritatea Galbenilor se consideră buni ascultători. Cine știe de unde le-a venit ideea asta... Pentru că, pur și simplu, nu este adevărată. Desigur, există Galbeni care ascultă – când e în interesul lor să o facă. Sau când au obținut deja ceea ce voiau de la o conversație. Însă, de cele mai multe ori, e mai bine să nu îți bați capul.

Galbenii nu vor să asculte, ei vor să vorbească. Pur și simplu, ei trăiesc cu impresia că se pot exprima mai bine decât oricine. Problema este că ignoră tot ceea ce spun ceilalți.

Concluzie: Când ai de-a face cu Galbeni, există o serie de lucruri pe care trebuie să le faci. Nu contează că vorbești despre vacanța de vară sau despre un proiect în curs – ai nevoie de un plan de acțiune. Trebuie să te pregătești cu mare atenție. Trebuie să știi care este mesajul tău și ce răspuns aștepți de la ei. Trebuie să îl convingi pe Galben să răspundă concret la întrebările tale și să îl auzi că îți spune: „Da, voi fi acolo așa cum ți-am promis" sau „Desigur că îl voi înștiința pe client, exact așa cum am convenit".

Dar, există un „DAR" foarte mare, ai grijă să urmărești îndeaproape procesul (mai ales dacă este important), pentru că Galbenul nu și-a notat nimic. Asta dacă nu cumva l-ai convins să își noteze în calendar. Ar fi cea mai bună cale. Însă, în orice alt context, ar trebui să te aștepți că ceea ce ai spus i-a intrat pe ureche și i-a ieșit pe cealaltă.

Învață cum să răspunzi la replica „Nici o problemă, nu va dura mult!"

Galbenii sunt foarte optimiști în ceea ce privește timpul. Desigur, poți termina repede treaba, dar nu la fel de repede pe cât gândește un Galben. Acest lucru are legătură cu faptul că nu știu să își planifice sau să își structureze viața. Eu însumi am lucrat cu oameni care credeau sincer că pot gestiona opt întruniri pe zi, că nu ai nevoie decât de două zile pentru a renova o bucătărie și că este posibil să traversezi Manhattanul la picior, în doar douăzeci de minute.

Acestea sunt manifestările tipice ale optimismului de tip Galben. Problema este evidentă. Este imposibil să duci la bun sfârșit tot ceea ce își dorește un Galben, în special, pentru că nu știe cât de mult durează. Și chiar dacă întreabă pe cineva cât durează, nu ascultă ce îi spune persoana respectivă, pentru că ceea ce spune este greșit. Până la urmă, un Galben știe mai bine decât oricine.

Cealaltă problemă este legată de faptul că Galbenii încep cu greu o activitate. Știi pe cineva care și-a luat o zi liberă să vopsească baia, iar la trei după-amiaza încă nu a deschis cutia cu vopsea? „Voi face asta, apoi ailaltă, apoi voi ieși puțin, apoi..." Uneori mă întreb dacă oamenii care programează metrourile sunt cu toții Galbeni. Nu e nimic pervers în acest comportament, ci doar o incapacitate totală de a avea un simț realist al timpului. Și credința sinceră că această comoditate este inepuizabilă.

Îmi amintesc o cină cu mai mulți prieteni Galbeni. Restaurantul respectiv avea o politică de rezervare, ce presupunea acoperirea a 90 de minute. Mai exact, dacă întârziai 20 de minute, nu ar mai fi fost timp pentru antreuri sau desert, fiindcă bucătăria nu ar fi putut gestiona comenzile la timp. Eu și iubita mea am ajuns cu un sfert de oră mai devreme – amândoi avem ceva trăsături Albastre în comportament. Ne-am așezat la masă și i-am așteptat pe ceilalți. Trei sferturi de oră mai târziu (cu 25 de minute întârziere față de ora stabilită) și-au făcut și ei apariția, foarte veseli, glumind pe seama faptului că nici nu își dăduseră seama când trecuse timpul. Am reușit să comandăm felul principal, am mâncat, apoi am plătit repede, înainte ca rezervarea să expire. Cu adevărat ciudat a fost faptul că atunci când am vorbit despre acest incident, ei au fost convinși că nu întârziaseră decât câteva minute. Uitaseră complet că pierduseră aproape jumătate din cină.

Concluzie: Coordonează-ți corespunzător ședințele când ai de-a face cu un Galben. Trebuie să îți sincronizezi ceasul cu al lui. Explică-i clar că avionul decolează la ora 8 și că, dacă nu ajunge la timp, îl va pierde. Spune-i așa: dacă nu e în mașină, în fața casei tale, cu două ore înainte să decoleze avionul, vei face un infarct. Spune-i acelui Galben că te va deranja foarte tare întârzierea lui și că prietenia voastră va avea de suferit dacă are să continue în același fel.

Dacă cina trebuie să aibă loc la ora 7 seara, invită-ți prietenii la ora 7, dar cere-le Galbenilor să vină la 6 și jumătate. Oricum vor ajunge ultimii și vor găsi fel de fel de scuze. Pregătește-te pentru povești de tot felul. Dar ține minte și că Galbenii nu recunosc că sunt în afara timpului. Ei insistă să susțină că sunt foarte atenți la ceas, însă tot timpul se întâmplă ceva pe drum...

Obișnuiește-te să ai impresia că „a explodat o grenadă de mână aici"

Cele mai dezordonate birouri pe care le-am văzut vreodată sunt birourile Galbenilor. Monitoare de calculator cu atâtea post-it-uri încât abia dacă mai vezi ceva pe ecran. Cele mai dezordonate garaje și cele mai aglomerate debarale le aparțin tot Galbenilor. Însă asta este doar ceea ce se vede la suprafață. Cere-i unui Galben să îți arate agenda lui sau geanta de mână. Să nu mai vorbim de dulapul lui. Și astea sunt doar exemple concrete, palpabile.

Galbenul uită de ședințe sau le modifică data. Lucrurile dispar. Mașinile sunt rătăcite prin parcări. Cheile nu sunt niciodată de găsit. Mai mult decât atât, mulți Galbeni nu au nici măcar capacitatea de a-și organiza o singură zi. Se pot duce la supermarket de cinci ori, pentru că nu își notează ce trebuie să cumpere. Acest lucru se întâmplă pentru că nu știu de ce au nevoie până să ajungă acolo sau pentru că au certitudinea că își vor aminti toate cele nouăsprezece lucruri pe care trebuie să le cumpere. (Galbenii au o viziune exagerată asupra propriei capacități de memorare. Le spun celorlalți că au cea mai bună memorie din lume.)

Concluzie: Dacă vrei să ajuți un Galben să își organizeze viața, asigură-te că, înainte de orice, reușește să o structureze cât de cât. Poți începe prin a face o listă. Dacă mergi cu el la cumpărături, notează-ți tot ce trebuie. Amicul tău va uita sigur jumătate din lucrurile pe care trebuie să le cumpere.

Creează o schemă pentru el. Galbenii sunt cei care au cea mai mare nevoie de structură, sub formă de diagrame și liste de verificare. Paradoxal, Galbenii urăsc aceste instrumente. Nu le place să fie introduși într-un sistem pe care nu ei l-au ales. Fii diplomat când vorbești cu un Galben. Dacă insiști prea tare, e posibil să îl enervezi: „Ce-i cu toată tevatura asta, de vrei să organizezi totul? Trăim într-un stat fascist sau care e problema?"

Ține minte că cel mai important lucru pentru Galbeni este să arate bine. Tot timpul.

„Eu, eu, eu." Galbenii au un ego foarte puternic, la fel ca și Roșii, nu e nici o urmă de îndoială. Le place să primească atenție și se aruncă în miezul lucrurilor mai repede decât oricine. Sunt foarte mulțumiți de ei când se află în toiul acțiunii. Prietenul tău cel Galben este ca o rază de soare, vorbește mai tare și mai repede decât ceilalți și luminează o încăpere doar prin personalitatea lui.

„Pune reflectorul pe mine. Vreau să fiu văzut, auzit și plăcut."
Totuși, acest lucru înseamnă că nimeni altcineva nu mai are loc de ei. Multe conversații se termină cu un monolog cu privire la părerea și la experiența lor. Nu contează subiectul – războaiele, dietele, mașinile, managementul, grădinăritul etc. – un Galben se va pune tot timpul pe sine în centrul atenției. Iar dacă nu are nici o poveste de spus, va inventa una, fără îndoială.

Gândurile lor încep cu „eu". „Eu vreau", „eu gândesc", „eu pot", „eu știu", „eu voi..." E normal să vorbească așa. Galbenilor le plac ceilalți oameni, dar există ceva ce le place și mai mult: ei înșiși.

Concluzie: Galbenii trebuie să înțeleagă că există alți oameni în echipa lor care lucrează la același proiect cu ei. Nu trebuie să lași un Galben să consume tot oxigenul. Trebuie să audă – de la cineva care are curaj și este clar – că trebuie să le dea voie și celorlalți să vorbească, indiferent de subiectul discuției.

Este imposibil să le explici acest lucru în mijlocul unei conversații, la care sunt și ceilalți prezenți. Nu ai nimic de câștigat. Galbenii se pot simți foarte jigniți. Acest tip de feedback trebuie oferit discret, într-un mod pozitiv. Depinde puțin de cât de Galbenă este persoana în chestiune, așa că ai nevoie de un plan.

Fii pregătit pentru un lucru: puteți deveni dușmani în cadrul acestui proces. Îți asumi, fără îndoială, un risc. Nu e foarte flatant să ți se spună că ești egoist și preocupat doar de tine. Galbenii vor înțelege asta, căci nu sunt proști. Însă se vor gândi că evaluarea ta este una greșită. Așa că ai mult de lucru cu ei. Sau ai posibilitatea de a-ți schimba prietenii.

Înfruntă-i pe Galbeni: „Vorba lungă – sărăcia omului"

Aș vrea să fiu direct, ca să evit orice confuzie: Galbenii vorbesc mai mult decât lucrează. Au o înclinație spre a vorbi despre ceea ce trebuie să facă, fără să facă, de fapt, nimic... Cine cunoaște un Galben autentic, știe exact la ce mă refer.

Da, sunt mulți oameni care nu reușesc să fie motivați la muncă, mai ales când vine vorba de sarcini plictisitoare. Cu toate acestea, Galbenii găsesc că este greu să pornească la drum, mai ales când au de-a face cu activități care nu îi satisfac. Poate fi vorba despre a-i telefona unui client nemulțumit sau despre o vizită la farmacie. Dacă este vorba despre o activitate plictisitoare și care nu-i inspiră nimic, fii sigur că Galbenul se va da în lături. Scuzele pe care le găsește pot fi numeroase și pline de imaginație.

Întrucât perspectiva pe care o are un Galben asupra timpului se bazează pe viitor, acesta petrece mai mult vorbind despre ce va face, în loc să-și consume energia pentru a ajunge cu adevărat la destinație. Rar au fost întocmite atâtea planuri nechibzuite sau atâtea obiective nebunești cum au făcut-o Galbenii. Pentru că gândesc cu voce tare, oamenii din jurul loc cred că aceste fantezii chiar se vor întâmpla: „Uau, sună fantastic!"

Concluzie: Pentru a-l ajuta pe prietenul tău cel Galben, trebuie să te asiguri că face primul pas, mai exact, că ia cazmaua și începe să sape. Forțează-l, dar nu în mod agresiv, ci cu multă grijă. Poartă-te cu el ca și cum ai avea de-a face cu un copil. Fii blând cu el, însă, fii foarte clar în cerințele tale. Dacă observă că vrei să devii supraveghetorul lui, lucrurile pot să se complice. Galbenii urăsc să se simtă controlați. Au nevoie de ajutor pentru a se urni, dar asta nu înseamnă că le place. Sunt suflete libere și nu ascultă de nimeni.

Așa că trebuie să fii diplomat. Explică-i cu calm și tact importanța sarcinilor sale, acum că a înțeles ce are de făcut. Acordă-ți timp să îi explici că lumea îl va plăcea și mai mult dacă duce la bun sfârșit proiectul. Va fi mai apreciat ca niciodată.

Sună simplu? Chiar *este* simplu. Nu trebuie decât să accepți că merită efortul de a „gâdila" egoul unei persoane, într-un mod atât de evident. Însă te asigur că va funcționa.

Ține minte că Galbenii observă că îți merge gura, dar nu aud nimic din ce spui

Această sugestie ar putea fi subtitlul unui capitol despre oamenii care nu știu să asculte, fiindcă toate aceste elemente sunt conectate între ele. Cu toții facem greșeli, nimeni nu este perfect. Acest lucru este evident pentru toți, inclusiv pentru Galbeni. Într-o discuție ipotetică, Galbenii pot și ei să cadă de acord că toată lumea este perfectibilă. Ba chiar pot admite că nu există oameni perfecți. Problemele apar când încercăm să facem un Galben să înțeleagă că *trebuie* să se îmbunătățească. Acest lucru creează conflict, mai ales dacă o asemenea critică este exprimată public.

Galbenii găsesc că este dificil să gestioneze criticile. Nu le plac criticile pentru că îi pun într-o lumină negativă. Imaginează-ți! S-a găsit cineva căruia să nu îi placă ceea fac ei și și nici ceea ce spun! Eu însumi am stat de vorbă cu Galbeni pentru a le oferi un feedback personalizat cu privire la profilurile lor. Totul a mers bine, până când am ajuns la secțiunea „îmbunătățirilor", altfel spus, a slăbiciunilor.

Chiar dacă te înțelegi bine cu ei, simți cum aerul din încăpere se răcește. Zidurile de apărare se construiesc înainte să apuci să spui „conștiință de sine deficitară". În profunzime, un Galben știe că are slăbiciuni, însă nu își va dori să vorbească despre ele.

Concluzie: Dacă vrei să ajungi la un Galben furnizându-i un feedback negativ, trebuie să fii perseverent. Creează o atmosferă prietenoasă în încăpere și găsește tonul potrivit, pentru ca sugestiile pe care i le dai să aibă efectul scontat.

Poți da cu pumnul în pasă, pentru a-l trezi un pic și pentru a-i spune adevărul în față, dar nu îți recomand să procedezi astfel. Mai bine lucrezi minuțios și repeți același feedback până te faci înțeles.

Claritatea este cheia. Asigură-te că ești extrem de bine pregătit și că datele de care dispui te ajută să îți susții argumentele. Galbenii sunt manipulatori inteligenți. Dacă un Galben simte că nu ești serios în critica pe care i-o aduci, te va păcăli că te ascultă. E multă vrăjeală în comportamentul lui. Ai grijă să nu fii prins în mreje.

Obține răspunsuri reale la întrebările tale și asigură-te că a înțeles mesajul. Insistă să noteze ceea ce i-ai spus și cere-i să-ți repete ideile principale din feedbackul pe care i l-ai dat.

Cu toate acestea, trebuie să ai și un plan de acțiune. Însă îl poți aplica la următoarea întâlnire. Până acum, ai ajuns suficient de departe cu un Galben. Dacă vei continua nu vei face decât să te epuizezi inutil.

Încă un lucru: acest comportament nu se manifestă în cazul unui feedback pozitiv. Interlocutorul tău cel Galben te va urma mai repede decât ți-ai putea imagina.

Adaptarea la comportamentul Verde

Ce așteaptă un Verde de la tine?

„Totul trebuie să fie în regulă... în caz contrar, un Verde nu se simte bine"

Siguranța este foarte importantă pentru un Verde. Un Verde își face griji în legătură cu tot ce se întâmplă. Nu îi place nesiguranța și preferă să facă față problemelor acoperindu-și ochii. Dacă nu vezi o problemă, înseamnă că nu este acolo. Nu vrea să fie într-un loc unde lucrurile sunt nesigure. Caută stabilitatea și nu ia în calcul ideea de a face pariuri nebunești.

Poate că te gândești că lumea este un loc periculos în care să trăiești. Există un număr infinit de pericole. Totul poate să se distrugă. Relațiile cu ceilalți pot fi afectate, mă pot îmbolnăvi, pot să îmi pierd soția, sau chiar copiii mei pot crede că sunt un idiot. Pot să îmi pierd slujba, pentru că șeful meu e de aceeași părere cu cea a copiilor mei. Există riscul să mă cert cu prietenii. În drum spre serviciu, aș putea face un accident de mașină. Oricine poate să moară înecat cu un os de pește.

Toate aceste scenarii fac viața înfiorătoare. Orice se poate întâmpla. Mulți Verzi pe care i-am întâlnit de-a lungul carierei mi-au spus că aceste pericole îi paralizează. Sunt copleșiți de gânduri negative și sunt incapabili să acționeze. Și, întrucât nu sunt motivați să iasă în lume, Verzilor le este mult mai ușor să rămână acasă. Acasă, la căldurică, în fața focului.

Nu Verzii sunt cei care și-au părăsit domiciliul pentru a emigra în America. Ei nici măcar nu ajung la vapor, căci, cine știe ce se poate întâmpla pe drum? Iar, dacă supraviețuiești călătoriei, cine știe ce te așteaptă când ajungi acolo? Se prea poate ca poveștile despre oamenii care au cunoscut succesul în America să fie doar minciuni. Și dacă obții o slujbă și îți cumperi o casă, cine știe dacă vei fi fericit? Imaginează-ți că vei și mai nefericit decât erai acasă! Știi foarte bine ce ai în viață, dar nu știi ce poți obține.

Concluzie: Acceptă că un Verde nu gândește ca tine. Acceptă că este condus de frică la fel cum este condus de orice altceva. Arată-i că ești pregătit să asculți cauzele care îl fac să fie anxios. Nu-i spune lucruri de tipul „Nu are de ce să îți fie frică". Nu funcționează, pentru că frica în sine este reală pentru un Galben. Și nici nu e adevărat. Există multe lucruri care îți provoacă teamă. Cu toții avem lucruri care ne fac anxioși, însă Verzii au mai multe frici decât ceilalți.

În schimb, ajută-ți prietenul cel Verde să-și înfrunte frica de necunoscut. Încurajează-l să se confrunte cu lucrurile care îi provoacă teamă, pentru a putea merge mai departe. Așa cum am învățat să înotăm, în copilărie, în ciuda faptului că apa ni se părea rece și periculoasă; trebuie să începi cu pași mici.

Când un Verde îți spune că iarba *pare* mai verde în curtea vecinului, trage aer în piept și nu reacționa.

Nu s-a întâmplat nimic. De două ori.

Sunt sigur că îți amintești când spuneam că Verzii sunt persoane foarte pasive. Pentru ei, nimic nu e prea important. A fi proactiv și hotărât și a avea un stil de viață activ este sinonim cu perturbarea liniștii. Iar Verdelui nu-i place asta. Pe el nu îl încântă noutățile.

Verzii se simt mai bine când nu trebuie să fie activi. Ajung acasă vinerea, atât de obosiți după o săptămână în care au încercat să facă cât mai puține lucruri, încât tot ce își doresc este să se odihnească. Am întâlnit Verzi care au pierdut mai multă energie încercând să se sustragă de la anumite lucruri, decât dacă ar fi făcut lucrurile respective.

Consecințele sunt evidente pentru cei din jurul lor. Nu le plac sfârșiturile de săptămână pline. Vizita la soacră, organizarea unui picnic, mersul cu copilul la meciul de fotbal, curățarea garajului, cinele cu vecinii – toate acestea devin poveri pentru Verde și, de cele mai multe ori, nimic nu este dus la bun sfârșit. Un Verde reușește să se ascundă de radar și dispare complet. Are nevoie de pace și de liniște pentru a face ce știe să facă mai bine. Pacea și liniștea îl ajută să se simtă mulțumit și în siguranță.

Concluzie: Este important să respecți acest lucru. Trebuie să ne punem cu toții în pielea celorlalți, ca să ne dăm seama cât de stresant este pentru ei să fie tot timpul în mișcare. În societatea actuală, nu este posibil să eviți nebunia și numeroasele activități. Înseamnă că un Verde autentic simte deseori că ceea ce face este greșit. Aude că alții și-au petrecut weekendurile distrându-se sau că au finalizat proiect după proiect. Cu toate acestea, pentru el, asemenea activități sunt epuizante.

Soluția este să-i dai voie unui Verde să se bucure de momentele lui de liniște și de inactivitate. Verdele trebuie să funcționeze în acest fel. Desigur, acest lucru nu înseamnă că sunt niște leneși care nu fac nimic, însă Verzii au nevoie de foarte mult timp în care să nu facă... nimic.

„De ce să ieșim? Cred că am să spun pas de data asta..."

Stabilitatea și previziunea sunt elemente-cheie pentru Verzi. Iar dacă te gândești puțin, totul este foarte logic – e bine să știm ce se va întâmpla. Cu toții avem o formă de a ne controla dependențele. Vrem, pur și simplu, să știm. Însă, în cazul Verzilor, această dependență se manifestă foarte puternic. Când Roșii întreabă „ce?", Galbenii se întreabă „cine?" Când Albaștrii întreabă „de ce?", Verzii vor să știe „cum?"

Un Verde trebuie să știe tot timpul care este planul de acțiune. Ce se va întâmpla? Când anume se va întâmpla? La ce trebuie să se aștepte?

Observă cum funcționează acasă la el. Cine se așază tot timpul pe același loc la masa de prânz? Știu că cei mai mulți dintre noi suntem creaturi ale obișnuinței, dar dacă îi furi locul unui Verde, îi vei zdruncina profund existența și nu va mai fi în stare nici măcar să mănânce.

Cu toate acestea, nevoia de previziune a Verzilor poate merge chiar mai departe... Are de-a face cu tot ceea ce ține de schimbare. În societatea de astăzi, singurul lucru permanent este mișcarea. Nimic nu este suficient de predictibil; totul se învârte în jurul propriei axe și se prezintă în noi forme și modele. Toate aceste elemente sunt foarte stresante pentru Verzi.

Concluzie: Întrucât un Verde nu face nimic pe cont propriu, tot greul va cădea în sarcina ta, în ceea ce privește planificarea, de exemplu. Dar poate că este bine să fie așa. Îi putem ajuta pe Verzi să scape de o povară, explicându-le fiecare etapă din plan. În loc să îi spui că îi inviți pe John și Mary la cină în weekend, mai bine le spui că vei organiza o cină cu trei feluri de mâncare: antreuri, fel principal și desert. Îi explici că te vei ocupa de felul principal, lui rămânându-i doar să prepare desertul, conform rețetei pe care i-o pui la dispoziție. Trebuie să îi explici foarte clar cine și ce are de făcut. Cine cumpără vinul, cine cumpără florile etc. Trebuie chiar să îi spui când anume să facă cumpărăturile. Și, cine știe, poate e nevoie să îi notezi adresa exactă a florăriei și să-i faci lista cu instrucțiuni referitor la ce flori să cumpere.

Ți se pare exagerat? Nici vorbă. Ține minte, Verzii nu sunt campioni la inițiative. Gândește-te la familia ta ca la o companie – nu toți fac același lucru, pentru că fiecare se pricepe la ceva anume. Dacă ești mai bun la adoptat inițiative, atunci fă-o. Dar asigură-te că Verdele tău e în aceeași barcă cu tine. În caz contrar, există riscul să fugă pe ușă.

Cum să te comporți când întâlnești un Verde

În regulă, de acum știi cum le place prietenilor tăi Verzi să fie tratați. Rezultatul va fi o relație de prietenie calmă, care va dura de-a lungul anilor. Simpatic, nu? Dar nu poți să te oprești aici, căci, dacă ești tu însuți un Verde autentic, vei dori să mai faci una, alta, din când în când. Prin urmare, îți vor trebui niște strategii utile, care să îți permită să îi dai un imbold prietenului tău cel iubitor de stabilitate.

„De ce trebuie să fie totul obligatoriu? Mă duc să dorm."

Am mai spus și anterior, însă e nevoie să mai consumăm niște cerneală ca să clarificăm această problemă. Verzilor nu le place vânzoleala. Bat în retragere când se iscă o discuție sau când te încrunți într-un moment potrivit. Pentru Verde, orice detaliu poate fi semnalul unui posibil conflict, ceea ce îl face să se simtă nelalocul lui. Verzii se închid în sine și devin tăcuți și pasivi.

Cu mulți ani în urmă, am susținut o conferință despre comportamentul pe care trebuie să îl avem în timpul proceselor de vânzare, ba chiar am consiliat o serie de agenți, ajutându-i să își sporească eficiența. Unul dintre ei se juca în mod constant pe telefon. I-am cerut frumos și cu multă delicatețe să trimită mesajele în timpul pauzei, moment în care a rămas încremenit și a încetat să mai vorbească. Nu a mai răspuns întrebărilor și nu a mai luat parte la nici o discuție. Nici măcar nu a mai ridicat pixul de pe foaie, pe toată durata conferinței. M-a privit fix, iar când l-am întrebat care era problema, a ridicat din umeri.

La finalul conferinței, am primit, din partea lui, cea mai proastă evaluare din toată cariera mea. Deși conferința a durat cinci zile, acea zi avea să fie decisivă pentru respectivul Verde. Nu întâlnise niciodată un asemenea comportament la un consultant. S-a simțit de parcă i-aș fi împlântat un cuțit în spate. În mod evident, această reacție era complet irațională, mai ales că stabiliserăm cu toții că folosirea telefoanelor este interzisă pe durata sesiunilor de lucru. Dar nu avea importanță – acest individ chiar credea că greșisem față de el și mă pedepsea cum știa el mai bine: prin pasivitate. I-am telefonat ceva mai târziu și am încercat să îl liniștesc. În cele din urmă, a recunoscut că avusese un comportament infantil și și-a cerut scuze.

Concluzie: Dacă ai de făcut un comentariu la adresa unui Verde, ai grijă cum îl prezinți. De exemplu, dacă respectivul comentariu este, de fapt, o critică pe care i-o aduci, nu este recomandat să o faci în public. Asigură-te că persoana cu care vorbești înțelege că nu e nimic personal, însă că ești de părere că atât ea cât și grupul (echipa de lucru sau de fotbal, familia, asociația) funcționează mai bine dacă intervin niște schimbări. Nu îl întreba ce ar putea schimba la comportamentul lui, cere-i, în schimb, lucruri precise. Poate că știe ce are de făcut, dar, ca de obicei, nu el va conduce conversația, este mai bine să o faci tu.

„Era mai bine înainte. Mult mai bine."

Când mă gândesc la schimbare, unul dintre exercițiile mele preferate este acela de a întreba pe toată lumea din grup cui îi este frică de schimbare. Ocazional, există o persoană care se ridică, dar, de cele mai multe ori, nu o face nimeni.

De ce? Pentru că înțelegem cu toții că schimbarea este inevitabilă și necesară, mai ales când ne dorim să fim în consens cu lumea. Unii oameni pot recunoaște că se tem de schimbare, însă această observație este doar una în plan intelectual. Așa că stăm toți cuminți la locurile noastre și ne prefacem că nu există printre noi oameni rezistenți la schimbare. În plus, nimeni nu se ridică să spună că se teme de schimbare.

Cea de-a doua întrebare pe care o pun este următoarea: „Cine crede că o persoană din grup se teme de schimbare?" Brusc, toată lumea se ridică în picioare și toți privesc în jur, amuzați. Așadar, cui nu îi place schimbarea? Răspuns: „Tuturor celorlalți. Și pentru că toți ceilalți sunt problema, eu nu trebuie să fac nimic."

Această problemă este larg răspândită. Majoritatea oamenilor au Verde ca trăsătură dominată. Acesta este și motivul pentru care nu putem accepta schimbarea cu brațele deschise. Tot ce este nou este periculos și, prin urmare, trebuie descurajat.

Schimbarea rapidă este cea mai greu de acceptat. Cu cât mai repede, cu atât mai grav. Prin urmare, cu cât societatea evoluează mai repede, cu atât mai disperați devin cei care se tem de schimbare. Acest lucru se poate observa în toate rapoartele. Galbenii și Roșii susțin schimbarea, iar Verzii și Albaștrii (care sunt cei mai numeroși), încearcă să țină pasul. Iar stresul nu face decât să crească.

Concluzie: Dacă îți dorești ca un Verde să accepte schimbarea, trebuie să te înarmezi cu multă răbdare. Deconstruiește procesul schimbării în părțile componente, pune-ți la dispoziție câteva săptămâni în care să îl convingi, câștigă-i încrederea și descrie-i fiecare pas. Trebuie să descrii procesul în detaliu și, câtă vreme nu ia nimeni notițe, va trebui să repeți iar și iar aceleași informații, până când mesajul ajunge la destinatar.

Grupul trebuie să aibă ocazia de a-și descoperi calea spre singura soluție – schimbarea. Odată apărut acest sentiment, te vei simți în siguranță. Dar drumul este lung și anevoios. Trebuie să știi exact încotro te îndrepți și trebuie să îți amintești constant de ce treci prin atâtea probleme. Dacă ești Roșu, îți vei petrece zilele încercând să îți impui punctul de vedere, dar îndrăznesc să îți spun că e posibil să fie nevoie să lichidezi compania, dacă te comporți astfel. I-ai scuti pe foarte mulți de suferință.

Cineva trebuie să preia cârma, în caz contrar, ne vom scufunda toți

Hai să fim sinceri – izolarea, caracteristică Verzilor, nu este nici pe departe o calitate a unui lider. În special pentru că, de cele mai multe ori, leadershipul este legat de schimbare. Din fericire, acest lucru nu înseamnă că nu există șefi Verzi foarte competenți – sunt destui – doar că nu cresc în copaci. Nu sunt șefi care să preia inițiativa, așa cum o fac Roșii și Galbenii.

Este mult mai ușor să nu îți asumi nici o responsabilitate, iar eu cred că majoritatea oamenilor au un anumit grad de lene în comportament. Este eliberator să nu fii nevoit să gândești, să eviți luarea unei decizii și să fii doar un simplu pasager în cadrul unui proiect. Desigur, totul variază în funcție de circumstanțe, însă, Verzii au ridicat această lenevie la rang de artă. Nu doresc să își asume nici o responsabilitate, pentru că aceasta poate duce la conflict, dacă cineva nu este de acord cu o anumită decizie. Totodată, asumarea unei responsabilități necesită muncă suplimentară, ceea ce nu este nici pe departe pe placul Verzilor. Așa că tărăgănează cât se poate de mult.

Responsabilitatea aduce cu sine o povară importantă, care necesită tărie interioară și multă hotărâre. Este totodată o dovadă de maturitate, care începe odată cu asumarea responsabilității față de tine însuți și de propria viață. Verzii (și câteva dintre alte culori) au tendința de a arunca vina pe ceilalți și de a nu-și asuma nici o responsabilitate. Am cunoscut o femeie care obișnuia să scrie liste cu lucruri pe care putea arunca vina când ceva nu funcționa. Dădea vina pe conducere, pe opoziție, pe sistemul de impozitare, pe angajatorul ei, pe mersul pieței de bunuri de consum, pe educație, părinți, soț, ba chiar și chiar pe propriii copii. Uneori, era chiar vina timpului de afară. Toți și toate erau de vină, cu excepția ei.

Ce avea de câștigat printr-un asemenea comportament? Destul de neclar. Nu trebuia să își asume responsabilitatea pentru nimic. Existau tot timpul alți factori responsabili de ceea ce se întâmpla și nu trebuia să se confrunte deloc cu propriile probleme sau să schimbe ceva. Îmi amintesc că i-am cerut să îmi explice cum de era posibil să nu se treacă și pe ea pe lista de vinovați, dar mă tem că nu a înțeles întrebarea.

Ținând cont de nivelul de pasivitate la care poate ajunge un Verde, problemele nu întârzie să apară. Dacă cineva nu începe să vâslească, nici măcar rugăciunile nu ajută. Iar Verzii vor rămâne cuminți la locul lor, așteptând ajutor. (De obicei, intervine cineva care să ceară ajutorul, așa că, în ciuda a tot, supraviețuiește toată lumea.)

Concluzie: Dacă vrei să faci treabă bună cu un grup de Verzi, trebuie să preiei cârma, în unele cazuri, trebuie să te așezi singur pe fotoliul liderului. Să le ceri unor Verzi să rezolve o sarcină este o muncă în van. Nu va lua nici unul inițiativa dacă nu o faci tu.

O abordare de tipul „credeam că sunt oameni maturi" nu va funcționa. Desigur, sunt adulți, dar, în realitate, sunt niște copii, mai ales când vine vorba de luat decizii importante. Acest lucru se datorează faptului că, la un moment dat în viața lor, au luat decizia de a nu mai lua nici o decizie. Așa că cineva trebuie să pună piciorul în prag și să ia o decizie.

Fă-o tu și fă-o acum. Dar, în același timp, fă-o cu multă delicatețe.

Adaptarea la comportamentul Albastru
Ce așteaptă un Albastru de la tine
Cel mai bine este să știi tot ce trebuie știut încă de la început

Un Albastru este un om care se pregătește cu multă meticulozitate. Dacă ați plănuit să vă întâlniți într-o anume loc, la o anume oră, poți fi sigur că nu va avea nici o secundă de întârziere. Un Albastru recitește de mai multe ori toate materialele de prezentare, analizează fiecare detaliu și este pregătit să abordeze orice problemă legată de subiectul discuției. Albaștrii au tot timpul la ei și un plan alternativ, dar și unul de urgență.

S-a gândit la toate, așa că și tu ar trebui să faci la fel

A fi Albastru e ca și cum ai face armata: scuzele nu sunt acceptate. Dacă ți se dezumflă cauciucul la mașină, trebuie să fii pregătit. Dacă ți s-a spart cauciucul, trebuie să fii pregătit și pentru asta. Un Albastru este o persoană care pune întrebări complicate când te aude spunând „pur și simplu, așa stau lucrurile". Data viitoare când îl întâlnești, încrederea pe care ți-o poartă va fi zdruncinată.

Concluzie: Asigură-te că îi poți demonstra că ți-ai făcut bine temele și că ești pregătit. De exemplu, când un client Albastru sau un funcționar îți pune o întrebare, trebuie să fii pregătit să scoți dosarul potrivit din geantă. Nu face mare tam-tam din faptul că știi răspunsul, pentru că nu asta așteaptă.

Și – cel mai important – dacă nu ai răspunsul, recunoaște. Spune-i că e o informație pe care nu o deții. Nu oferi o scuză ca să îți salvezi pielea. Când Albastrul descoperă minciuna – fii sigur că o va face – îi vei cădea în dizgrație. Nu e un scenariu ideal să fii nevoit să îi prezinți a doua zi răspunsul la întrebare, dar e mai bine decât să îi răspunzi cu o invenție.

Un vânzător de mașini pe care îl cunosc spune adesea că ori de câte ori întâlnește clienți Albaștri, știe din start că respectivii clienți sunt mai informați decât el cu privire la un anumit model de mașină și asta pentru că un vânzător de mașini trebuie să rețină caracteristicile a cincizeci de modele. Clienții Albaștri nu pun întrebări doar de dragul de afla lucruri noi; ei pun întrebări ca să li se confirme ceea ce știu deja. Așa că vânzătorul de mașini nici măcar nu se mai preface. Dacă nu știe răspunsul, recunoaște direct acest lucru și se pune pe muncă. Este singura modalitate de a câștiga încrederea unui Albastru.

Nu suntem aici să ne simțim bine și în largul nostru
Acesta este un adevăr care caracterizează mediul de lucru în care se află Albaștri. Vezi-ți strict de treaba ta și asigură-te că investești toată energia în sarcina pe care o ai de rezolvat. Un Albastru nu este deloc interesat de preferințele tale personale sau de ceea ce crezi tu despre mașina lui sau despre orice altceva nu este legat de muncă. Albastrul se află acolo ca să muncească. Pur și simplu.

Îmi amintesc că, la un moment dat, după aproximativ cinci sau șase întâlniri cu un manager de resurse umane de la o companie mare, credeam că ajunsesem să îl cunosc bine. Trecusem de stadiul în care relația noastră personală se rezuma doar la o strângere de mână, așa că reținuse cum îmi place să-mi beau cafeaua. La a șaptea vizită, mi-a trecut prin minte să îl întreb ce planuri de vacanță avea. Nu știu ce-mi venise. Inițial, m-a privit cu multă suspiciune, apoi, ochii lui au început să privească de-a lungul încăperii. A trebuit să inventez o prostie ca să îmi repar greșeala. Nu i-am spus nici eu ce planuri de vacanță aveam. Vreo patru vizite mai târziu, mi-a spus că urma să plece în Thailanda cu familia lui, de Revelion.

Aceasta a reprezentat o deschidere în relația noastră.

Concluzie: Concentrează-te pe sarcina de lucru. Lucrează cu liste de verificare, în care sunt înregistrate date concrete – elemente pe care să i le poți explica unui Albastru. Dacă ești Galben, dă la o parte spontaneitatea care te caracterizează, cât poți de mult. Ține minte că un Albastru rareori este interesat de problemele tale personale. Nici tu nu trebuie să îi pui întrebări personale. Răspunsul lui va fi: „Sunt probleme personale, private. Nu e treaba ta." Cu timpul, Albastru se va deschide în fața ta, însă numai dacă își dorește acest lucru. Nu e vorba că nu îi place de tine: el, pur și simplu, vrea să lucreze, înainte de orice. Acceptă acest lucru și totul va merge ca uns.

Nu e nevoie de viziune. Hai să rămânem în lumea reală. Îți mulțumesc.
Prietenii tăi Albaștri nu sunt oameni cu capul în nori. Dimpotrivă, sunt oameni cu picioarele pe pământ, oameni care judecă

critic lucrurile, pentru a-și da seama dacă planurile sunt realiste sau nu. Deși se prea poate să ți se pară că sunt oameni plictisitori, suspicioși, sau chiar pesimiști, de fapt, ei se consideră realiști. Vor să știe cum arată lucrurile în realitate, nu cum și le imaginează visătorii sau vizionarii.

Țin minte că lucram în domeniul bancar, la un moment dat, și că urma să organizăm un eveniment cu ocazia inițierii unui proiect. Dorința mea era aceea de a-mi inspira echipa să facă lucruri mărețe, cum nu se mai văzuseră. Mi-am terminat discursul exclamând: „În curând, vom cunoaște succesul și vom privi cu multă mândrie piața de capital pe care am câștigat-o. Vom fi cu toții în vârf!" Galbenii și Roșii și, într-o mai mică măsură, Verzii zâmbeau și erau încântați, în vreme ce un Albastru m-a întrebat: „Nu îmi imaginez cum putem ajunge acolo. Cum intenționezi să realizezi asta?"

Galbenii au strigat: „Tu chiar nu ai nici o viziune?"

Iar Albastru a răspuns: „Avem Excel".

Dacă planul pare nebunesc, un Albastru nu va avea încredere că va funcționa. E inutil să te joci cu sentimentele lui sau să încerci să promovezi idei nebunești. Tot ceea ce spui trebuie să aibă o perspectivă realistă, în caz contrar, nu vei ajunge nicăieri cu Albaștrii.

Concluzie: Gândește-te bine la ce scoți pe gură și la cum anume vrei să îl convingi pe un Albastru să creadă în planul tău. Dă la o parte visele și viziunile pe termen lung. Poate că merită să te gândești puțin și la limbajul pe care îl vei folosi pentru a vorbi despre planul tău. Scapă de discursurile pline de inspirație, pe care le adoră Roșii și Galbenii. Rămâi la datele concrete și fii foarte clar în mesajul pe care vrei să îl transmiți.

Dacă ai o idee care nu a mai fost testată, încearcă să îți stabilești obiective raționale. Nu spune că vei domina piața în trei luni sau că echipa favorită va câștiga campionatul, deși a pierdut toate meciurile până acum. Albaștrii vor crede despre tine că ești nebun. Dacă ai și trăsături Galbene în personalitatea ta, poate ar trebui să te gândești de două ori înainte de a interacționa cu un Albastru. Deja ai o luptă grea de dus în ceea ce îl privește pe Albastru. Ai grijă să eviți orice limbaj corporal foarte dramatic.

Detaliile: datele concrete sunt singurele care contează
Detaliile sunt esențiale când comunici cu un Albastru. Dacă vrei să treci prin ele, trebuie să te asiguri că ești foarte exact. Neglijența și ignorarea detaliilor nu sunt apreciate.

Există mulți oameni de vânzări care au fost refuzați din cauza neglijenței sau din cauza faptului că nu au stăpânit detaliile. Ține minte că nu este vorba despre importanța pe care o au detaliile în luarea unei decizii. Se prea poate să nu aibă o influență reală asupra situației, însă un Albastru nu vrea altceva decât să știe.

Mai mult decât atât, el vrea să știe cu *exactitate*. Dacă ești întrebat cât costă un anumit produs, nu răspunde „în jur de zece dolari". Răspunsul corect este „nouă dolari și 73 de cenți". Acesta este un răspuns precis. Un Albastru este mai interesat de prețul exact decât de prețul aproximativ. Se prea poate să fie dispus să negocieze, însă își dorește să știe costul precis.

Concluzie: Pregătește-te temeinic. Când simți că ești gata și că stăpânești toate detaliile, mai verifică o dată. Asigură-te că ai răspuns la orice. Acceptă că această persoană are nevoie de mai multe date concrete pentru a se simți în siguranță. Oferă-i detaliile de care are nevoie pentru a merge mai departe. Se va întreba întotdeauna dacă există mai multă informație. Însă, în acest fel, vei putea să te asiguri că este calm și mulțumit.

Nu există substitut pentru calitate
Calitatea este motorul unui Albastru. Orice altceva este secundar. Preocuparea Albaștrilor provine dintr-o dorință adânc înrădăcinată că totul trebuie să fie perfect. Un Albastru este nemulțumit dacă nu i se oferă posibilitatea de a-și face treaba la standarde înalte de calitate. Nu are nimic de-a face cu calitatea efortului necesar, de fapt. Se datorează, pur și simplu, convingerii că lucrurile trebuie făcute corespunzător.

Desigur, e nevoie de mult timp. Însă avantajul este evident – dacă faci treaba cum trebuie de la început, nu te mai lovești de obstacolul de a fi nevoit să refaci același lucru. De fapt, avem de-a face cu o modalitate foarte bună de a economisi timp. Însă, câtă vreme un Albastru nu gândește în termeni de ore, zile sau săptămâni – ci în termeni de luni sau de ani – el nu identifică posibilele consecințe ale unui comportament de o asemenea exigență calitativă. Dacă un lucru merită făcut, el merită făcut așa cum trebuie – iar asta cere timp. Este atât de simplu.

Concluzie: Fii meticulos în munca pe care o faci, mai ales când vrei să impresionezi un Albastru. În caz contrar, va considera că ești neglijent și neatent. Trebuie să fii atent când îi reproșezi unui Albastru că pierde mult timp pe calitate. Exprimă-te folosind cuvinte de tipul „control calitativ", „verificare corespunzătoare", „importanța calității". Evită să îi critici pe Albaștri pentru că petrec mult timp ocupându-se de detalii inutile. În schimb, laudă-i pentru atenția la detaliu și capacitatea lor excepțională de a munci. Dă-le voie Albaștrilor să înțeleagă că și munca ta e de calitate și că înțelegi importanța acestui lucru.

Asta înseamnă că ar trebui să te pregătești temeinic înainte de orice întâlnire cu un Albastru. Albastrul te judecă în funcție de importanța muncii pe care o depui. Nu în funcție de cât ești de amuzant sau pe cine cunoști și nici măcar în funcție de prânzurile delicioase la care îl inviți. Toate acestea nu au nici o valoare în fața unui Albastru, dacă te dovedești a fi neglijent. Când ai terminat, mai verifică de două ori, ba chiar de trei ori dacă este posibil. Cere-i cuiva să facă o verificare suplimentară și abia apoi poți să îi arăți și colegului tău Albastru.

Cum să te comporți când întâlnești un Albastru

Să fii de acord cu inițiativa unui Albastru e ca și cum ai conduce o mașină cu frâna de mână trasă. E posibil ca sarcina ta să pună lucrurile în mișcare, dar nu poți apăsa pe accelerație. În schimb, trebuie să găsești maneta potrivită și să tragi de frâna de mână a Albastrului.

Un Albastru are sentimente ca toată lumea și îi apreciază pe oameni. Numai că, în cazul lui, lucrurile sunt diferite. Întrucât majoritatea emoțiilor Albaștrilor sunt interiorizate, acesta poate părea un individ foarte rece. Nu are grimase care să poată fi interpretate, nu face gesturi, de fapt, nu are limbaj corporal.

Deseori, Albaștrii nu sunt interesați de ceilalți oameni și se concentrează doar asupra problemei pe care o au.

Dacă lucrăm la o firmă de contabilitate sau încercăm să rezolvăm o problemă de serviciu importantă, atunci această abordare este una corectă. Însă, ori de câte ori sunt implicați și alți oameni, Galbeni sau Verzi, tendința Albastrului de a se disocia de ceilalți se poate dovedi problematică. Ei, pur și simplu, nu își dau seama că ceilalți oameni nu funcționează în același fel ca ei. Oamenii vor să simtă că pot relaționa cu această persoană. Nu vor să se simtă niște roboți.

Concluzie: Amintește-i că și ceilalți oameni au sentimente. Dă-i exemple de situații în care i-a rănit pe ceilalți – arătând cu degetul toate imperfecțiunile din noua casă a vecinului. Explică-i că nu trebuie să aibă constant o atitudine critică. Arată-i că oamenii se pot simți jigniți când ceilalți le critică locuințele, mașina, nevasta sau copiii. Fii clar și explică-i că onestitatea nu este o scuză pentru a fi insensibil și amintește-i că nu e la fel de simplu cu „a spune lucrurilor pe nume". Albastrul nu spune lucrurilor pe nume. El spune doar ceea ce a gândit sau a crezut cu privire la un lucru.

Arată-i că nu va avea rezultate dacă va fi critic constant. Nu e o sarcină ușoară, pentru că se va gândi că te înșeli. Are tot dreptul să critice și să scoată în evidență erorile și defectele. Dacă identifică o eroare, nu are cum să o ignore. Poate că ar trebui să îi spui că are o atitudine imposibilă.

Diavolul se ascunde în detalii

Ai ascultat vreodată un Albastru care să spună o poveste interesantă? Să zicem că a făcut pană pe autostradă. Va începe prin a spune că alarma de la ceasul său marca Sony a sunat cu un minut mai devreme, pentru că era joi, iar joia, de obicei, face mai multă gargară cu apă de gură marca Listerine, cea verde. Un studiu efectual de Asociația Consumatorilor, publicat în ultimul număr al revistei acestora, a arătat că e bine ca, o dată pe săptămână, să te clătești cu Listerine mai mult ca de obicei. A luat un mic-dejun alcătuit din două ouă fierte tari și cafea. Nespresso a scos pe piață o aromă nouă, dar lui nu îi place. Aproximativ 9% dintre boabele de cafea erau zdrobite, ceea ce l-a făcut să se gândească la modul în care structura boabei de cafea afectează gustul acesteia. Apoi a început să citească *The New York Times*, mai ales că primise o ofertă specială, 18% reducere pentru abonamentul pe trei luni. La ghișeul poștal a vorbit cu vecinul său – care citește și el *The New York Times* – despre cum e mai bine să tunzi gazonul în luna septembrie. „Am găsit un site foarte interesant, unde am citit un articol despre diferitele tipuri de fertilizatori de toamnă..."

Roma nu s-a construit într-o zi!

Graba este pentru oamenii neglijenți. Îi poți cere unui Albastru să se grăbească, dar îi intră pe o ureche și îi iese pe cealaltă. Deseori, Albaștrii încetinesc și mai mult când sunt stresați, pentru că într-o situație tensionată nu ai timp să faci greșeli. După părerea lor, e mai bine să fii precaut, pentru că, făcând greșeli în timp ce te grăbești, riști să consumi mai mult timp decât dacă nu te-ai fi grăbit.

Poate că așa e, dar uneori lucrurile trebuie rezolvate urgent, în special în era vitezei în care trăim – graba de ajunge la serviciu, graba de a ajunge înapoi acasă etc. Graba la școală, în trafic, la supermarket – oriunde, totul este urgent. Nu încurajez nici o formă de comportament care să ducă la boli legate de stres. Dar, uneori, trebuie să te grăbești pentru a rămâne în cursă. În mod evident, Albastrul este o persoană implacabilă. El lucrează în ritmul lui, fără să îi pese de ceilalți din jur. De fapt, ei sunt singurii vinovați de faptul că lucrurile merg repede.

Concluzie: Cu calm și mult tact, spune-i Albastrului că săptămâna viitoare va trebui să accelereze ritmul de lucru. Explică-i de ce este important. Spune-i că nu ți-au mai rămas decât 48 de ore pentru finalizarea proiectului. Acest timp este prețios și trebuie folosit corect. Arată-i imaginea de ansamblu. Oferă-i argumente care să-l motiveze să acționeze împotriva instinctului.

Îți poți susține punctul de vedere punând în evidență planul pe termen lung: „Trebuie să păstrăm ritmul, altfel vom rata următorul termen-limită". Dacă, de exemplu, este vorba despre renovarea casei, poate că ar fi bine să negociați în prealabil data la care trebuie finalizat totul. Dacă socrii sosesc în patru săptămâni, renovarea trebuie musai finalizată. Calculează câte ore poți consacra renovării. Decide ce activități sunt prioritare. Asigură-te că Albastrul respectă orarul și că avansează. În caz contrar, riscul este acela de a pierde cinci ore cu detalii nesemnificative, timp pe care nu îl are la dispoziție.

Desigur, dacă ai tot timpul din lume, atunci lucrurile stau diferit.

„Dacă e scris în cărți, înseamnă că trebuie să fie adevărat"

„Nu poți acționa din instinct?" Întreabă-l asta pe un Albastru și vezi ce se întâmplă. Instinctul este opusul gândirii raționale și nimic nu pare a fi mai străin de Albastru.

Asta nu înseamnă că nu trebuie să îți folosești intuiția când lucrezi cu un Albastru. Până și Albaștrii au ceea ce se numește „al șaselea simț" referitor la ceea ce este corect. Diferența este că ei nu se încred în acest instinct, pentru că nu poți demonstra nimic în mod concret. Singurul lucru care contează sunt faptele. Și chiar și faptele pot să fie insuficiente – poate să existe mai multe informații acolo, care ar schimba totul!

Concluzie: Spune-i prietenului tău Albastru că, în cazul în care trebuie să ia o decizie fără să cunoască toate detaliile, poate să își urmeze instinctul. Acest lucru e valabil și la serviciu, și când comanzi ceva la restaurant. Vorbește-i tare și răspicat unui Albastru și explică-i că, dacă nu se decide mai repede, o să moară de foame. Arată-i că e mai util să acționeze decât să rămână blocat în așteptarea mai multor informații.

Arată-i că este logic să se folosească de intuiție în anumite situații, pentru că nu poate dispune mereu de toate datele. Explică-i că rezultatele vor continua să fie excepționale – poate doar 95,3% din ceea ce ar putea fi, însă vor continua să fie bune. Ajută-l să calculeze riscurile, dar și să meargă mai departe.

Procesul luării deciziilor

Pentru că Albastrul prețuiește mai mult parcursul până la o anumită decizie, decât decizia în sine, există posibilitatea de a ajunge la stagnare. După colectarea datelor concrete și studiul meticulos al tuturor condițiilor în care se prezintă o problemă, ajungi, în cele din urmă, la momentul adevărului – decizia. Există riscul să te lovești de un impas. Pe de-o parte... dar pe de alta...

Un manager de proiect pe care l-am întâlnit cu câțiva ani în urmă voia să își cumpere o mașină nouă. Vreme de opt luni a testat peste 16 mărci de mașini. Peste 50 de modele, în diferite combinații de motoare, viteze, culori, interioare. A încercat totul. Bumbac versus piele. Benzină versus diesel. Schimbător automat versus schimbător manual. A făcut calcule cu privire la consumul de benzină, ba chiar a desenat grafice, în vederea unei evaluări precise. După un chin incredibil, și-a cumpărat o mașină Volvo V70, cea mai populară la vremea aceea, de culoare argintie. Modelul respectiv fusese cel mai testat în agențiile din Suedia, în momentul acela. Te gândești că ar fi putut alege mașina doar citind despre ea...

„De ce ai ales cea mai banală mașină, după atâta studiu minuțios?"

„De ce nu?" mi-a răspuns el.

Îl poți ajuta pe un Albastru să nu mai tărăgăneze în luarea unei decizii. Conferă-i piesa de puzzle cea mai importantă. Cu mult tact și delicatețe, încearcă-l să-l orientezi spre direcția bună sau, în orice caz, spre o direcție. Oricare ar fi aceasta.

Concluzie: Fii atent la procesul luării deciziei. De exemplu, să ne imaginăm că doi candidați foarte bine pregătiți au aplicat la un post deschis în cadrul companiei tale. Până acum, totul a mers bine. Albastrul a informat pe toată lumea cu privire la decizia luată și la pașii necesari. Procesul a fost urmărit îndeaproape.

Ca să se întâmple ceva, trebuie să îi oferi celui care ia decizia toate informațiile necesare referitoare la unul dintre candidați. Obligă-l să ia o decizie. Amintește-i că se apropie termenul-limită. Subliniază-i consecințele tărăgănării – calitatea serviciilor companiei va avea de suferit, în cazul în care nu angajează pe cineva. Explică-i că totul a fost bine pregătit și că, în ciuda candidatului ales, toate riscurile au fost eliminate.

În concluzie

Acum deții niște informații esențiale cu privire la modul în care trebuie să interacționezi cu diferitele culori pentru a ajunge la destinația pe care ți-o dorești. Primul pas este să încerci să te acordezi la frecvența celorlalți și să te adaptezi la ei. În acest fel, le câștigi încrederea și îi vei ajuta să se regăsească în tine.

Așadar, regula de bază este să combini Roșu cu Roșu, Galben cu Galben, Verde cu Verde și, în cele din urmă, Albastru cu Albastru. Poate ți se pare că e simplu. Dificultatea intervine când, de exemplu, trebuie să te adaptezi la un Albastru, tu fiind Galben. Ai nevoie de o pregătire temeinică. Depinde ce culoare ești, cât de consolidată îți este conștientizarea de sine și cât ești de dispus să îți croiești drum cu un contact specific din viața de zi cu zi. Poți face ceea ce a continuat Adam să facă – poți să fii tu însuți.

Următorul pas este să începi să conduci persoana respectivă dincolo de capcanele comune. Așa cum a văzut, fiecare culoare are slăbiciuni evidente. Un Albastru îl poate ajuta pe un Galben să fie mai serios, iar un Galben îl poate învăța pe un Albastru cum să fie mai spontan.

Cu riscul de a suna a clișeu, ideea este să lucrăm împreună, pentru a ajunge la un numitor comun. Știai deja asta, acum știi cum să o faci.

13. Cum să transmiți vești proaste, pentru că și critica pozitivă este tot... o formă de critică

Provocarea de a spune ce gândești

Cui îi plac veștile proaste? Nimănui. Și totuși, din când în când, e nevoie să dăm și astfel de vești. În lumea în care trăim, se poate întâmpla orice și, uneori, ție îți revine responsabilitatea de a da o veste proastă. Roșii se pricep cel mai bine la dat veștile pe care nimeni nu vrea să le audă. Fiind insensibili, ei îți spun direct că ești concediat, fără să îți ofere o cafea înainte. Problematic, nu? Nu, deloc. Roșul doar își duce sarcina la bun sfârșit.

Însă, desigur, există o diferență între veștile bune și veștile proaste. Una este să fii criticat și alta e să ți se spună că bunica ta a decedat. Vestea unei morți este tot timpul dificilă și nimeni nu o primește ușor. Totuși, o critică poate fi astfel formulată și ajustată, încât să fie mai ușor de primit.

Feedback-ul este un subiect complex. Mulți se simt rău numai gândindu-se la acest lucru, iar cei mai mulți oameni pe care i-am întâlnit în cadrul programelor de leadership găsesc că feedback-ul este cel mai dificil aspect. Nu numai că este dificil să dai un feedback, este greu și să îl primești. Este straniu, pentru că a primi un feedback înseamnă a fi pasiv și a asculta ce îți spune celălalt. Nu știm cum să dăm un feedback pozitiv sau negativ, așa că îl ignorăm complet. Aș vrea să explic de ce nu este recomandat să ignorăm feedback-ul.

Dezavantajul de a-ți face treaba

Cu mulți ani în urmă, aveam un coleg, Micke, care era excepțional în ceea ce făcea. Dintre noi toți, era singurul care își atingea obiectivele bugetare. Câștigase toate licitațiile și era foarte apreciat de clienți. Primea constant sticle de vin și cutii cu bomboane de ciocolată.

Ce faci cu un asemenea coleg? Te asiguri că rămâne în companie. Ușor de zis, greu de făcut. În calitate de șef, nu îmi doream decât să îi arăt cât de mult apreciam munca lui. Așa că i-am telefonat soției sale și am pregătit totul. Într-o zi de vineri, după prânz, am reunit întreaga echipă în sala de conferințe. De față cu toți, l-am tras lângă mine pe Micke și i-am explicat cât de mult îl apreciam cu toții și cât eram de bucuroși că se afla printre noi. I-am spus că își poate lua liber în acea după-amiază și i-am sugerat să își scoată soția la cinema și la restaurant, pe cheltuiala mea. I-am dat 50 de dolari (o sumă considerabilă la vremea aceea) și două bilete la film. Aranjasem cu bona, așa că Micke a fost încântat. L-am aplaudat, iar momentul în sine a fost foarte plăcut.

Micke nu a scos un cuvânt. Doar după aceea. M-a luat deoparte și m-a admonestat așa cum nu mi se întâmplase niciodată. Cum de putusem să îi fac asta? Să fac paradă cu el în fața a 27 de oameni, care nu făceau altceva decât să îl privească? Se simțise oribil, mai ales că nu făcuse altceva decât să-și facă treaba. Mi-a cerut să nu mai fac niciodată așa ceva și cred că a fost supărat pe mine timp de o săptămână.

Micke era Verde. Ce părere ai?

Imunitatea în fața feedback-ului

Există multe metode necorespunzătoare de a da cuiva un feedback, fie el pozitiv sau negativ. În cele ce urmează, îți voi oferi câteva informații despre cum să îi dai cuiva un feedback. Amuzant este că această abordare funcționează la fel de bine, indiferent de tipul de feedback. Unii oameni sunt imuni în fața feedback-ului pozitiv, iar alții în fața celui negativ. Am ales să mă ocup de cel negativ, pentru că este cel mai complicat. Dacă ești capabil să dai un feedback pozitiv, atunci, cu siguranță ești capabil să dai și unul pozitiv.

Sfatul următor funcționează atât în viața personală cât și în cea privată. Singurul lucru pe care trebuie să îl știi este culoarea persoanei-țintă. Așa că totul începe prin simpla analiză a culorilor care se află în aceeași încăpere cu tine. Odată ce ai identificat culorile, te poți pune pe treabă. Obiectivul este ca persoana să îți asculte comentariile și, în cele din urmă, să genereze o schimbare. Toate provocările despre care am vorbit în capitolele anterioare, cu privire la modul în care pot percepe oamenii culorile, pot fi gestionate dacă știi cum. Următoarele secțiuni explică acest lucru. Multe dintre tehnicile de bază din fiecare secțiune se aseamănă, indiferent despre ce culoare este vorba, dar, în fiecare caz, modul în care abordezi persoana respectivă variază în funcție de tipul de personalitate și de modul în care va primi feedback-ul.

Cum să îi oferi feedback unui Roșu – dacă îndrăznești...

Am vești bune: nu îți trebuie cine știe ce calități pentru a-i oferi un feedback negativ unui Roșu. Îți trebuie doar o vestă antiglonț și un costum ignifug. Pentru că, indiferent ce metodă folosești, temperatura din încăpere va crește simțitor. Dacă ești pregătit pentru asta, nu vei avea mari probleme. Dacă un Roșu nu reacționează la ceea ce îi spui, atunci chiar ai motive de îngrijorare. Fie te ignoră, fie este bolnav. Însă cel mai des întâlnit scenariu este următorul. Ține-te bine!

Nu ambala excesiv lucrurile

Trebuie să fiu cât se poate de clar – când critici un Roșu, cea mai simplă modalitate de a face acest lucru este să eviți înfloriturile. E și așa prea mult pentru un Roșu că trebuie să se confrunte cu criticile tale, pentru că el are tot timpul dreptate și tu te înșeli.

Cu mulți în urmă, am discutat despre comportamentul Roșu cu un grup de vânzători, majoritatea dintre ei fiind Galbeni. Au înțeles repede ce înseamnă un comportament Roșu, iar prima persoană de această culoare care le-a venit în minte a fost șeful lor, directorul de vânzări. L-au descris ca fiind grosolan, incapabil să îi asculte pe ceilalți, insensibil, manipulator, dur, deseori într-o dispoziție proastă, foarte grăbit și au inclus o serie de alte caracteristici negative. Cu toții erau foarte preocupați pentru că aveau impresia că șeful lor își detesta angajații. Desigur, era și un om care muncea foarte mult, motiv pentru care era foarte respectat. Însă, întrucât avea obiceiul de a le cere părerea celorlalți și de a sfârși prin a face ce îl tăia capul, nu reușeau să ajungă niciodată la o înțelegere. Dincolo de asta, avea obiceiul de a controla ce făceau ceilalți, ceea ce era și motivul pentru care muncea atât de mult. Întreaga situație era supărătoare, iar echipa de agenți de vânzări era pe punctul de a se dezintegra.

I-am telefonat directorului respectiv și i-am explicat ceea ce îmi transmiseseră subalternii lui. M-a ascultat cu atenție, dar fără să fie foarte preocupat. Cu toate acestea, reacția lui a fost interesantă. I-am explicat că cei 20 de agenți de vânzări pe care îi avea – cea mai importantă resursă care i-ar fi permis să își atingă obiectivele – credeau că era un om insensibil și agresiv. Răspunsul lui a fost următorul: „Ce glumă proastă. Nu e vorba despre mine. Incompetența lor este problema. Dacă ar fi depus mai mult efort, nu aș fi fost nevoit să mă comport astfel."

Când i-am explicat că nerăbdarea care îl caracteriza îi stresa pe ceilalți și îi făcea să aibă îndoieli asupra propriei capacități de muncă, mi-a răspuns că nu era vina lui. Nerăbdarea nu era o slăbiciune, ci un punct forte, pentru numele lui Dumnezeu! Dacă și el s-ar fi mișcat în același ritm ca restul celorlalți din companie, nu s-ar mai fi dus nimic la bun sfârșit. Dacă toți cei din echipă s-ar fi grăbit, atunci el nu ar mai fi trebuit să fie agresiv. Însă nu el era problema, ci ceilalți.

Oferă-i exemple concrete

Așa cum se întâmplă deseori în cazul Roșilor, toți ceilalți sunt cauza reală a problemelor. Deșii Roșii sunt foarte eficienți, au și tendința de a găsi foarte repede țapi ispășitori. Ține minte de elementul competitiv care se regăsește dincolo de suprafață.

Modalitatea de a-l gestiona pe acest bărbat consta în deconstrucția problemei în părți mici și în prezentarea unor exemple clare. De exemplu, i-am explicat că dacă îl sună pe un angajat vineri seara, la ora nouă, pentru a-i reproșa anumite lucruri legate de un client, weekendul respectivului angajat avea să fie complet ratat. Nu e nevoie să mai precizez că respectivul angajat era un pachet de nervi și că nu putea dormi, pentru că șeful său nu ar fi făcut decât să ignore aceste aspecte. Nu era el responsabil pentru modul în care se simțeau oamenii. Totuși, am reușit să îl fac să înțeleagă că respectivul angajat ar fi revenit luni dimineață la muncă, complet epuizat de la efortul mental depus, și nu ar mai fi fost capabil să își facă treaba cum trebuie. Nu ar mai fi realizat nici o vânzare în ziua respectivă. L-am făcut să înțeleagă că adevăratele probleme ar fi survenit în momentul în care echipa lui nu ar mai fi fost capabilă să lucreze. Brusc, acesta a fost nevoit să regândească situația.

Concentrează-te pe fapte

Un alt detaliu pe care trebuie să îl reții: un Roșu nu este preocupat de sentimente sau de ce percepția pe care o au ceilalți membri ai echipei asupra lui. Directorul de vânzări despre care vorbesc protesta ori de câte ori cineva îl critica. Singurul lucru pe care îl făcea era munca lui. Pentru fiecare exemplu pe care i-l dădeam, trebuia să repet același lucru – nu conta ce gândea; ori de câte ori asta era ceea ce se gândea agentul de vânzări, Roșul avea o problemă. Înjura și mă acuza de incompetență. Nu avea să mă mai angajeze din nou. Nimeni nu voia să mă angajeze după atacul pe care îl îndreptasem împotriva lui. Munca mea în această industrie era terminată.

Am refuzat să intru în jocul lui. M-am așezat pe scaun și am așteptat să treacă furtuna. Cel mai rău lucru pe care îl poți face într-o asemenea situație este să joci în piesa lui, să țipi, să strigi și să dai cu pumnul în masă. Instinctul Roșilor de a câștiga în orice situație îl face să preia tot timpul controlul discuției. Nu este capabil să judece pe termen lung și este concentrat doar pe clipa prezentă. Va ignora faptul că totul este o muncă de echipă și că va trebui să ne întâlnim din nou a doua zi. Pe el nu îl preocupă decât să câștige în clipa de față, chiar dacă îl costă o relație. Ignoră consecințele, agresiunea preia controlul și începe adevărata bătălie.

Dar, dacă refuzi să îi faci jocul, va trebui să te confrunți cu furia Roșului. Așa că, de obicei, eu rămân așezat, până când se calmează, fără să scot un cuvânt care să indice că am fost influențat de comentariile lui răutăcioase. Pas cu pas, am reușit să înțeleg impactul pe care îl are un asemenea comportament asupra grupului. Și, încetul cu încetul, a început să înțeleagă că trebuia să se stăpânească singur, mai ales când lucrurile nu mergeau așa cum își dorea. Trebuia să fie mai îngăduitor cu ceilalți și cu el însuși și să aștepte termenele-limită în loc să ceară rezultatele săptămână de săptămână, doar pentru că era plictisit.

Cere-i să repete ce ai spus

Din exterior, acest incident pare o ceartă violentă, dar știam că pot face progrese considerabile cu condiția să nu renunț. Așa că am făcut ceea ce le recomand tuturor să facă dacă au de oferit un feedback negativ unui Roșu – i-am cerut acestuia să repete înțelegerea la care am ajuns împreună.

Așadar, acest director de vânzători a fost nevoit să îmi explice cum avea de gând să acționeze în viitor, punct cu punct, în anumite situații. (Am avut un mandat din partea CEO-ului pentru a proceda astfel și amândoi știam acest lucru.) Și, cu toate acestea, deși din punct de vedere intelectual știa că aveam dreptate, nu putea să renunțe. Tăiase unul dintre cei mai puțini importanți itemi din listă, demonstrând astfel că era o victorie pentru el. Într-un fel sau altul, tot trebuia să câștige.

Concluzie: Pregătește-te temeinic și nu-i acorda un feedback negativ unui Roșu dacă nu te simți suficient de puternic. Trebuie să fii încrezător și să alegi momentul cu multă grijă. Roșii sunt întotdeauna foarte puternici și încrezători în forțele proprii, așa că nu contează pentru ei. Se va arunca în bătălie cu ochii deschiși, dacă e într-adevăr nevoie. Și ține-te tare, pentru că e posibil să te acuze de orice, doar pentru a simți că e în câștig.

Să nu cazi în capcana lui.

Cum să îi oferi feedback unui Galben – dacă ai răbdare...

Galbenii sunt buni la multe lucruri. Printre cele mai importante atribute ale lor se numără iubirea de schimbare. În lumea lor idealizată, Galbenii schimbă tot timpul lucrurile. Ai crede că primirea unui feedback este o bună modalitate de a începe să schimbe lucrurile care trebuie îmbunătățite. În special feedback-ul negativ este o modalitate excepțională de afla cum să îți îmbunătățești performanțele. Însă lucrurile nu stau chiar așa în cazul Galbenilor. De fapt, lucrurile nu stau deloc așa. Când vine vorba de schimbare, Galbenii sunt în favoarea ei, dar numai dacă ideea le aparține. Criticile venite din exterior nu sunt bine primite.

Janne, un bun prieten, este o persoană fenomenală. Nu există grup de oameni pe care să nu îi amuze, mai ales dacă i se dă voie. Poveștile lui sunt fantastice, iar glumele pe care le spune când luăm cina între prieteni ne fac să ne prăpădim de râs. Glumele, așadar, îl fac pe Janne să fie cu adevărat amuzant.

Dar – și există un „dar" – Janne îi domină pe toți cei din încăpere. Nimeni nu are loc să vorbească. Iar dacă încerci să o faci, te întrerupe, pentru că nu îi place să participi la conversație, vrea doar să fii spectator. După o vreme, râsetele încetează și se instalează o atmosferă ciudată. Cei care îl cunosc pe Janne înțeleg că acest lucru este efectul dorinței sale de a fi tot timpul în centrul atenției, însă celorlalți le trebuie timp pentru a-i înțelege comportamentul.

La un moment dat, în timpul unei cine, oamenii au început să vorbească pe la spatele lui. Mi-a părut rău pentru el, așa că am luat taurul de coarne.

Fă-ți un plan și respectă-l!

Primul lucru pe care a trebuit să îl fac a fost să mă pregătesc. Simpla discuție sinceră cu Janne nu era suficientă. Ar fi deținut monopolul conversației și mi-ar fi bruiat ideile. Așa că am decis să îi dau câteva exemple concrete. Mi-am notat efectele pe care le are comportamentul său asupra celorlalți și am încercat să îi anticipez obiecțiile.

La un moment dat, Janne mă ajuta în grădină și, epuizați fiind, am început să stăm de vorbă, cu o sticlă de bere în mână. Tocmai îmi povestise despre excursia pe care o făcuse în Spania și despre sperietura pe care o trăsese când barca ce trebuia să îi ducă pe o insuliță se răsturnase. (Soția lui îmi spusese deja că nu luaseră barca, ci un mic avion.) De îndată ce a luat o pauză, am găsit că era momentul să intervin.

„Janne, trebuie să discutăm despre ceva important", i-am spus. „Vorbești prea mult și inventezi lucruri. Am vorbit cu Lena și mi-a spus că ați zburat spre insulă. Trebuie să pui capăt acestui comportament, altfel îți vei pierde toți prietenii."

Janne s-a uitat la mine, de parcă aș fi fost nebun.

„Nu vorbesc mult", mi-a răspuns el, ușor surprins. „Și chiar dacă o fac, e pentru că am multe de spus. Țin minte o perioadă în care..."

I-am făcut semn să tacă și am trecut la etapa a doua.

Oferă-i câteva exemple concrete

„La ultima petrecere la care am participat, ai vorbit mai mult de jumătate din timpul petrecut la masă. Te-am cronometrat. Am petrecut două ore la masă, iar tu ai vorbit constant timp de o oră."

„Iar tu ai râs", mi-a răspuns el ușor bosumflat.

„La început. Dar dacă ai fi fost mai atent, ai fi observat asta. Apoi, i-am auzit pe câțiva dintre invitați spunând că îți place să fii în centrul atenției, însă o spuneau la modul negativ."

Această mărturisire l-a iritat.

„Ce oameni nerecunoscători! Îi făceam să se simtă bine și ce primesc în schimb? Pură ostilitate! O lovitură sub centură!"

„Nu evaluez ce au spus ei", i-am răspuns, „dar am observat că pe toți îi deranja că vorbești prea mult. Înțelegi ce vreau să spun?"

Este important pentru Galben să înțeleagă și să accepte mesajul. Dacă nu recunoști că ai o problemă, nu ai motive să o rezolvi. Ce a făcut Janne? A încuviințat din cap, cu multă amărăciune. M-am gândit că lucrurile mergeau pe direcția bună.

Apoi s-a întâmplat ceva ciudat.

Fii conștient că este posibil ca urechile să nu-i fie conectate la creier

„Înțeleg că te-ai plictisit", mi-a spus el. „Ai dreptate. Trebuie să schimb ceva la comportamentul meu. Cred că am spus poveștile astea vechi de mult prea multe ori. Trebuie să încetez să mă mai repet."

M-a cuprins disperarea. Nu înțelesese nimic.

„Poveștile tale nu au nimic în neregulă", i-am spus. „Trebuie doar să mai reduci din numărul lor, alege una din trei. Problema este că vorbești prea mult, nu că te repeți. Trebuie să le dai voie și celorlalți să vorbească." Dar Janne nu mă asculta. A început să îmi spună o poveste, să verifice dacă o mai auzisem. A trebuit să repet totul, de la capăt.

Explică-i că nu el e problema, ci comportamentul lui

E dificil să critici un Galben, pentru că are tendința de a lua lucrurile prea personal. Galbenii cred că ai devenit brusc dușmanul lor. Iar Janne a reacționat în același fel. S-a îndepărtat de mine, semn că reușisem să îl supăr. Așa că m-am comportat așa cum aș fi făcut cu un copil. I-am explicat că era în continuare prietenul meu – cel mai bun prieten pe care îl aveam – și că îl consideram foarte amuzant. Nu voiam de la el decât să vorbească mai puțin. I-am spus de cel puțin zece ori că îmi era drag.

Din nefericire, nu este un bun ascultător, așa că a trebuit să îi reamintesc de momentele plăcute petrecute împreună. L-am flatat și l-am felicitat pentru alegerea noii mașini. L-am manipulat, pur și simplu. Cu timpul, a început să bată în retragere și să fie mai puțin agresiv.

Pregătește-te pentru un mecanism puternic de apărare, în special pentru complexul victimei

Dar nici asta nu a fost suficient.

„Nimeni nu mă place, toți sunt mai amuzanți ca mine. Mă așteptam că măcar tu să crezi că sunt haios." Această replică întărea și mai mult celelalte mecanisme de apărare. El nu făcea decât să mențină viu spiritul petrecerii. Toți ceilalți erau plictisitori. Ce anume era amuzant în poveștile despre plante agățătoare? Și cum de vorbitul în exces era o problemă? Dimpotrivă, era o calitate de necontestat. I-am explicat din nou că felul în care acționa nu le lăsa loc și celorlalți.

Un exemplu concret: la ultima cină luată împreună, soția lui Janne, Lena, primise cinci întrebări de la cei de la masă. De fiecare dată, Janne răspunsese în locul ei. Scena fusese ușor ridicolă. Cu toții observaseră acest lucru, mai puțin Janne. Iar Lena nu putuse scoate nici un cuvânt.

„Dar i-a luat atâta timp să răspundă... Iar eu știam răspunsul la întrebări!"

Era clar, Janne nu înțelesese nimic. Sau alesese să nu înțeleagă nimic.

Cere-i să îți repete ce ați vorbit și fă o verificare cât mai curând

E mai ușor de spus decât de făcut. Când ne-am reîntâlnit, după acea discuție, părea că ceva se schimbase. La un moment dat, în timpul unei petreceri, nu a mai scos un cuvânt. Desigur, era o modalitate puerilă de a face pe victima și era clar că se simțea frustrat.

Dacă nu îi dădeai voie să vorbească, era ca și cum l-ai fi privat de oxigen. Iar ceea ce îl irita cel mai tare era că nimeni de la masă nu îl întreba de ce era atât de tăcut. Oare chiar nu își dădeau seama că se comporta astfel pentru binele lor?

Soția lui a început să vorbească mai mult și toată lumea se bucura de conversația cu ea pentru că era o persoană foarte plăcută.

După o vreme, Janne avea să revină la vechiul comportament. Era calea cea mai ușoară. Nu considera că era util să tacă. Iar Lena a încetat din nou să mai vorbească. În cazul lui Janne, apreciam prietenia noastră mai mult decât încercarea de a-i schimba comportamentul. Nu am mai adus în discuție problema respectivă, dar, uneori, îmi iau câte o pauză de la prietenia cu Janne. Pur și simplu, trebuie să mă odihnesc după o perioadă petrecută cu el. Dacă mi-ar fi fost coleg și nu prieten, aș fi insistat să își schimbe comportamentul.

Concluzie: În ciuda fexibilității și a creativității care îi caracterizează, e foarte greu să schimbi comportamentul Galbenilor.

Ei, pur și simplu, nu ascultă și nu fac decât schimbările pe care le consideră necesare. Trebuie să atentezi la egoul lor atât cât se poate și să le pui cuvintele în gură.

E bine să ții minte că memoria lor de scurtă durată se aplică și la sentimentele față de tine. Deși se simt groaznic când sunt criticați, uită foarte repede. Reprimă tot ce este dificil sau neplăcut. Așa că, dacă poți suporta smiorcăielile și bosumflările lor, chiar și câteva lacrimi vărsate pe parcurs, înseamnă că poți continua să îți atingi obiectivul. Această schimbare vă va face amândurora mult bine. Cu răbdare și perseverență, vei reuși.

Cum să îi oferi feedback unui Verde?
Gândește-te de două ori înainte să o faci

Aceasta este secțiunea pe care mi-ar plăcea să o sar. De ce? E simplu. Să îl critici pe un Verde poate fi un act de cruzime. Se simt foarte rău, se închid în sine și se exilează. În general, Verzii au un ego slab și pot fi autocritici. Nu ți-ar plăcea să le faci povara și mai grea.

Este important de observat că există o diferență între a fi autocritic și a te schimba și a fi autocritic, fără să schimbi nimic. Mulți Verzi își petrec viața dorindu-și ca lucrurile să fi stat altfel. Dar rareori au hotărârea de a face ceva în acest sens. Așa că sunt nesatisfăcuți, în cea mai mare parte a timpului. Uneori îmi spun că acesta este obiectivul lor, să nu fie satisfăcuți. E o modalitate de a atrage atenția și de a câștiga putere. Știu mulți Verzi care controlează totul (inclusiv propria familie), refuzând, pur și simplu, să facă ceva. Psihologii numesc acest comportament unul de tip pasiv-agresiv – o expresie foarte izbutită.

Totuși, dacă vrei să îi oferi feedback unui Galben, iată câteva metode care funcționează. Asigură-te doar că ești pregătit pentru asta, înainte chiar de a începe.

Oferă-i exemple concrete și folosește o abordare subtilă

Desigur, întotdeauna este bine să fii clar în mesajul transmis. Diferența este că un Verde chiar te ascultă, spre deosebire de celelalte culori. Un Verde aude ce ai de spus, dar îi displace. Însă trebuie să fii concret, ceea ce ai putea face și cu Roșii – dar în sens invers.

Deși nu funcționează să îi spui unui Roșu că te deranjează comportamentul lui (sau că ceilalți se simt inconfortabil din cauza a ceva ce a făcut el), în cazul unui Verde, lucrurile stau diferit. Un Verde este o persoană relațională, căreia nu îi place să îi deranjeze pe ceilalți. Poate părea manipulator, dar dacă te deranjează ceva din comportamentul unui Verde, e mai bine să îi spui. Un Verde va simți starea ta de spirit, va asculta ce îi spui și va încerca să remedieze lucrurile.

Fii subtil, dar nu da înapoi

Totul ține, din nou, de claritate. Dacă ți-a rămas puțină umanitate, vei vedea că un Verde este destabilizat, ori de câte ori îl critici. Dacă îi spui partenerului tău că te deranjează cât timp petrece la televizor și că te simți neglijat și neiubit, vei observa imediat cât de tare îl afectează. Însă, este important să nu dai înapoi și să spui că „de fapt, lucrurile nu stau așa rău", sau că „mai am niște proiecte la care trebuie să lucrez, așa că te poți relaxa". Îndrăznește să fii clar și direct.

Trebuie să îi transmiți corect mesajul. În mod clar, dar cu multă delicatețe. Poți să îl bați pe umeri și să îi spui „suntem prieteni, dar mă deranjează când faci asta sau asta..."

Trebuie să te confrunți cu atitudinea specifică unui Verde: „Ai dreptate, sunt un idiot!"

Reacția unui Verde când îi spui că te deranjează ceva din comportamentul lui este o variație a complexului victimei de care suferă Galbenul. Un Verde se va autoflagela și-și va aduce sieși acuze dintre cele mai grele. Deseori, îți poate spune „Nu voi mai face niciodată asta". Verzii se autosabotează cu argumente suplimentare despre cât sunt de inutili și de stupizi. Vor îngenunchea în prezența ta și vor încerca să te mulțumească, în feluri care nu au nici o legătură cu problema în sine.

Am auzit o poveste despre un bărbat căruia soția sa i-a spus că detesta faptul că, seară de seară, acesta juca jocuri video. Bărbatul a recunoscut că era un comportament pueril și inutil, dar și foarte costisitor. (Cheltuise mulți bani pe upgrade-uri la jocuri.) I-a promis că avea să fie mai atent la nevoile ei. În următoarele șase luni, bărbatul a venit de la serviciu și a pregătit masa, i-a cumpărat nevestei flori săptămânal și i-a masat picioarele, fără ca aceasta să i-o ceară.

Un comportament foarte simpatic și apreciat – cu excepția faptului că acesta nu făcuse exact ce îi ceruse soția lui – mai exact, să înceteze să mai joace jocuri video. Evitase acceptarea acestui detaliu specific. Până la urmă, nu îi promisese că avea să se lase de jucat.

Ai grijă să îi explici că nu el este problema, ci comportamentul său

Ca și în cazul Galbenilor, cu Verzii trebuie să te comporți ca și cum ar fi copii: „Tati te iubește, dar te roagă să nu mai mănânci înghețată pe canapea..." Riscul este acela că feedback-ul negativ poate afecta relația pe care o ai cu persoana respectivă. Cu toate acestea, poți rezolva foarte ușor această problemă, aducându-i vești bune și oferindu-i un feedback pozitiv. În acest caz, nu e suficient să îi spui că te preocupă doar o anumită problemă. Trebuie să îi arăți că nu plănuiești asasinarea lui. Trebuie să îl liniștească ceea ce faci nu ceea ce spui.

Cere-i persoanei respective să repete ce ați stabilit și fă și o verificare!

Am observat că Verzii nu își notează ceea ce le spui. Așa că este o bună ideee să verifici cu ei, ca să te asiguri că ați înțeles amândoi același lucru. Dacă ai un coleg care obișnuiește să întârzie și ți-ar plăcea să fie mai punctual, asigură-te că a înțeles că problema lui este gestionarea timpului. Este posibil să înțeleagă că te-a supărat cu totul altceva.

Deseori, ne gândim că ceilalți se comportă la fel ca noi într-o anumită situație. Și, întrucât Verzii pot fi foarte vagi când vorbesc cu ceilalți și evită problema reală, au deseori senzația că vorbești despre cu totul altceva. Nu merg niciodată direct la subiect, așa că se gândesc că nici tu nu o faci. Așadar, cu ce te-ar fi putut supăra, de fapt?

Asigură-te că ați înțeles amândoi care este problema. Și fă și o verificare. Vorbim despre schimbare și despre crearea unui nou model comportamental. Și, ca de obicei, Verzii vor încerca să rezolve problema... fără să facă nimic. Asigură-te că nu se întâmplă așa!

Concluzie: Dacă ești uman, iar eu cred că ești, poate că ai conștiința încărcată și te gândești că ai fost prea dur cu un Verde. Țin minte că m-am certat la un moment cu o angajată pentru că, în opinia mea, nu făcuse ceea ce trebuia să facă. Reacția ei fusese complet deplasată, motiv pentru care nu a mai venit la muncă timp de două zile. Discutând ceva mai târziu despre acest eveniment, a ieșit la iveală că eu nu îi cerusem să facă respectivele lucruri. Am presupus doar că văzuse lucrurile în același fel ca mine.

Recunosc că la vremea aceea nu eram un șef prea eficient și nici nu aveam prea multă experiență. Făcusem o greșeală clasică – am interpretat situația doar în felul meu și m-a iritat foarte tare punctul ei de vedere. Dându-mi seama de acest lucru, am început să mă simt prost. Părea atât de tristă și a evitat să dea nas în nas cu mine. Multă vreme, nici nu am mai îndrăznit să îi spun altceva, cu excepția salutului politicos. Așa că a făcut ce știe mai bine să facă un Verde: s-a retras în sine și și-a făcut și mai prost treaba.

Mulți Verzi au un șaselea simț care le spune când e momentul să ia lucrurile mai ușor. Însă, în cazul de față, totul deraiase. Această femeie nu făcuse nimic, tocmai pentru că simțea senzația de vină și de ezitare. A profitat de mustrările mele de conștiință și s-a scos. Am pierdut-o complet. În cele din urmă, a fost concediată pentru că nu și-a făcut treaba, iar eu am fost criticat de șeful meu pentru că nu am rezolvat problema.

Asigură-te că nu repeți greșeala făcută de mine. Nu lăsa lucrurile să escaladeze. Rezolvă problema cât încă mai ai timp. Ia taurul de coarne și oferă feedback negativ – chiar și Verzilor prietenoși din viața ta.

Cum să îi oferi feedback unui Albastru? Înainte de orice, ia aminte!

Înainte să îi oferi feedback unui Albastru, asigură-te că știi în ce te bagi. Trebuie să îți amintesc că un Albastru știe exact ce a făcut și cunoaște detaliile mult mai bine decât tine. Asigură-te că deții toate informațiile înainte să îți treacă prin minte să îi dai feedback. În această secțiune îți voi prezenta modul în care poți oferi un feedback, dar sarcina cea mai complicată aici stă în identificarea detaliilor problemei, chiar înainte de a începe să dai feedback.

E o idee bună să verifici cu mai multe persoane implicate în problemă și să îți notezi informațiile pe care le afli. Un Albastru este capabil să citeze totul și va avea tot timpul dovada că ceea ce a făcut este corect – căci, până la urmă, de aceea s-a și comportat cum a făcut-o. Dacă ar fi fost greșit, nu ar fi făcut-o. Asigură-te că ești înarmat cu argumente până în dinți înainte de a programa întâlnirea cu un Albastru.

Oferă-i detalii specifice și exemple clare, preferabil în scris

Nu e suficient să vii cu fraze de tipul „Mi se pare că lucrezi prea încet; poți fi mai productiv, te rog?" O asemenea rugăminte este mult prea generală. Nu contează dacă ai dreptate sau nu – replica „lucrezi prea încet" nu înseamnă nimic. Cine spune asta? Încet raportat la ce?

Ceea ce trebuie să faci este să îi oferi exemple clare și detaliate. Trebuie să îi spui lucruri de genul „ultimul proiect a durat 16 ore jumătate". Apoi poți să adaugi: „Nu putem factura clientul pentru 16 ore jumătate, ceea ce înseamnă că profitul a scăzut cu 4,125 dolari" (16,5x250 dolari/oră sau oricât facturezi tu).

Acesta este un mesaj pe care un Albastru îl poate lua în considerare. Dacă i-ai prezenta aceste detalii unui Galben, lucrurile ar sta diferit, dar, în cazul unui Albastru, avem de-a face cu o informație foarte relevantă. Întrucât necesită un feedback detaliat, ar putea fi riscant să o prezinți într-o conversație. Trebuie să îți notezi totul. Albaștrii au anumit grad de neîncredere când vine vorba de oamenii care vorbesc prea mult; cuvintele scrise devin automat mult mai adevărate în ochii lor.

Prin urmare, notează-ți ce ai de spus, dar verifică totul de cel puțin două ori. Și, de ce nu, ai putea chiar să îi ceri cuiva să verifice informațiile înainte de a-ți programa întâlnirea cu un Albastru.

Nu intra în detalii personale dacă nu vă cunoașteți bine

Șefii Galbeni și Verzi pot foarte ușor să bată pe umăr un Albastru, ba chiar să devină foarte personali, mai ales când intenționează să confere un feedback negativ. Motivul este simplu – ei știu că oricine ar sări ca ars când i se aduc critici fără un preludiu. Este cea mai neinspirată modalitate de a aborda un Albastru. Nu vei face decât să îi sporești suspiciunea și nu te va asculta așa cum ți-ai dori să o facă.

Gândește-te la cum ar proceda un Roșu. Ar programa întâlnirea, s-ar așeza la masă și i-ar arăta lista cu rezultatele negative persoanei în chestiune. (Asta dacă ar avea o asemenea listă. Dacă ar fi vorba despre un vecin care i-a aruncat frunzele în curtea lui, i-ar da acestuia o pungă plină cu frunze și i-ar cere să le numere.) Roșii nu înfloresc lucrurile. Ei sunt foarte direcți. De obicei, nu au probleme în a-ți spune că munca ta nu e suficient de bună. Tărăgănarea nu poate fi tolerată și, pentru că și-ar dori ca proiectul să fi fost finalizat cu o zi în urmă, și nu cu două mai târziu, enervarea lui este pe măsură.

Rezumă-te la fapte

Dacă vrei să îl faci pe un Albastru să te asculte, trebuie să te rezumi la fapte. Ori de câte ori te simți vinovat pentru că spui lucruri negative, dar începi să îi vorbești despre cât este de apreciat, nu faci decât să îl confuzionezi. Se va întreba ce urmărești, de fapt. Un Albastru nu are nevoie să se umfle în pene și va înțelege că, de fapt, nu vrei decât să înflorești criticile pe care i le aduci. Așa că, rezumă-te la fapte!

Nu folosi metoda sendvișului, specifică managerilor și liderilor. Pentru e detensiona atmosfera și a ușura transmiterea unei mesaj serios („ai pierdut mulți clienți", „greșelile tale ne costă bani", „nu ai terminat la timp", „nu ai fost politicos cu Ben de la recepție"), poți transmite și lucruri pozitive („ești un angajat valoros", „de obicei, îți faci treaba cum trebuie", „uneori, totul este în regulă", „îmi place foarte mult de tine").

Problema cu metoda sendvișului, cunoscută drept „metoda laude și învinuiri", este aceea că nimeni nu înțelege mesajul. Ce vrei să spui, de fapt? Un Albastru, în special, nu va înțelege nimic, pentru că feedback-ul pozitiv în care ai îmbrăcat mesajul era relațional și emoțional, nicidecum profesional. Ține minte că un Albastru nu e amicul tău, el e acolo ca să-și facă treaba. Asigură-te că vorbești despre asta.

Întreabă-l dacă are sugestii de ameliorare a situației. Folosește noțiuni precum „calitate", „evaluare", „analiză", „verificare". Folosește limbajul cu care este obișnuit. Vei reuși mult mai ușor ceea ce ți-ai propus.

Pregătește-te pentru întrebări foarte detaliate

Desigur, Albastrul nu va accepta din prima criticile tale. Este recomandabil să îi oferi șansa de a-ți pune întrebări cu privire la ceea ce i-ai spus. Există riscul să te bombardeze cu o serie de întrebări care te vor face să te simți ca și cum tu ai fi cel supus criticii. Întrebările pot fi referitoare la toate aspectele criticii tale.

„De unde știi?" „Cine ți-a spus?" „Cum ai calculat asta?" „Unde scrie că trebuie procedat astfel?" „De ce nu găsesc informația pe intranetul companiei?" „De ce ai așteptat până acum să îmi spui asta?" „Pot să îmi arunc o privire pe documente?" „Unde este contractul care reglementează facturarea?" „Ești sigur că nu se pot adăuga 16 ore și jumătate la această factură?" „Nu cumva am mai procedat astfel? Îmi amintesc de un client, acum câțiva ani..."

Poate că nu vei fi capabil să răspunzi la toate întrebările, așa că va trebui să te hotărăști cât de complex vrei să fie feedback-ul tău. Poți să îi spui, pur și simplu, „așa stau lucrurile; acum poți să te întorci la lucru". Însă, acesta este cel mai rău lucru pe care îl poți face, mai ales dacă vrei să îi câștigi încrederea. Singurul lucru pe care l-ai dovedit este că ai fost foarte atent la detalii.

Cere-i persoanei să îți repete ce i-ai spus și fă o verificare ulterioară

Când am seminare pe tema leadershipului, problema feedback-ului apare adesea în discuție. În cazul Albaștrilor ofer aceleași sfaturi ca și în cazul celorlalte culori. Întreabă-ți angajatul Albastru dacă poate să repete, cuvânt cu cuvânt, înțelegerea la care ați ajuns. Trebuie neapărat să conștientizeze că a văzut și a auzit aceleași lucruri ca și tine.

Rareori se întâmplă să repete totul ca atare, însă se poate să nu fi asimilat mesajul ca atare, mai ales dacă ai fost vag sau prea preocupat de relația voastră. Albastrul înțelege că ar trebui să repete ceea ce știe că ai vrea să auzi de la el. Dar nu e același lucru cu convingerea lui că feedback-ul negativ pe care i l-ai oferit era pertinent.

Exemplul pe care îl dau, cu privire la depășirea termenului unui proiect, este o capcană foarte înșelătoare. Asta pentru că un proiect predat unui client nu are altă valoare decât cea pe care i-o acordă clientul respectiv. Calitatea este de o importanță covârșitoare. Dacă suntem neglijenți – potrivit standardelor unui Albastru – nu vom mai primi comenzi de la clientul respectiv. Ce pierderi se vor înregistra, în cazul acesta? Prin urmare, cum poți spune că punctualitatea este mai importantă decât produsul în sine? Din punct de vedere logic, un Albastru e capabil să spună că obiecțiile tale sunt absurde.

Dar, dacă ai certitudinea că ai dreptate (nu e suficient să *ți se pară* că ai dreptate), urmărește-l și asigură-te că păstrează ritmul.

Concluzie: E dificil să critici un perfecționist, pentru că el știe deja cea mai bună metodă și nu are de gând să își schimbe părerea doar pentru că ai tu un post mai important pe cartea de vizită. Așa că totul ține de cât de bine îți faci temele.

Trebuie să mai ții minte și că, deși poate fi dificil să îl faci pe un Albastru să răspundă pozitiv la feedback-ul tău, el este capabil să identifice toate greșelile celorlalți și chiar să ți le arate pe ale tale exact când te aștepți mai puțin. Nu pentru că este răzbunător, ci pentru că ai făcut-o de oaie.

14. Cine cu cine se înțelege — și de ce funcționează
Dinamica de grup în forma ei cea mai subtilă

Răspunsul cel mai scurt este acela că un grup ar trebui să conțină toate culorile, ca să fie posibilă cea mai bună dinamică. Într-o lume perfectă, ar trebui să existe un număr egal din fiecare culoare. Galbenul propune o idee nouă, Roșul ia decizia, Verdele face toată treaba, iar Albastrul evaluează procesul și se asigură că rezultatele vor fi excelente. Dar nu trăim într-o lume perfectă. Nu rareori, Galbenii se află în poziții mai bune decât Roșii. Sau, în cel mai rău caz, au reușit să își croiască drum spre o poziție care necesită un comportament Albastru. Într-adevăr, există multe exemple de oamenii care ocupă poziții ce nu li se cuvin, iar o parte din explicație ar fi aceea că le lipsesc anumite condiții prealabile, care să le permită să își gestioneze slujbele. Mai mult decât atât, totul are de-a face cu hotărârea fiecăruia. Oamenii sunt motivați de lucruri diferite, ceea ce îi îndepărtează de comportamentul lor de bază, în anumite situații. Însă acesta este subiectul unei alte cărți.

Prin urmare, cum îți creezi echipa? Uită-te la imaginea care urmează. Vei înțelege mult mai ușor de ce anumite combinații sunt preferabile altora. Dacă ești într-o perioadă de recrutare, această schemă te poate ajuta.

Așa cum poți observa, există combinații de culori care funcționează. Repet, există multe excepții, dar să spunem că nimeni din grup nu cunoaște acest model comportamental și,

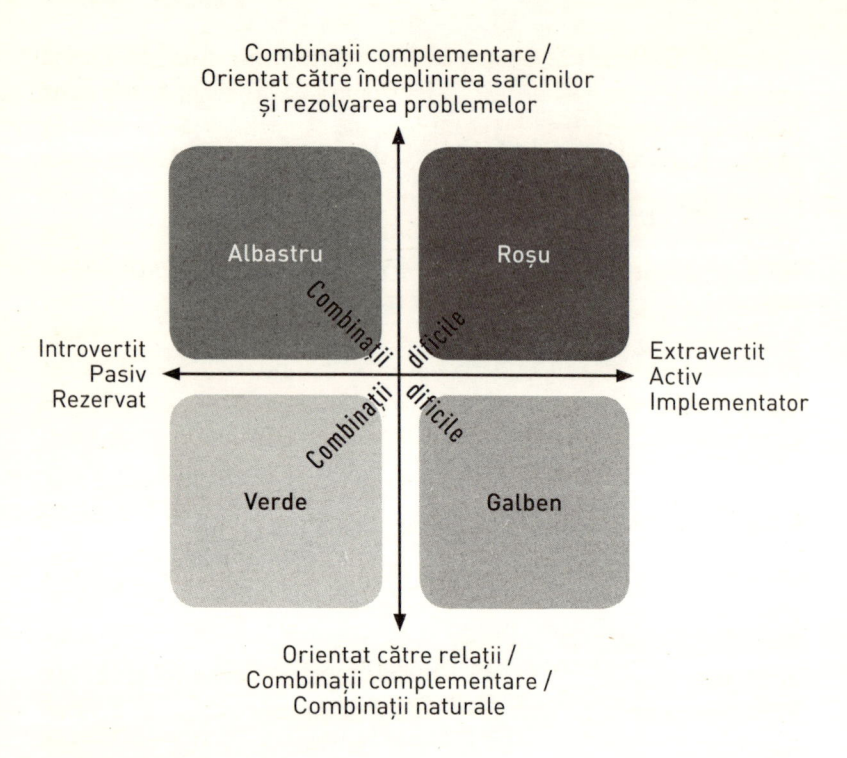

Combinații complementare /
Orientat către îndeplinirea sarcinilor
și rezolvarea problemelor

Albastru	Roșu
Verde	Galben

Introvertit / Pasiv / Rezervat ←→ Extravertit / Activ / Implementator

Combinații dificile

Orientat către relații /
Combinații complementare /
Combinații naturale

prin urmare, toată lumea duce lipsă de autoconștientizare. De exemplu, este mai ușor pentru doi oameni să lucreze împreună, dacă au același ritm și lucrează cu aceeași viteză.

Combinații naturale

Dacă ne uităm la diagrama de mai sus, putem observa că Albastru și Verde reprezintă o combinație productivă, fără prea mult efort. Albaștrii și Verzii se recunosc în capacitatea celuilalt de a respira calm și de a se gândi de două ori înainte de a lua o decizie. Câtă vreme amândoi sunt introvertiți, fiecare se simte mai sigur în preajma celuilalt, pentru că avem de-a face cu același tip de energie. Nici unul dintre ei nu e cu capul în nori și preferă să fie conectați la realitate. Nu sunt stresați și își dau voie să descopere în profunzime lucrurile. Desigur, li se poate părea dificil să ia decizii, dar deciziile pe care le iau sunt bine gândite.

La fel, Galbenii și Roșii pot lucra bine împreună, căci sunt personalitații care își doresc ca lucrurile să avanseze. Ambii sunt puternici și sociabili și, întrucât le place să vorbească, capabili să găsească cuvintele potrivite cu ușurință. Desigur, nu vor avea același nivel de concentrare într-o conversație, dar dialogul va fi unul fluid. Ambii își stabilesc obiective înalte și au o gândire agilă. O echipă formată din Roșii și Galbeni impune o dinamică rapidă și, cum sunt amândoi foarte clari cu privire la ce își doresc, îi vor motiva pe cei din jur să atingă obiective importante. Provocarea constă în faptul că un Roșu îl poate percepe pe un Galben ca fiind foarte vorbăreț, însă, câtă vreme nici unul dintre ei nu este bun ascultător, vor schimba rolurile oricând le convine.

Combinații complementare

O altă metodă care funcționează constă în a analiza cealaltă axă și a construi o echipă în funcție de orientarea fiecărei culori. Roșii și Albaștri sunt concentrați asupra îndatoririlor. Roșii sunt mult mai interesați de rezultat decât de proces în sine, iar Albaștrii sunt mult mai preocupați de proces și tind să ignore rezultatul – însă toți vorbesc același limbaj. Ambii se dedică muncii și petrec foarte puțin timp discutând despre fotbal sau renovări în casă – cu excepția prânzului. Se completează unii pe ceilalți într-un mod productiv. Dacă facem o comparație cu o mașină, Roșul este accelerația, iar Albastrul este frâna. E nevoie de amândoi pentru ca mașina să se poată deplasa. Trucul este să nu apeși pe ambele pedale în același timp.

În mod similar, există o logică în a pune un Verde lângă un Galben. Ritmul în care lucrează fiecare este diferit, însă ambii sunt curioși. Ambii cred că oamenii sunt interesanți și importanți. În vreme ce unuia îi place să o ia mai ușor, celuilalt îi place să se distreze. Găsesc ușor puncte comune. Verdele îi va oferi posibilitatea Galbenului să aibă tot spațiul de care are nevoie. Unul vorbește, iar celălalt ascultă. Poate funcționa foarte bine. În plus, Verzii se pricep să îi calmeze pe Galbenii cei isterici, care, uneori, sunt foarte agitați. Desigur, există riscul să nu acorde suficient timp muncii în sine, dar se simt bine împreună. Oamenii

ALBASTRU: ANALITIC	ROȘU: DOMINANT
• Critic	• Insistent
• Indecis	• Strict
• Îngust la minte	• Dur
• Mofturos	• Dominator
• Moralizator	• Dificil
• Sârguincios	• Cu voință puternică
• Grijuliu	• Independent
• Serios/Insistent	• Ambițios
• Exigent	• Hotărât
• Metodic	• Eficient
VERDE: STABIL	**GALBEN: INSPIRATOR**
• Încăpățânat	• Manipulator
• Nesigur	• Temperamental
• Conformist	• Indisciplinat
• Dependent	• Contraproductiv
• Ciudat	• Egoist
• Încurajator	• Inspirator
• Respectabil	• Stimulator
• Serviabil	• Entuziast
• De încredere	• Dramatic
• Plăcut	• Sociabil

din jurul lor simt că nu fac altceva decât să se simtă bine și că nu produc nimic. Întrucât amândurora le vine greu să spună „nu", poate că nu e o idee bună să lași prea mulți bani pe mâna lor.

Combinații dificile

Există, desigur, și combinații foarte dificile. Asta nu înseamnă că partenerii nu vor fi capabili să lucreze împreună, însă vor exista obstacole care trebuie luate în calcul. O soluție posibilă este aceea în care ambele culori devin conștiente de sine și înțeleg cum pot lucra și interacționa împreună.

Uită-te cu atenție la următoarea schemă.

Coloana din partea dreaptă arată lucrurile pe care o persoană le vede în profilul său. Coloana din partea stângă arată modul în care persoana opusă o poate percepe, în circumstanțe mai puțin favorabile. Poate ai auzit despre o anumită persoană că ar fi plictisitoare, dar, când ai cunoscut-o personal, ți-ai dat seama că este foarte interesantă și că aveți multe în comun. Cine are dreptate și cine greșește? Depinde pe cine întrebi.

Problema constă în interacțiunea dintre fiecare culoare și opusul acesteia. Imaginea pozitivă exprimă modul în care se exprimă fiecare profil. Imaginea negativă este o expresie a modului în care un anumit profil poate fi perceput de altcineva. Toți percepem lucrurile diferit.

Probleme reale

Poate fi o provocare să le ceri Roșilor și Galbenilor să rezolve împreună o problemă. Dacă sarcina depinde de cooperarea dintre ei, problemele nu vor întârzia să apară. La început, Verdele este foarte pasiv, în special în comparație cu un Roșu, care pornește la drum înainte chiar de a fi citit instrucțiunile. În vreme ce Verzii consideră că este o povară să fie nevoiți să-și ducă la bun sfârșit sarcina, Roșii vor fi început deja treaba.

Roșii sunt foarte critici cu privire la lamentările Verzilor. În același timp, Verzii consideră că Roșii sunt persoane agresive, care nu sunt niciodată atente la ceilalți. Cu toate acestea, în circumstanțe favorabile, combinația Roșu–Verde poate funcționa. În general, un Verde este pregătit să coopereze; aceasta este forța lor. Funcționează bine cu alți oameni, pentru că sunt adaptabili și nepretențioși. Prin urmare, există o anumită logică în combinația Roșu–Verde. Unui Roșu îi place să dea ordine, iar un Verde îi place să le primească.

Potrivit teoriilor lui Marston, cea mai mare provocare este să îi ceri unui Galben și unui Albastru să lucreze împreună. Dacă nu sunt la curent cu modul în care funcționează personalitățile fiecăruia, vor exista neînțelegeri încă de la început. Galbenul își începe sarcina pe care o primește, fără să știe ce are de făcut sau cum se procedează. Nu citește instrucțiunile și nici nu ascultă cu atenție ca să înțeleagă despre ce este vorba. Vorbește neîncetat despre cât este de încântat de proiectul pe care l-a primit. Între timp, Albastrul începe să citească și să facă cercetări cu privire la toate materialele de care dispune. Nu scoate un cuvânt, ci, pur și simplu, studiază. Albastrul gândește.

Galbenul, pe de altă parte, va considera că Albastrul este cea mai plictisitoare persoană din lume. Iar Albastrul va fi deranjat de logoreea Galbenului. Va începe să fiarbă de enervare, din cauza agitației din jur. El consideră că Galbenul este o persoană frivolă, care nu merită deloc atenție. Iar când Galbenul înțelege că nu l-a atras pe Albastru de partea lui, va începe să pălăvrăgească și mai tare. În cel mai rău caz, va încerca să îl farmece pe Albastru, ceea ce va conduce, în mod inevitabil, la dezastru. Vor sta amândoi la colț, cu fețele îmbufnate și plin de nervi.

Soluția este conștientizarea de sine!

„Și ce trebuie să fac dacă nu cunosc persoana din fața mea?" E foarte simplu! Fii Verde!

Nu este ușor să îi citești și să îi interpretezi pe ceilalți. Dacă o persoană nu are decât o culoare, atunci nu vei avea probleme să o înțelegi, mai ales dacă ai citit cu atenție această carte. Va fi evident ce ai de făcut. O persoană care este doar Roșie sau doar Galbenă este greu de ratat. Dar chiar și Verzii sau Albaștrii sunt ușor de detectat, dacă știi unde să privești.

Așa cum am menționat anterior, din punct de vedere statistic, aproximativ 5% din populația adultă are o singură culoare în comportament. În jur de 80% au două culori, iar restul au trei. Nimeni nu are patru, în orice caz, nu în cadrul instrumentului de analiză pe care îl folosesc eu.

Este relativ ușor să recunoști oameni care au două culori. O combinație de două culori poate urma oricare dintre axe, cum ar fi: Albastru/Roșu, Roșu/Galben, Galben/Verde, sau Verde/Albastru.

Uneori se întâmplă, desigur, ca o persoană să întrunească trăsăturile opuse a două culori. Am întâlnit, de exemplu, mulți oameni de tip Galben/Albastru. Nu e nimic rău în asta, doar că sunt personalități neobișnuite. Cu adevărat ciudate sunt profilurile de tip Roșu/Verde. Încă nu am reușit să înțeleg cum de este posibil.

La un moment dat, am întâlnit o femeie care lucra ca director adjunct la o companie de automobile. Era foarte hotărâtă și puternică, dar, în același timp, era extrem de atentă. Grija și atenția pe care le-o purta angajaților era sinceră și dădea rezultate ciudate. Printre altele, femeia respectivă își pierdea repede cumpătul. Ieșirile ei nervoase erau legendare. Dar, de îndată ce conștientiza aceste ieșiri, făcea tot ce îi stătea în putință pentru a atenua efectele și a repara daunele provocate. Se simțea sincer rău atunci când era dură cu anumiți oameni, însă îi era imposibil să se controleze. Această tensiune dintre două culori conflictuale (Roșu și Verde) înseamnă că era tot timpul foarte aproape de epuizare.

Oamenii cu trei culori sunt cel mai dificil de interpretat. Dacă este greu să identifici un individ, acest lucru se poate datora faptului că are trei culori în comportament. Situația îi va determina comportamentul.

Cel mai bun sfat pe care ți-l pot da, dacă într-adevăr nu poți interpreta o persoană, este să taci și să asculți. Comportă-te ca un Verde, dacă nu ești sigur. Oamenii îmi spun uneori că nu pot înțelege o persoană, pentru că persoana respectivă nu face nimic. Dar chiar și o persoană pasivă demonstrează o formă de comportament. Și, în acest stadiu, știi deja ce culoare este asociată indivizilor pasivi – Albastru.

15. Comunicarea scrisă

Cum să evaluezi o persoană când nu poți să o întâlnești personal

Multe lucruri pot fi descoperite în felul în care scriem. Fiecare culoare are o modalitate distinctă de a scrie; unii scriu mult pentru a se exprima, în vreme ce alții preferă să fie preciși. Dacă ai ocazia să citești un document pe care l-a scris persoana în chestiune – un raport, un articol, o scrisoare sau o scrisoare către editor – ai deja multe detalii. Deseori, este posibil să identifici o culoare prin intermediul textului scris. Dacă ești o persoană care nu vorbește mult, acest lucru se poate regăsi și în felul în care scrii. Și viceversa.

Dacă nu dispui decât de un email, atunci trebuie să te descurci cu ce ai. Să spunem că îi răspunzi unui client. Trebuie să te pregătești corespunzător. Poți privi cu atenție la modul în care este scris mesajul. Este unul concret? Există o tușă personală? Este scurt și concis, sau pare să fie scris spontan? Toate aceste detalii sunt semnale importante, pe care le poți folosi în avantajul tău. Ca de obicei, există și multe excepții, însă identificarea unor modele comportamentale te poate ajuta să înțelegi mai bine fenomenul.

Iată câteva exemple.

De la: kristian.jonsson@teamcommunication.com
Către: Cina.cinasson@coco.net
Subiect: Rendez-vous
Rendez-vous mâine la ora 11. FII PUNCTUALĂ!
-K

Ce părere ai? Oare K urlă pentru că a folosit majuscule? Îmi este neclar. Se prea poate să fie vorba doar despre faptul că ora întâlnirii este importantă. Sau poate că se grăbea să ajungă undeva. Nu îi pasă dacă persoana care primește mesajul se simte agresată de folosirea majusculelor. Ca întotdeauna, un Roșu poate trăi cu așa ceva pe conștiință. El nu își dorește decât să fie clar.

Reacția ta: Răspunde-i cât mai repede! Fii scurt și precis. I-ai putea scrie pur și simplu „OK".

> De la: kristian.jonsson@teamcommunication.com
> Către: Cina.cinasson@coco.net
> Subiect: Rendez-vous
> Salutare, Cina! Ce mai e nou? Ai fost la meci aseară? Am văzut că Lasse a fost. Și-a vărsat sucul pe el și am râs de m-am prăpădit! Uită-te la poza pe care am postat-o pe Facebook. Apropo, mă gândeam că ar fi util să stăm de vorbă mâine, înainte de prânz, despre clientul nostru. Ora 11 e ok?
> Pe curând! Krille

> De la: kristian.jonsson@teamcommunication.com
> Către: Cina.cinasson@coco.net
> Subiect: Rendez-vous
> Am uitat să atașez fotografia. Scuze.
> Krille

Chiar și în scris, un Galben se exprimă într-o manieră spontană și amicală. Îi place să povestească și să păstreze un ton personal. Reține aiureala cu Lasse și băutura vărsată. O porție bună de râs care are scopul de a-ți atrage atenția.

Răspunsul tău? Nu trebuie să te grăbești, dar nici să nu îi răspunzi nu este în regulă, căci se va simți nesigur. Fii cordial. Nu uita să îi mulțumești pentru fotografie și spune-i că te-a amuzat foarte tare întâmplarea...

> De la: kristian.jonsson@teamcommunication.com
> Către: Cina.cinasson@coco.net
> Subiect: Rendez-vous

Voiam să îți amintesc de întâlnirea programată mâine, la ora 11. Sper că e în regulă pentru tine. O să aduc niște dulciuri, ca să ne bem cafeaua, niște chifle cu scorțișoară, pregătite în casă. O zi frumoasă!
Cu drag,
Kristian

Iată un ton mult mai personal. Kristian a avut grijă să redacteze frumos acest e-mail, pentru a se asigura că nu spune nimic nepotrivit. Mementourile cu privire la întâlniri stabilite de ceva vreme îi pot deranja pe unii oameni, iar Kristian vrea să se asigure că nu există loc de interpretare.

Cum să răspunzi la un e-mail atât de simpatic? Fii personal și prietenos. Mulțumește-i că ți-a amintit. Nu trebuie să îi spui că adori chiflele cu scorțișoară, dar o poți face. Ține minte să îl iei ușor și să nu fii prea agitat la întâlnire.

De la: kristian.jonsson@teamcommunication.com
Către: Cina.cinasson@coco.net
Subiect: Rendez-vous
Bună dimineața, Christina!
Referitor la întâlnirea cu clientul nostru, programată mâine, aș aprecia dacă ai consulta în prealabil o serie de informații. Găsești atașate trei documente referitoare la problemele pe care le vom aborda în cadrul întâlnirii.
Numai bine,
Kristian Jonsson
+ 46704808080
Copy of dates and participants.xls
IT Strategy Update UGMT.doc
Flyer Template 27 Nov 2014.doc

Invitația inițială a fost trimisă cu ceva timp în urmă, dar ai înțeles deja asta, nu? Probabil că și-a setat un memento în agendă, care să îi amintească de întâlnire. Textul mesajului este concret și nu are nici o dimensiune personală. Există doar o mică notă care să îți amintească că trebuie să fii bine pregătit.

   Care este cea mai indicată metodă de a răspunde la acest mesaj venit din partea unui Albastru? Confirmă-i recepționarea mesajului și a materialelor respective. Spune-i că vei reveni cu un mesaj dacă ai întrebări suplimentare. Trebuie să reții și că destinatarul pornește de la premisa că vei citi materialele trimise, așa că este recomandat să te comporți în consecință.

16. CE NE SCOATE DIN SĂRITE?

Temperamentul poate scoate în evidență totul despre o persoană

La sfârșitul acestei cărți, îți voi prezenta o lecție de istorie. Este vorba despre cele patru temperamente ale lui Hipocrate, care vorbesc despre aceleași trăsături descrise în această carte.

Este posibil să tragi concluzii cu privire la personalitatea cuiva bazându-te doar pe temperament. Prin „temperament" nu mă refer doar la ceea ce frustrează o persoană, ci la modul în care aceasta reacționează când se întâmplă ceva neașteptat. O altă denumire pentru acest comportament ar fi „dispoziția" unei persoane, care are legătură cu modul în care reacționează în anumite circumstanțe și ce tip de energie folosește.

Da, furia este un exemplu care îți oferă posibilitatea de a judeca mai bine culoarea unei persoane. Mai mult decât atât, furia este situațională. Pe oameni nu îi supără aceleași lucruri. Prin observarea modului în care reacționează cineva poți obține informații importante. Dă-m voie să îți prezint un diagnostic rapid.

Cei naiba... !!!

De dragul simplității, hai să comparăm temperamentele cu paharele de băut. Aș sugera un pahar de shoturi pentru temperamentul Roșu. Cu toate acestea, am putea spune că păhăruțul respectiv nu conține foarte multe lucruri.

Așa este, iar mulți Roșii funcționează exact în acest mod. Nu au nevoie de prea multe ca să își piardă cumpătul și să răbufnească. Ar putea fi vorba despre blocaje în trafic, apeluri ratate, sau chiar despre cineva care merge încet pe scara rulantă. Ține minte că, dintre toate culorile, Roșii sunt cel mai des înconjurați de idioți. Un Roșu are multe motive să fie iritat. Tăria unui Roșu constă în faptul că, dacă răbufnește, acesta se eliberează de toată furia și iritarea acumulate. Criza lor e de scurtă durată. Păhărelul de shot atinge repede capacitatea sa maximă, dar nici nu durează mult să se golească. Roșii golesc păhărelul de furie și frustrare și redevin ei înșiși. (Nu mă refer la modul în care cei din jurul unui Roșu percep lucrurile.)

Avantajul este că furia lor dispare repede. Un Roșu nu rămâne furios vreme îndelungată. Spune ce are de spus, apoi merge mai departe. Desigur, îi poate nedumeri pe cei din jurul lui, dar asta e problema lor. El și-a încheiat episodul. Apoi se întâmplă din nou ceva enervant, iar Roșul răbufnește din nou. Iar și iar.

Imaginează-ți că iei păhărelul de shot și-l răstorni pe birou. Nu e tocmai o plăcere, dar e ușor de șters.

Însă, ține minte că respectivul păhărel se golește pe cât de repede se umple. Se va întâmpla din nou. Mulți percep temperamentul unui Roșu ca fiind complet imprevizibil. Un Roșu poate răbufni oricând.

Totuși, eu nu cred că temperamentul Roșu este atât de imprevizibil. Dacă îl cunoști bine pe Roșul de lângă tine, probabil că știi deja ce anume îl enervează. Totuși, e important să știi că un Roșu nu crede despre sine că este o persoană furioasă. Pentru Roșu, furia este o formă de comunicare. Dar pentru un Verde, furia Roșului este doar furie. Totul ține de cine privește. Mulți se dau la o parte din fața Roșului, evitând confruntarea directă. Însă, printr-un asemenea comportament, Roșii ratează multe informații în cadrul unui feedback.

„Sunt furios! Auzi ce îți spun?"

Până și Galbenul cel vesel își pierde cumpătul: să nu crezi dacă ți se spune altceva. Deși Galbenii au o dispoziție luminoasă și optimistă, au și ei temperamentul lor. Asemenea Roșilor, sunt activi și perceptivi. Asta înseamnă că sunt multe lucruri care îi fac să reacționeze. Iar dacă ești ager la minte și, uneori, gura vorbește fără tine, ei bine, se pot întâmpla multe.

Întrucât Galbenii sunt expresivi și emoționali, vei ști din timp când crește nivelul mercurului din termometre. Un om atent identifică ușor momentul în care un Galben e pe cale să explodeze. Privirea lui se înăsprește: gesturile îi devin impetuoase, vocea îi este ridicată. Toate se întâmplă, dar se întâmplă treptat.

Dacă temperamentul unui Roșu seamănă cu păhărelul de shot, cel al Galbenului poate fi comparat cu un pahar de apă obișnuit. Conține mai mult lichid și e mai ușor să vezi când se umple. Nivelul crește ușor, ușor, iar dacă ești atent, vei vedea când se întâmplă.

Dacă răstorni paharul cu lapte pe birou, ce se întâmplă? Vei face mult mai multă mizerie, în comparație cu paharul de shot, nu-i așa? Multe documente sunt distruse și e nevoie de multă hârtie ca să cureți mizeria.

Dar tot e o situație ușor de gestionat. Inclusiv aceste ieșiri temperamentale pot fi gestionate fără prea multe complicații. Există și avantaje ale temperamentului Galbenilor: au mustrări de conștiință când se năpustesc asupra colegilor, a familiei, a vecinilor sau chiar a ta. Așa că vor face eforturi să fie simpatici la următoarea întâlnire. Vor avea conștiința încărcată, ceva ce unui Roșu îi este greu să înțeleagă.

Dacă se întâmplă ca o persoană să fie o combinație de Roșu și Galben, lucrurile se pot complica. În acest caz, există mult ego și nici nu vei înțelege care este problema.

În funcție de factorii motivaționali, persoana în cauză își poate impune punctul de vedere până la limita absurdului. Galbenii autentici își pot lăsa egoul deoparte, de cele mai multe ori. Avantajul este acela că, din cauza memoriei slabe, nu rămân supărați multă vreme. Uită că a fost vreo problemă, o abilitate care îi poate face pe Verzi și Albaștri să creadă că Galbenii sunt mult prea exaltați.

„Ferește-te de furia unui om răbdător." Ferește-te, pe bune!

Recunoști această zicală străveche? Cel care a formulat-o avea, cel mai probabil, un Verde în minte. Se prea poate să nu fi văzut niciodată un Verde care să își piardă cumpătul. Se prea poate ca prietenul tău cel bun și generos, cu care nu te-ai certat niciodată, să nu fi manifestat (încă) un temperament agresiv.

Asta înseamnă că avem de-a face cu o persoană incapabilă să fie furioasă? Nici vorbă. Înseamnă doar că, în loc să-și exteriorizeze furia, Verdele o canalizează spre interior.

Aş compara temperamentul unui Verde cu un butoi de bere, cu o capacitate de 200 de litri. Îți imaginezi de câte păhărele e nevoie pentru a-l umple? L-am tot umple și l-am tot umple, și abia dacă am reușit să acoperim fundul butoiului. Mulți Verzi funcționează așa. Primesc și acceptă totul, fără să obiecteze. Acest comportament este legat de dorința lor de a evita conflictul, dar și de inabilitatea de a spune nu. Ei sunt de acord doar pentru că este mai ușor să se comporte astfel.

Asta înseamnă că un Verde nu are părerile lui? Nicidecum, un Verde are păreri, la fel ca toată lumea. El, pur și simplu, nu vorbește despre ele, ceea ce reprezintă, într-adevăr, o problemă. Verzii umplu butoiul. De-a lungul timpului, Verzii percep tot soiul de nedreptăți – atenție la folosirea cuvântului *percep*. E nevoie de ani de zile pentru ca butoiul să se poată umple.

Iar acum, hai să luăm butoiul acesta și să vărsăm conținutul pe birou. Nu numai că apa va distruge totul în cale, ba chiar și biroul va fi luat de ape. Nu ai ce să faci, te confrunți cu o inundație.

„Îmi reproșezi că nu am terminat proiectul la timp? Serios? Săptămâna trecută mi-ai zis că nu muncesc cum trebuie. Ascultă, cu un an urmă, mi-ai promis un birou nou și încă nu l-am primit. Și când m-am angajat aici, în 1997, mi-ai spus același lucru..."

Totul iese la iveală. Asigură-te că nu tu ești scânteia care declanșează explozia.

Problema este foarte complexă. Verzii nu manifestă furie sau frustrare, ci își controlează emoțiile, astfel încât să nu creeze situații neplăcute. Dar și ei simt aceleași lucruri ca toată lumea. Pur și simplu, Verzilor le lipsesc instrumentele care să le permită să se exprime. Îi putem ajuta devenind facilitatori. Putem pune întrebări, îi putem invita să facă parte din proiectele noastre, pentru a identifica semnalmente. Uită-te la limbajul lor corporal și vezi dacă există semnale de dezaprobare. Creează un mediu sănătos în jurul unui Verde, care să îi permită să se simtă confortabil să se exprime. În caz contrar, Verdele își va direcționa frustrarea spre interior. Și toți știm ce stresant poate fi.

Eu am o părere personală, care din păcate nu poate fi dovedită științific. Însă cred că acesta este motivul pentru care Verzii suferă de epuizare. Acumulează anxietate, teamă și furie, pe o durată atât de îndelungată, încât, pur și simplu, ajung să se îmbolnăvească. Este o problemă gravă, care trebuie tratată cu multă seriozitate.

O plângere pe zi

Într-o perioadă foarte dificilă din timpul carierei mele în domeniul bancar, am auzit un comentariu despre un Albastru. Cu toții munceam zi și noapte, și cei mai mulți dintre noi aveau deja simptomele stresului. Frustrarea plutea în aer.

Controloarea de credite era în plină nebunie, însă părea să nu fie deloc afectată. Nimic nu ajungea la ea. Nu i se putea citi nimic pe chip, iar gesturile ei erau limitate și reținute ca întotdeauna. În vreme ce noi, ceilalți, mâncam prânzul în cea mai mare grabă, ea își lua o pauză de o oră, pentru a mânca în liniște... practic, nimic nu părea să o perturbe.

Unul dintre colegii mei (Galben–Roșu) mi-a spus: „Femeia asta nu e normală, nu are nici o trăire".

La vremea aceea, comentariul îmi părea perfect logic, dar, dacă te gândești mai bine, nu putea fi adevărat. Albaștrii au, pur și simplu, mai puțină nevoie să comunice decât Verzii. Așa că, ei nu o fac. Chiar și Albaștrii interiorizează anumite lucruri. Cei cu mintea ageră se pot întreba dacă nu cumva Albaștrii riscă să sufere de epuizare, la fel cum se întâmplă în cazul Verzilor. Nici vorbă. Albaștrii dispun de un sistem care le dă voie să țină stresul sub control.

Metaforic vorbind, Albaștrii au un butoi de bere, la fel de mare ca cel al Verzilor, dar, cu o diferență crucială: pe fundul butoiului există un robinet mic, foarte la îndemână. Acest robinet îi dă posibilitatea Albastrului să elimine o parte din conținutul butoiului. Acesta poate regla presiunea, ori de câte ori dorește.

Mai mult decât atât, robinetul are o scurgere. Nu este etanș închis, motiv pentru care se scurg picături mici. Așadar, insatisfacția Albastrului se manifestă prin mici bombăneli.

„Uită-te numai! Cineva mi-a pierdut din nou pixul! Așa se întâmplă întotdeauna. Acum va trebui să termin singur treaba și, ca de obicei, primesc cea mai plictisitoare sarcină. Nu există nici o structură coerentă în firma asta."

Și așa mai departe. Lamentările Albastrului îi afectează pe cei din jur, dar, de fapt, nu e vorba decât de niște bombăneli inocente. Cenușa nu produce foc. Aceste bombăneli sunt considerate doar lamentări, dar nemulțumirea lui este reală. Și, întrucât un Albastru nu este suficient de activ încât să instige la ceva, nu va face decât să bombăne, în loc să schimbe cu adevărat vreun lucru. Totul se bazează pe faptul că se plânge tot timpul că ceilalți ar trebui să vadă ce vede și el, că nu are nici o autoritate să acționeze sau că e, pur și simplu, într-o stare proastă. Însă, pentru un Albastru, aceasta este o bună modalitate de a ține presiunea sub control. Prin urmare, butoiul nu trebuie să se golească pe biroul cuiva, motiv pentru care catastrofele sunt evitate.

Modul prin care poți gestiona bombănelile lui este acela de a-i pune întrebări și de a-i cere exemple concrete. Întreabă-l ce sugestii are pentru ca lucrurile să se îmbunătățească. Se prea poate ca Albastrul să fi rezolvat deja problema în chestiune, dar are nevoie de întrebări clare pentru a putea merge mai departe și a sugera o soluție.

Ce poți face în legătură cu faptul că oamenii nu se enervează în același fel?

Cu aceste simple observații în minte, îți poți face o idee despre tipul de persoană cu care ai de-a face. Fii atent la modul în care aceasta reacționează la stres și la presiune.

Însă trebuie subliniat că nici un sistem nu este perfect. Acestea sunt doar indicii, care nu se aplică decât unor culori individuale. În plus, așa cum am explicat și mai devreme, anumite situații pot genera comportamente diferite. În general, cu cât un anumit lucru e mai important pentru o persoană, cu atât mai puternică va fi reacția acestuia.

Ia propriul exemplu. Dacă cineva îți insultă vecinul, poate te gândești că e nedrept, dar hotărăști să nu faci mare caz din asta. Totuși, dacă ți-ar fi insultat soția, ai fi fost cu adevărat nervos. Iar acesta nu este decât un exemplu. Există multe niveluri și grade de diferențiere a comportamentelor.

17. Factori de stres și vampiri energetici. Ce este stresul cu adevărat?

Furia este un lucru. Stresul este ceva diferit. Uneori, furia este consecința stresului și viceversa, dar nu întotdeauna. Unii oameni sunt furioși din cauza stresului; alții sunt furioși din cauza furiei. Când vorbim despre stres, adesea ne gândim la sentimentul că avem prea multe de făcut și prea puțin timp la dispoziție. Nu avem suficient timp să facem totul la serviciu, să mergem la sala de fitness, să ne vedem cu prietenii, să petrecem timp cu familia și să facem diverse activități recreative, ba chiar să mai și dormim.

Totuși, stresul care ne face cu adevărat să suferim se datorează lipsei de timp. Dacă ești sub presiune și există așteptări mari față de ceea ce ai de făcut și de cum trebuie făcut, atunci ai toate șansele să fii stresat, chiar dacă nu timpul e problema.

Presiunea și așteptările pe care le au ceilalți de la noi pot genera stres și te pot face să fii foarte critic cu tine însuți, ba chiar lipsit de putere. Poți avea probleme cu somnul și poți chiar să simți dureri fizice. Pe scurt, senzația de stres apare când cererile și așteptările sunt mai mari decât capacitatea noastră de a le gestiona.

Oamenii răspund diferit la stres: ce surpriză!

Bineînțeles, cu toții reacționăm diferit la stres. Oamenii pot experimenta diferit același eveniment și există oameni care experimentează diferit unul și același eveniment, mai ales dacă acesta se produce de mai multe ori. Experiențele prin care ai trecut și modul în care te simți acum afectează modul în care acționezi și reacționezi.

Dacă ești odihnit și te simți bine, poți trăi o săptămână dificilă la muncă ca pe o provocare revigorantă, în ciuda numeroaselor sarcini pe care le ai de îndeplinit. Însă, dacă ești obosit și deprimat, aceeași săptămână îți poate părea ceva oribil și demoralizator.

Cum influențează stresul culoarea ta? Culoarea nu spune nimic despre pragul de stres, adică despre cantitatea de stres pe care o poți suporta. Însă poate spune multe despre ce anume te stresează și cum anume vei reacționa la stres. Anterior, ți-am prezentat conceptul de forțe dinamizante – orice mă motivează să mă trezesc și să mă dau jos din pat în fiecare dimineață, pentru a mă duce la muncă. Această carte nu analizează o astfel de dimensiune, însă este ușor să observi că ne stresăm ori de câte ori simțim că ne pierdem timpul cu lucruri inutile.

Odată ce ai înțeles care sunt cei mai importanți factori de stres din viața ta, vei fi mult mai bine echipat să îi eviți, ori de câte ori este posibil. Dacă ești un manager care are în responsabilitate un anumit număr de oameni cărora le cunoști profilurile comportamentale, poți evita factorii de stres cei mai problematici. Stresul poate fi evitat dacă știi cum, ceea ce îți va oferi posibilitatea de a păstra constantă rata de productivitate a grupului. Acest capitol este scris într-o notă ironică și îți sugerez să îl citești astfel.

Factori de stres pentru Roșii

Dacă vrei să stresezi un Roșu, poți încerca următoarele lucruri pentru a-i scădea încrederea în sine.

Privează-l de orice formă de autoritate

Pentru un Roșu, este foarte dificil să nu fie implicat în luarea deciziilor. El crede tot timpul că are idei mai bune decât ceilalți și, prin urmare, consideră că este cel care ar trebui să fie responsabil de proiect.

Fără rezultate

„Dacă nu progresăm mai repede, toată munca depusă va fi fost inutilă." O asemenea observație poate genera reacții severe de stres din partea unui Roșu, iar cei din jurul lui ar trebui să fie pregătiți. Nu de alta, dar va căuta țapi ispășitori.

Elimină toate provocările

Dacă totul merge strună, e foarte posibil ca Roșul să se plictisească. Comportamentul Roșu se bazează pe un lucru: abilitatea de a gestiona probleme și de a depăși dificultăți. Dacă nu sunt probleme de rezolvat, Roșul va duce lipsă de stimulare. Va deveni pasiv și va crede că nu are nimic de făcut. Întrucât Roșii nu pot încetini ritmul de viață, le poate fi foarte greu să reacționeze corespunzător.

Pierde timp și resurse și lucrează cât poți de ineficient

Să stai degeaba și să nu faci nimic este o pierdere de timp. Nu pentru că exact asta ar fi ceea ce facem, dar pentru că, în mintea unui Roșu, dacă nu obținem maximum de productivitate, înseamnă că pierdem timpul, ceea ce poate fi foarte stresant dintr-o perspectivă managerială. Roșul nu analizează decât eficiența organizațională.

Asigură-te că totul devine rutină

Sarcinile banale și repetitive sunt precum sărutul Morții în cazul Roșilor. Îi plictisesc teribil. Roșii își pierd concentrarea și găsesc altceva de făcut. Nu se pricep la rutină. Sunt leneși în privința detaliilor și știu foarte bine acest lucru. Altcineva trebuie să aibă grijă de lucrurile plictisitoare și de rutină, căci un Roșu are certitudinea că înțelege mai bine cum stau lucrurile.

Acumulează greșelile stupide

Greșelile sunt o treabă, însă greșelile stupide sunt ceva cu totul diferit. Și asta pentru că sunt inutile. Dacă un Roșu crede despre colegii lui că sunt idioți, înnebunește de-a dreptul: „De ce nu înțelege nici unul ce are de făcut? Cât poate fi de greu?"

Nu-i conferi controlul asupra celorlalți

Nevoia de control a unui Roșu poate fi extensivă. Nu este vorba despre controlul faptelor și al detaliilor. Ei își doresc doar să controleze oameni. Fără acest tip de control, Roșul devine foarte frustrat.

Spune-i constant să se liniștească și să scadă volumul vocii

Roșii o iau razna de-a dreptul când oamenii le spun că sunt nervoși, deși ei nu sunt. Roșii sunt întotdeauna puțin mai temperamentali decât ceilalți, dar asta nu înseamnă că sunt furioși. Și tocmai această acuzație îi enervează la maximum.

Ce face un Roșu când este stresat și se simte sub presiune?

Dă vina pe toți ceilalți. Întrucât un Roșu este tot timpul înconjurat de idioți, e ușor pentru el să găsească țapi ispășitori. Și poate exagera cu ușurință când vrea să reproșeze cuiva că a încrucat treburile. Ai grijă! Acesta este sfatul meu pentru tine, căci vei simți efectele furiei lui.

Roșii sunt, de obicei, mult mai solicitanți decât celelalte culori. Au așteptări foarte mari de la ei înșiși și de la ceilalți. Când sunt stresați, sunt excesiv de solicitanți și de motivați – mai mult decât este nevoie.

Roșul se va exila de ceilalți colegi. Se închide în el, se afundă în problema pe care o are de rezolvat și muncește chiar și mai mult. Ține minte că furia și frustrarea îi colcăie la suprafață, așa că fii atent ce faci în prezența lui.

Îi pot ajuta pe Roșii să facă față stresului?

Dacă ai autoritatea de a da ordine directe, răspunsul este simplu: cere-le să-și păstreze cumpătul. Chiar funcționează. O altă modalitate de a le face viața mai ușoară Roșilor în momente de stres este să îi trimiți acasă și să le recomanzi să facă sport – orice îi ajută să consume niște energie. Trimite-i într-un loc unde pot intra într-o competiție, unde pot face o investiție de energie pentru a câștiga chiar și ceva lipsit de importanță pentru grup. La întoarcere, mare parte din agresivitatea lor va fi dispărut.

Factori de stres pentru Galbeni

Dacă, din orice motiv, îți dorești să stresezi un Galben, încearcă următoarele lucruri.

Prefă-te că e invizibil

Ții minte impulsul motivator al lui Galben, nu-i așa? „Uită-te la mine! Sunt aici!" Dacă vrei să îl destabilizezi, fă-l să se simtă invizibil. Dacă e invizibil, înseamnă că nu există. Se simte ignorat și neluat în seamă, ceea ce îi provoacă mult stres.

Fii sceptic

Orice persoană care manifestă scepticism este o persoană negativă, ceva ce îi stresează foarte tare pe Galbeni. Ei nu vor să vadă decât lumina și lucrurile pozitive și consideră că oamenii realiști sunt profeții Apocalipsei. Pesimismul și negativitatea afectează entuziasmul Galbenilor și îi fac să se simtă încordați.

Structurează munca atât cât poți de mult

Asemenea Roșilor, Galbenii detestă rutina, sarcinile repetitive și orarele bine definite. Le place să facă programul celorlalți, dar ei nu îl respectă pe al lor. Obligă-i să fie parte din planurile tale și vei vedea ce iese.

Izolează-l de restul grupului

Cel mai rău lucru care i se poate întâmpla unui Galben este să nu aibă cu cine să vorbească. Este sfârșitul lumii. Întrucât au nevoie să vorbească, trebuie să aibă tot timpul un interlocutor la dispoziție. Singuri într-o încăpere, doar cu un birou pe post de companion – iată o pedeapsă mai cumplită decât moartea. E ca și cum ar fi deportați în Siberia.

Explică-i foarte clar că este nepotrivit să facă glume la muncă

„Fără glume și fără simțul umorului? Dar ce e asta, o înmormântare?" Exact aceasta este replica pe care am primit-o la un moment dat de la o Galbenă care descoperise că nu aveam timp de glume la lucru. Era foarte stresată de atmosfera sobră de la muncă, așa că și-a dat demisia chiar înainte să se termine perioada de probă.

Forțează-l pe un Galben să gândească de două ori înainte de a deschide gura

Dacă blochezi spontaneitatea unui Galben este ca și cum ai ține capacul deasupra unei oale în care fierbe lapte. Pur și simplu, nu funcționează așa. Se face multă mizerie și toată lumea este implicată când Galbenii invită pe toată lumea în spirala de stres care le este caracteristică. Ține minte că stresul unui Galben va fi tot timpul observat.

Bombăne și vorbește constant despre lucruri nesemnificative

Confruntările sunt epuizante pentru un Galben. Acesta este un paradox, pentru că Galbenii nu se tem de conflict așa cum se întâmplă în cazul Verzilor. Dar dacă se confruntă constant cu bombăneli, dorința lor de bunăvoie și de pozitivitate va fi afectată, ceea ce le provoacă mult stres. Galbenii pot gestiona bombănelile, însă când acestea sunt excesive, ei își pierd buna dispoziție.

Încearcă să îi umilești în public

Un Galben care primește feedback negativ în fața celorlalți nu reacționează foarte bine. E un motiv suficient să nu îți mai vorbească niciodată. Mai mult decât atât, va intra în defensivă și nu vei rezolva nimic.

Ce face un Galben când este stresat și se simte sub presiune?

Pregătește-te să constați că va atrage și mai mult atenția asupra lui. Egoul lui determină o nevoie și mai mare de atenție și de afirmare, căci stresul și sentimentele negative trebuie compensate. Acest lucru înseamnă că va căuta atenție, ceea ce îl face să se simtă mai bine. Riscul este acela că va vorbi foarte mult și se va plasa în centrul problemei.

Poate te-ai gândit că nu este posibil, dar și Galbenii riscă să devină excesiv de optimiști. Nu te-ai confruntat niciodată cu adevărat cu o provocare dacă nu ai avut de-a face cu un Galben stresat. Va inventa planuri atât de nebunești încât nici el nu le mai crede posibile. Pentru un Galben, acesta este, pur și simplu, un mecanism de apărare.

Îi pot ajuta pe Galbeni să își gestioneze stresul?

Dă-i voie unui Galben să organizeze o petrecere, pentru că are o nevoie continuă de a întâlni oameni în contexte sociale. Se poate cufunda foarte mult în propria nefericire, mai ales dacă perioada stresantă pe care o traversează are o durată considerabilă. Când stresul atinge apogeul, sugerează-i o ieșire într-un bar, la o petrecere sau chiar la un grătar. Nu este nevoie să fie ceva de fițe, însă asigură-te că îi acorzi timp să se simtă bine. Și mai asigură-te și că este *distractiv!*

Factori de stres pentru Verzi

Dacă, din orice motiv, vrei să îl stresezi pe un Verde, îți propun următoarele lucruri.

Înlătură-i orice formă de siguranță

Oferă-i sarcini pe care nu le-a mai primit niciodată, fără să îi explici nimic despre ele. Dar, în același timp, cere-i să le implementeze impecabil. Lasă-l singur la reuniuni de lucru, unde oamenii să îi pună întrebări pe care nu le stăpânește. Nu-l ajuta când conversațiile se încing. Trimite-i un Roșu furios să îl certe. Stresul se va instala imediat.

Lasă lucruri neterminate

Sarcinile și lucrurile neterminate sunt profund perturbatoare pentru un Verde. Verzilor le place să știe că lucrurile funcționează, iar, dacă nu înțeleg un anumit proces, devin foarte stresați. Proiectele neterminate – lucruri începute care nu au ajuns la nici o finalitate – nu fac decât să îi bruieze pe Verzi. Tocmai de aceea Galbenii sunt fenomenali când vine vorba să îi streseze pe Verzi.

Stai tot timpul în preajma lui

Dacă un Verde nu are spațiul său privat, un loc în care să se retragă, devine foarte stresat. Îi plac alți oameni, desigur, dar are nevoie să fie singur cu el însuși. Dacă acest lucru nu este posibil, nu mai este capabil să gândească.

Fă schimbări pe ultima sută de metri și modifică direcția de acțiune

Aceasta este specialitatea Roșilor și Galbenilor: deciziile rapide, pe care nu le explică întotdeauna. Verzii sunt foarte nefericiți când vine vorba să facă modificări neașteptate și rapide și de cele mai multe ori răspund prin indiferență. Cel mai greu pentru un Verde este să primească un ordin dimineața, la prima oră, pentru ca apoi, când încearcă să-l respecte, să i se ceară să facă exact contrariul.

Spune-i așa: „Ești drăguț să refaci totul, de la început la sfârșit?"

Când este obligat să refacă o sarcină, Verdele se simte ca atunci când dă greș. Dacă trebuie refăcut ceva, acest lucru se datorează faptului că nu a fost bine de prima dată. Cu alte cuvinte, feedback negativ. Prin extensie, înseamnă că nu sunt performanți, ceea ce, desigur, le provoacă mult stres: „Nu mă vor aici!"

Spune-i așa: „Nu avem cum să fim de acord pe toate planurile"

Neînțelegerile în familie sau la lucru duc la stres. Numai scandalagiilor le place conflictul, iar neînțelegerile provoacă probleme serioase, mai ales în familie și la serviciu. Un Verde nu știe să gestioneze așa ceva.

Pune-l în atenția tuturor

Un Verde nu își dorește sub nici o formă să fie în centrul atenției, mai ales când face parte din grupuri mari. Grupurile mai mari de trei oameni sunt considerate grupuri mari pentru un Verde, mai ales dacă nu îi cunoaște foarte bine. Dacă forțezi un Verde să se bage într-o asemenea situație, îl blochezi. Toată lumea va observa cât este de nelalocul lui, ceea ce va provoca stres și la nivelul grupului. Nu e o idee bună.

Ce face un Verde când este stresat și se simte sub presiune?

Devine foarte rezervat și pasiv. Limbajul corporal devine rigid și inexpresiv, iar dacă tu ești generatorul de stres, nu va avea nimic de-a face cu tine. Unii Verzi pot manifesta o stare puternică de apatie. Devin reci și lipsiți de empatie chiar și față de oamenii de care le pasă.

Sunt și foarte ezitanți și nesiguri pe ei. Stresul îi face pe Verzi să fie nesiguri și să se teamă de greșeli, atât în familie, cât și la serviciu. Dacă i se îmbolnăvește copilul, un Verde se blochează, pentru că se teme să facă ceea ce trebuie. Va interioriza senzația de vină și va deveni complet retras.

La muncă, lucrurile stau altfel. Depinde. Mulți Verzi manifestă o formă acută de obstinare și de încăpățânare și îi enervează pe cei din jur, fiindcă refuză să facă schimbări. Chiar și când observă că o anumită metodă nu funcționează, refuză să acționeze. Pare straniu, dar încăpățânarea Verzilor îi împiedică să acționeze.

Îi pot ajuta pe Verzi să își gestioneze stresul?

Dă-le o pauză. Propune-le grădinăritul, odihna sau orice altă formă de relaxare. Poți să le recomanzi să meargă la un film – nu în grup, ci singuri – sau recomandă-le să citească o carte. Ei nu vor să facă nimic. Dă-le o pauză până se liniștesc. Abia apoi se pot întoarce la felul lor obișnuit de a fi.

Factori de stres pentru Albaștri

Dacă, din orice motiv, vrei să îl stresezi pe un Albastru, pune-i la îndoială toate calculele.

Spune-i așa: „Habar nu ai despre ce vorbești"

Poate te gândești că Albaștrii nu iau criticile foarte personal, însă, dacă au certitudinea că respectivele critici sunt false și nefondate, le va fi foarte greu să facă față. Nu pentru că se tem de conflict sau pentru că relația voastră va avea de suferit, ci pentru că se cred perfecți.

Pune echipa managerială să ia o decizie spontană

De obicei, Albaștrii reacționează pozitiv la schimbare, mai ales că lor li se pare că nimic nu este perfect. Însă au nevoie de motivațiile din spatele schimbărilor. Lipsa unui plan de acțiune indică o structură deficitară – ceea ce nu e nici pe departe dezirabil. În mod inevitabil, acest lucru duce la dureri de cap.

Spune-i așa: „Poate fi riscant sau nesigur, dar trebuie neapărat să procedăm astfel"

Există un risc în orice, iar Albaștrii caută riscul peste tot. Când un Roșu spune că saltul din avion fără parașută este riscant, un Albastru va spune că achiziționarea unei de mașini de tuns iarba este riscantă. Nu poți ști niciodată ce se poate întâmpla. Cu cât lucrurile merg mai repede, cu atât mai mare este riscul.

Surprinde-l cu o replică de genul: „Socrii tăi vin în vizită neanunțați! Fantastic!"

Este o problemă de ordine și de structură, de muncă într-un ritm relaxant sau de renovare a bucătăriei, conform planului prestabilit. Dacă socrii se trezesc să vină în vizită pe nepusă masă, totul poate fi problematic. Nu ar trebui să iei niciodată un Albastru prin surprindere. Câtă vreme nu i-au comunicat toate planurile, până în cele mai mici detalii, totul se poate dovedi a fi problematic.

Spune-i așa: „Ups! Ce s-a întâmplat aici?"

Numai capetele pătrate și oamenii neglijenți fac greșeli. Albaștrii nu greșesc niciodată, așa că, ori de câte cineva o face de oaie și le strică planurile, aceștia se retrag în cochilie și refuză să mai vorbească. Un Albastru nu vrea să audă că proiectul a suferit daune, el vrea doar să își facă partea lui de treabă, chiar dacă sarcina respectivă nu mai are nici un sens.

Spune-i așa: „Uită de toată birocrația, hai să fim inovatori!"

„Chiar nu ai nici un pic de imaginație? Trebuie să fim puțin mai flexibili." Aceasta este modalitatea perfectă de a-l stresa pe Albastru la serviciu. Oamenii care încalcă regulile și inovează sunt priviți cu suspiciune și trebuie ținuți din scurt. Dacă un Albastru își dă seama că se află pe mâinile unei companii care nu este preocupată de proceduri, acesta va opune rezistență.

Aminteşte-i constant că, în viaţă, e nevoie de riscuri

O variaţie a ideii anterioare. Ce e corect e corect, iar pregătirea temeinică este fundamentală, Alpha şi Omega. Scrie chiar într-o carte. Prin urmare, când unui Albastru nu i se dă ocazia să se pregătească temeinic pentru o anumită sarcină, îl cuprinde stresul. Este opusul a ceea ce este spontan, aşa că nu îl poţi forţa pe un Albastru să răspundă la o situaţie înainte de a-şi fi acordat timpul necesar să se pună la curent cu subiectul. Va avea multe rezerve, care nu sunt de nici un folos.

Pune numai oameni extrem de emotivi în preajma lui

Nu. Sentimentalismul este neplăcut. Este problematic şi ciudat, iar unui Albastru nu îi plac deloc oamenii sentimentali. Logica este cea care contează, iar dacă omiţi acest detaliu, va găsi că este foarte problematic. Nu va uita niciodată că eşti o persoană foarte emotivă, care nu îşi foloseşte creierul în acelaşi fel în care o face el.

Ce face un Albastru când este stresat şi se simte sub presiune?

Devine excesiv de pesimist. Oh, da. E mai rău decât de obicei. Brusc, totul se întunecă şi e posibil chiar să cadă în depresie. Letargia este o reacţie des întâlnită, care vine la pachet cu un dezinteres total. Întunericul şi suferinţa se vor abate asupra noastră, a tuturor. În plus, Albastrul devine şi excesiv de pedant. Când sunt stresaţi, oamenii măresc ritmul pentru a compensa. Un Albastru nu procedează astfel. El apasă frâna şi mai abitir. Acum chiar că nu e momentul să facă vreo greşeală. Cei din jurul lui se pot aştepta la critici. Va arăta cu degetul toate greşelile pe care le face fiecare, chiar şi cele mai nesemnificative. Poate chiar să devină insuportabil prin atitudinea sa de atotcunoscător.

Îi pot ajuta pe Albaştri să îşi gestioneze stresul?

Albaştrii au nevoie de intimitate. Trebuie să li se acorde timp şi spaţiu de gândire. Vor să analizeze situaţia şi să înţeleagă fiecare detaliu, dar au nevoie de timp pentru a face asta. Dacă le acorzi suficient timp și spațiu, aceștia vor reveni, în cele din urmă, spre tine. Dar, dacă se deprimă foarte tare, se poate să fie nevoie să îi ajuți mai mult.

Concluzie: Ce putem învăța de la oamenii stresați? Când un individ este stresat, comportamentul său este exagerat. Un Roșu devine și mai agresiv cu cei din jur, un Galben își pierde echilibrul, un Verde devine și mai pasiv și neimplicat, iar un Albastru se închide complet și despică firul în patru.

Cel mai important este să eviți să îi stresezi pe oameni. Desigur, știai deja acest lucru, dar este important să înțelegi ce anume le provoacă stres celorlalți. A forța un Roșu nu are aceleași efecte ca în cazul Verzilor sau al Albaștrilor. Din contra, trebuie să forțezi un Roșu ca să reacționeze. Dacă lucrurile ar merge ca unse, s-ar plictisi foarte repede.

Situația, profilul tău, momentul din zi, nivelul de muncă, dinamica grupului și chiar vremea de afară – toate acestea determină nivelul de stres din viața noastră. Însă, dacă ești atent, totul va funcționa perfect.

18. Scurtă retrospectivă
Nimic nu s-a schimbat –
oamenii au fost tot timpul la fel

Fundamentul a tot ceea ce ai citit până aici

În acest capitol, îți explic modul în care am ajuns la studiile care fac subiectul acestei cărți. Dacă nu te interesează istoria, referințele științifice sau lucrurile care necesită foarte mult timp din viața ta, și așa suficient de aglomerată, de altfel, poți sări peste acest capitol. Pentru toți ceilalți cititori – a fost odată ca niciodată...

Toate culturile au resimțit nevoia de a clasifica ființele umane. La sfârșitul Epocii Pietrei, oamenii au început să devină mai reflexivi și au descoperit diferențe între ei. Ce surpriză! Dar cât de diferiți sunt, de fapt, oamenii? Și cum au fost descrise aceste diferențe? Există tot atâtea metode câte culturi pe pământ. În cele ce urmează, îți voi da câteva exemple.

Grecii

Hipocrate, care a trăit cu câteva secole înainte de Iisus, este considerat părintele medicinei. Spre deosebire de alți tămăduitori de la acea vreme, nu era un om superstițios. El considera că bolile avea origini naturale și că nu erau pedepse de la zei. De exemplu, pentru Hipocrate, epilepsia era provocată de un blocaj în creier. În zilele noastre, această informație este una banală, dar, la vremea aceea, Hipocrate făcuse o descoperire revoluționară.

Patologia umorilor, sau teoria celor patru umori (a fluidelor corporale), este strâns legată de cele patru temperamente. Potrivit lui Hipocrate, temperamentul nostru este modul fundamental în care reacționăm. Este însăși personalitatea noastră și modul în care gândim. Temperamentul ne controlează comportamentul.

Hipocrate considera că suntem în formă, din punct de vedere fiziologic, atunci când cele patru umori – sângele, bila galbenă, bila neagră și flegma – se află în echilibru. Când vomităm, tușim sau transpirăm, de exemplu, corpul încearcă să scape de una sau de mai multe dintre aceste substanțe.

Cuvântul *chloe* provine din greacă și înseamnă „bilă galbenă". Prin urmare, un coleric este controlat de bila galbenă sau de ficat. Oameni temperamentali și colerici îi pot speria pe cei din jurul lor. „Coleric" mai poate fi tradus și prin „cu sânge fierbinte".

Cuvântul latinesc *sanguis* înseamnă „sânge". Un om sangvinic este controlat de sânge, de inimă. Creativ și voios, sangvinicul degajă energie pozitivă în jurul lui. Fiind optimist și vesel, sangvinicul poate părea ușor lunatic. Un sinonim pentru un om sangvinic ar fi „optimist".

Un om flegmatic este influențat de creier. „Flegma" nu este altceva decât „mucusul". Mucusul este vâscos, ceea ce simbolizează temperamentul flegmatic al persoanei în chestiune. Un om flegmatic este apatic și lent în mișcări.

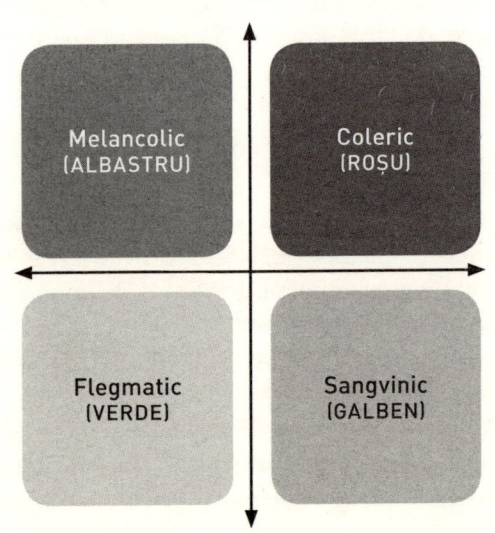

Melancolic (ALBASTRU)	Coleric (ROȘU)
Flegmatic (VERDE)	Sangvinic (GALBEN)

În sfârșit, un om melancolic este un om cu exces de bilă neagră (*melaina chloe*, la greci), care se găsește în splină – din acest motiv, este perceput ca fiind melancolic și sobru. Un sinonim pentru omul melancolic ar fi „pesimist".

Și iată că am făcut rezumatul teoriei umorilor, formulată de Hipocrate.

Populații antice pricepute la culori: aztecii

Aztecii erau o populație indigenă, originară din zona centrală a Mexicului, care a trăit între secolele al XIV-lea–al XVI-lea. Sunt cunoscuți pentru civilizația lor excepțională și templele pe care le-au construit.

În încercarea lor de a clasifica oamenii, aztecii s-au folosit de cele patru elemente naturale pe care le cunoșteau cel mai bine: foc, aer, pământ și apă. Chiar și astăzi, cele patru elemente sunt folosite pentru a descrie diverse stări mentale, însă nimeni nu știe dacă aztecii sunt cu adevărat cei care au formulat această idee. Cu toate acestea, știm cu certitudine că ei au folosit această clasificare, pentru că au lăsat o serie de inscripții care indică acest lucru.

Oamenii de foc sunt... exact ca elementul care îi reprezintă: mistuitori, explozivi, impetuoși. Oamenii de foc erau războinici care ridicau sabia pentru a-și croi drum. Tot ei erau și lideri.

Oamenii de aer erau diferiți. Erau și ei hotărâți, însă erau considerați mult mai sociabili. Erau comparați cu o rafală de vânt care ridică praful în urma ei.

Oamenii de pământ lucrau la sate, în colectivitate. Ei asigurau stabilitatea și siguranța, iar rolul lor era acela de a crea lucruri durabile pentru viitor.

Ce putem spune despre oamenii de apă? Apa era un element pe care aztecii îl respectau foarte mult. Apa poate strivi totul în calea ei, însă este și un element care poate fi conținut, mai ales dacă știi cum să o faci. Tăcuți și siguri, oamenii de apă observă tot ce se întâmplă în jurul lor.

Așa cum poți observa, această clasificare seamănă foarte mult cu cea a lui Hipocrate – denumiri diferite pentru unul și același lucru.

APĂ (ALBASTRU)   FOC (ROȘU)

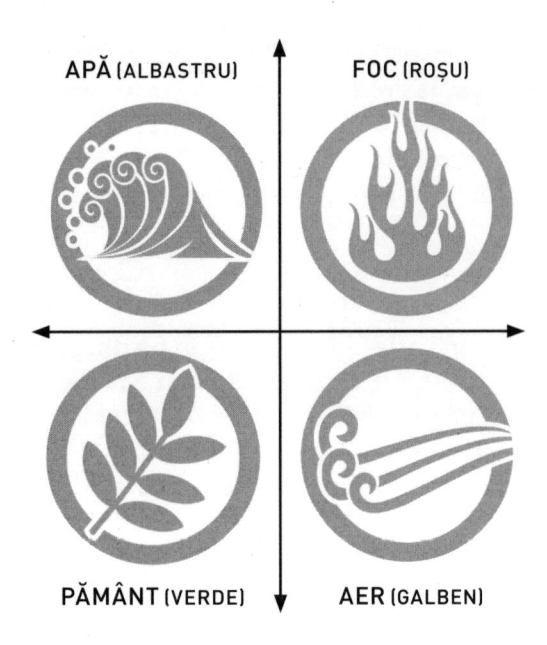

PĂMÂNT (VERDE)   AER (GALBEN)

William Moulton Marston: motivul pentru care limbajul culorilor funcționează doar în cazul oamenilor sănătoși psihic

William Moulton Marston a creat un test de evaluare a tensiunii sistolice, care avea scopul de a detecta minciuna. Descoperirea a dus la construcția detectorului de minciuni. Cu toate acestea, Marston a fost și autorul mai multor eseuri de psihologie populară. În anul 1928, acesta a publicat *Emotions of Normal People (Emoțiile oamenilor normali)*, un studiu în care a analizat diferențele de comportament dintre oamenii sănătoși. Puțin înaintea lui Marston, Jung și Freud publicaseră studii referitoare la oamenii bolnavi psihic, însă Marston a fost un pionier, care a pus bazele a ceea ce avea să devină mai târziu modelul DISA (Dominanță, Implicare, Supunere și Abilitate analitică). La câțiva ani după Marston (în anii 1950), Walter Clarke avea să dezvolte sistemul DISA. Așa cum ai văzut, DISA este un model de clasificare a diferitelor comportamente umane. Lucrările lui Clarke sunt o sursă interminabilă de informații cu privire la personalitatea umană și la interacțiunea dintre indivizi, însă nu au fost lipsite de critici. Totuși, teoriile lui Clarke au evoluat de-a lungul timpului, iar metoda DISA a fost îmbunătățită.

Marston avea să descopere o modalitate prin care a demonstrat în ce fel sunt oamenii diferiți între ei. El a categorisit o serie de diferențe, care sunt baza modelului folosit în această carte. În zilele noastre, se folosește următoarea diviziune:

- Dominanța produce activitate într-un mediu antagonist.
- Inspirația produce activitate într-un mediu favorabil.
- Supunerea produce pasivitate într-un mediu favorabil.
- Complacerea produce pasivitate într-un mediu antagonist.

Cele patru litere, *D, I, S, C* (Dominanță, Inspirație, Supunere și Complacere) formează acronimul DISC, folosit peste tot în lume. Marston folosește noțiunea de „complacere"; cu toate acesta, eu o prefer pe cea de „abilitate analitică", întrucât descrie mai bine o anumită tipologie individuală.

Dominanța este legată de modul în care o persoană abordează o problemă și se confruntă cu schimbările. Dominanța este singura trăsătură care poate fi măsurată.

Inspirația se referă la o persoană căreia îi place să îi influențeze pe ceilalți. O persoană cu această trăsătură de comportament va avea întotdeauna capacitatea de a-i influența pe ceilalți. Cu alte cuvinte, am putea spune că dominanța ține de acțiune și inspirația de interacțiune.

Gradul de *stabilitate* se măsoară prin cât este de receptiv un individ când se confruntă cu o schimbare. O nevoie puternică de stabilitate înseamnă că o persoană este rezistentă la schimbare, în vreme ce un om căruia îi place schimbarea va manifesta o nevoie scăzută de stabilitate. Acest fenomen duce, desigur, la un număr de modele comportamentale specifice – cum ar fi nostalgia după „vremurile bune", de exemplu.

În sfârșit, *abilitatea analitică* semnifică gradul de voință al unei persoane în ceea ce privește respectarea regulilor. Desigur, și acest fenomen produce caracteristici specifice, care sunt interconectate. Îi întâlnim în acest caz pe cei care nu acceptă că lucrurile pot merge rău. Calitatea este importantă.

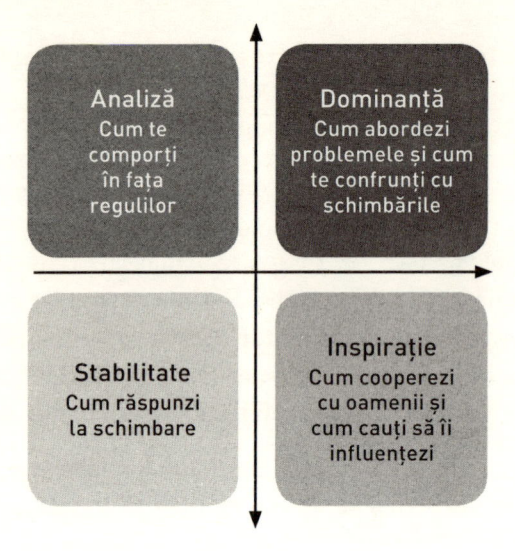

Analiză Cum te comporți în fața regulilor	**Dominanță** Cum abordezi problemele și cum te confrunți cu schimbările
Stabilitate Cum răspunzi la schimbare	**Inspirație** Cum cooperezi cu oamenii și cum cauți să îi influențezi

Probabil ai observat că, fie că e vorba despre Grecia antică sau despre aztecii din America Latină, aceste trăsături de personalitate sunt asociate cu aceeași culoare. Culorile nu sunt critice: ele sunt doar o metodă de a facilita înțelegerea celuilalt, în cazul oamenilor care nu sunt familiarizați cu acest sistem. De-a lungul carierei mele de consultant, am format oameni în acest domeniu, vreme de mai bine de 20 de ani, și am descoperit că cele patru culori facilitează procesul învățării.

Marston și-a încheiat studiile tematice în jurul anilor 1930. Există mulți alți specialiști care au dezvoltat această metodă care, se pare, a fost utilizată de peste 50 de milioane de oameni în ultimii 35 de ani. De exemplul, americanul Bill Bonnstetter a dezvoltat instrumente foarte performante de analiză completă a individului. În SUA, compania TTI Success Insights, oferă un instrument complet de analiză (www.ttisuccessinsights.com).

Cu toate acestea, este important să ții minte că, deși, în teorie, nu există diferență între teorie și practică, în lumea reală lucrurile stau cu totul altfel.

Am descris cele patru trăsături principale despre care vorbește Marston, însă e bine să reții că cei mai mulți dintre noi sunt o combinație de mai multe culori.

19. Voci din viața reală

Cartea pe care o ții în mână este o traducere, din limba suedeză, a celei de-a patra ediții a cărții *Înconjurat de idioți: Cum să îi înțelegem pe oamenii care sunt de neînțeles*. Varianta în suedeză avea să fie citită de peste 15 000 de oameni. Am scris această carte în urma unei experiențe de ani de zile, de-a lungul cărora am susținut cursuri, conferințe, traininguri etc. Oamenii nu încetau să mă întrebe unde puteau citi mai multe amănunte despre acest sistem. Răspunsul era „nicăieri". De aceea am scris această carte.

Ca scriitor, vrei tot timpul să știi ce cred oamenii despre ce ai scris. Întrucât sunt și autor de ficțiune, știu că adevărul poate fi ca un șoc electric, dar, în același timp, îmi plac provocările. Așadar, am intervievat patru oameni cu profiluri complet diferite și le-am cerut părerea despre sistemul DISA în sine, dar și despre modul în care fiecare dintre ei vede viața, în funcție de culoarea care îi reprezintă. Fii atent la modul în care formulează răspunsurile la întrebări, nu numai la răspunsuri în sine. Poți învăța multe despre ei, prin simpla analiză a răspunsurilor.

Helena, CEO la o companie privată, cu aproximativ 50 de angajați. Majoritar Roșie, fără trăsături Verzi sau Albastre, doar cu puțin Galben.

Ce părere ai despre acest instrument? Despre modelul DISA?

Mi se pare că poate fi un mod eficient de a evita neînțelegerile. Am înțeles imediat despre ce este vorba, așa că, după mine, cartea ar fi putut să fie mai scurtă. M-aș fi concentrat mai mult pe text, pentru că nu îmi plac repetițiile. Dar, desigur, este un instrument util. Cu ocazia Crăciunului, le-am oferit câte un exemplar tuturor colegilor mei și i-am întrebat dacă au citit-o. Aproape toți o citiseră.

Care este cea mai importantă idee pe care ai reținut-o din carte?

Că nu mai trebuie să mă ascund după deget. Angajații mei știu că nu sunt un tiran, sunt doar Roșie. Înțeleg că nu sunt furioasă, ci hotărâtă. Cel mai interesant a fost să citesc despre Albaștri. Nu m-am gândit niciodată de ce ei văd lucrurile atât de diferit față de mine. Acum înțeleg că procesul în sine este important pentru ei, de-aia au nevoie de atât de mult timp la dispoziție.

Altceva?

Nu. De fapt, ba da. Galbenii. Întotdeauna m-am întrebat ce e cu ei. Atâta vorbărie. Am câțiva amici care sunt așa. Vorbesc non-stop și consumă aerul din încăpere, fără să spună ceva cu adevărat interesant. Vecinul meu e așa. Are mii de planuri, dar nu duce nici unul la bun sfârșit. Nu mă deranjează, dar soția lui cred că a înnebunit deja. Iar la mine la companie, Galbenii dau cele mai slabe rezultate. Totuși, nu cred că e o mare problemă. Sunt fermă pe poziții și le cer să fie mai productivi. Pot să trăiesc foarte bine, chiar dacă sunt bosumflați. Nu e rolul meu să fiu prietenoasă și blândă.

Ce experiențe ai avut cu Verzii?

Da... ce pot să spun. (Helena face o pauză îndelungă și privește pe fereastră.) E nevoie și de ei. Sunt loiali și cu simțul datoriei. Dar... ca să fiu sinceră, nu mi-aș fi imaginat că ar fi în stare să vorbească pe la spatele meu. Cu toate astea, se pricep să împrăștie zvonuri. Chiar și cele mai mici schimbări duc la bârfe în sala de mese. Speculații după speculații, care sunt, de cele mai multe ori, nefondate și bazate pe informații incorecte. Nu ar fi mai ușor să vină și să mă întrebe direct? Cât de greu poate să fie să mergi în biroului șefului tău și să-i pui întrebări? Știu cu toții că le voi răspunde întotdeauna sincer, așa că vorbitul pe la spate este foarte frustrant. Le-am repetat de nenumărate ori că trebuie să fim sinceri unii cu ceilalți la această firmă. Să fie atât de greu?

De ce crezi că nu îți spun ce gândesc despre tine?

Se tem de furia mea, desigur. Nu m-am gândit niciodată la asta. Au impresia că sunt temperamentală, pentru că în diverse ocazii am ridicat vocea, dar nu am vrut decât să subliniez că ceea ce spun este important. (Pauză.) Nu mă interesează dacă o conversație este ușor tensionată; nu e la fel când ești furios. Însă a fost o noutate pentru mine să aflu că există oameni care îi evită pe cei puternici. Nu pot înțelege cum de asemenea comportamente au loc între adulți.

Ți se pare că dacă nu spui ce gândești dai dovadă de lipsă de maturitate?

Nu neapărat lipsă de maturitate, cât lipsă de onestitate. Ca un copil care refuză să recunoască că a luat biscuitul, chiar dacă nu avea voie să o facă. Știu că a luat biscuitul, așa că nu înțeleg de ce ar trebui să nege acest lucru? E ceva ce nu înțeleg. Recunoaște ce ai făcut sau nu ai făcut și abia mai apoi putem merge mai departe. În schimb, negarea mă scoate din sărite...

În regulă, hai să vorbim puțin despre celelalte culori. Ai spus că Albaștrii ți se par cel mai ușor de gestionat? Iar cu Galbenii îți este relativ ușor. Dar ce poți spune despre Roșii? Cum e să lucrezi cu oameni care același profil ca și tine?

De obicei, nu am nici o problemă. Facem ce avem de făcut și aia e. Am o echipă de management alcătuită din șase oameni, cu tot cu mine. Aș spune că sunt trei Roșii printre ei. De fapt, doi sunt Roșii și unul este Roșu/Galben. Mai există și un Albastru – cel care controlează totul. Iar cel de-al șaselea... greu de spus. Este vizionar, dar și preocupat de detalii. Să fie un Galben/Albastru?

Da. O combinație des întâlnită. Prin urmare, nu ai nici un Verde în echipă?

(Zâmbește.) Nu.

Cum funcționează comportamentul Roșu? Ce părere ai?

Ei bine, înainte să citesc cartea și să-mi descopăr profilul, nu mă gândisem foarte mult. Nu m-am gândit foarte mult la modul în care abordez lucrurile. Dar, cu cât am citit mai mult, cu atât mi-am dat seama că eu eram cauza unor probleme de la muncă. Treaba cu oamenii care își ascund sentimentele era doar o parte din problemă. Nu mi-a trecut niciodată prin cap că oamenii erau intimidați de comportamentul meu. S-au creat multe disensiuni când am luat decizii foarte repede sau când lucrurile nu au ieșit cum trebuie. Desigur, știu că trebuie să analizez mai bine lucrurile înainte de a lua decizia de a face orice, dar așa se întâmplă. Îmi vine o idee și... paf! O pun în aplicare înainte de prânz.

Care sunt consecințele unor asemenea decizii? Ai putea să îmi dai câteva exemple?

Am sute de exemple. (Râde.) La un moment dat, am acceptat o slujbă fără să întreb de salariu. S-a dovedit că trebuia să lucrez 60 de ore pe săptămână, fără să fiu plătită pentru orele suplimentare. Cu altă ocazie, am angajat o persoană absolut incompetentă. Nu îi cerusem recomandări și am tras concluzia că își cunoștea bine treaba. S-a dovedit că nu știa nimic despre industrie sau produsul la care lucram. Era un farsor. Din nefericire, am avut multe pierderi până am reușit să scăpăm de el. Pierderi financiare, mii și mii de dolari.

Nu îmi sună prea bine... Cum stau lucrurile în afara serviciului? Cum gestionezi relațiile interpersonale?

În cazul relațiilor, aș spune că gândesc chiar și mai puțin decât de obicei. Dar e amuzant. I-am arătat soțului meu cartea și i-am cerut să o citească. Nu a făcut-o, desigur, dar i-am arătat câteva secțiuni care merită citite și am insistat să le citească.

Comportamentul Roșu?
Da, comportamentul Roșu. Și chiar a citit câteva. Probabil că a regăsit-o pe soția lui. S-a amuzat puțin, dar, dacă mă gândesc mai bine, cred că nu a spus nimic special.

A făcut comentarii despre comportamentul Verde?
Nu.

Cum lucrați împreună? Ca o echipă?
Cum lucrăm împreună? (Hohot de râs.) Îi spun ce trebuie să facă și face. Și chiar înainte să termine, îi mai dau ceva de făcut. Iar mai târziu, încep să mă enervez pentru că nu termină nimic. Însă nu a terminat niciodată nimic. Ne amuzăm deseori pe tema asta – eu creez haosul, apoi dau vina pe el. Sunt convinsă că nu are o viață ușoară.

Înțeleg. Care crezi că sunt cele mai mari provocări cu care te confrunți, ținând cont că ai profilul Roșu?
Unor oamenii le ia mult timp să ia o decizie simplă, ceea ce mă înnebunește. Știu că eu sunt rapidă, dar unii oameni sunt cumplit de înceți. Nu contează că e un prieten sau un coleg. De exemplu, am hotărât să mergem să cumpărăm un scaun pentru sufragerie. Întrucât lucrez foarte mult, am decis împreună cu soțul meu... (aici, Helena ridică din sprâncene și zâmbește). Eu am decis că el trebuie să se intereseze care ar fi cel mai interesant model. I-am zis să caute online, să verifice stocurile din magazinele de mobilă, magazinele second hand etc. Evident, nu a făcut nimic! Așa că, a doua zi, în timpul prânzului, când eram la toaletă, aveam să descopăr cinci opțiuni, pe care i le-am și trimis. Și, odată ajunsă acasă, aveam să constat că tot nu alesese nimic! Evident că am explodat, iar el s-a închis în beci.

Un exemplu potrivit, mulțumesc. De cât timp sunteți căsătoriți?
De 14 ani. Ne-am întâlnit întâmplător. Mă gândesc că ceea ce m-a atras la el este faptul că știe să-și țină gura la nevoie. Însă

uneori mi-ar plăcea să fie mai dinamic și să facă lucrurile mai repede. Nu l-am întrebat niciodată ce a văzut la mine.

Cum vă rezolvați neînțelegerile, știind că tu ești Roșie și el Verde?

Nu cred că avem prea multe neînțelegeri. De fapt, eu sunt cea care comentează tot timpul dacă se întâmplă ceva, dar, pe de altă parte, și el poate să devină foarte ursuz.

Cum adică?

Poate petrece zile întregi bombănind. În mod normal, nu îl iau în seamă. Își revine, de obicei. Însă, uneori, mă satur de moaca lui și îl întreb care e problema. Cu alte cuvinte, mă confrunt cu el. (Pauză.)

Și, apoi, ce se întâmplă?

Ce se întâmplă apoi? Ei bine... Îmi spune că nu se întâmplă nimic și că totul merge ca pe roate. Dar nu e adevărat. E ușor de citit, așa că știu tot timpul când ceva nu este în regulă. Problema este că refuză să accepte că este ursuz. Ceea ce înseamnă că îl deranjează ceva ce am făcut eu. Sau ceva ce am spus. Problema este că nu îmi amintesc nimic, niciodată. Trebuie să încep să ghicesc – ceea ce este aproape imposibil. Deseori, este vorba despre ceva nesemnificativ, ceva ce am spus și am și uitat imediat după. Iar dacă nu reușesc să îmi amintesc, devine și mai morocănos. Poate dura săptămâni întregi. Nu înțeleg cum de reușește să trăiască așa.

Și cum mergeți mai departe? Nu găsiți o soluție?

Ei bine, de obicei, am tendința de a ascunde totul sub preș. Uit complet întâmplarea. Însă, soțul meu „înmagazinează" conflictul, într-o arhivă doar de el știută. Cred că sertarul respectiv e plin ochi.

(Helena se gândește preț de câteva clipe, apoi spune:) Știi, ori de câte ori mi-am spus părerea și am mers pe calea mea am dat de belele. Nu îmi găsesc niciodată locul. Chiar și copil fiind, a făcut multe nebunii și mi-am asumat multe riscuri. Însă, acum sunt fericită că mi-am asumat acele riscuri, pentru că m-au dus unde sunt. Însă, cu siguranță nu a fost ușor.

ÎNCONJURAT DE IDIOȚI

Cum ai beneficiat de pe urma riscurilor pe care ți le-ai asumat?
Nu ajungi nicăieri dacă stai și te gândești la probleme. Nu contează ce planuri mărețe ai dacă nu te miști și nu le pui în aplicare. Nu am știut întotdeauna încotro mă îndrept, dar asta nu m-a oprit. Am avut momente grele, cum ar fi falimentul, pierderea locului de muncă etc. Nu e prea distractiv, dar tocmai aceste lucruri m-au adus unde sunt azi. Așa cum văd eu lucrurile, nu contează cât ești de deștept, contează doar ceea ce faci în mod concret. Iar eu am fost tot timpul bună la pus lucrurile în aplicare.

Ce sfat le-ai da celor pe care îi întâlnești? Ce ar trebui să știe despre tine?
(Pauză.) Să nu se lase intimidați de faptul că, uneori, sunt foarte insistentă. Și să nu bată în retragere doar pentru că, din când în când, mai ridic vocea. Nu sunt furioasă doar pentru că îi forțez pe oameni să reacționeze. Eu încerc să le arăt și calea. Soțul meu și cu mine discutăm deseori despre cât suntem de diferiți când vine vorba de a da un mesaj. Deși el pierde timp ca să ajungă la miezul unei probleme, eu spun ce am de spus fără menajamente. Poate că dau și ceva informații inutile, dar, de cele mai multe ori, nu este cazul. Oamenii trebuie să rețină că poți lucra fără pălăvrăgești non-stop. Depune energie în ceea ce ai de făcut, nu în lucruri inutile. Ai timp să socializezi în week-end.

Håkan, furnizor de spațiu publicitar la unul dintre cele mai mari posturi de televiziune. Preponderent Galben, cu puține nuanțe de Verde. Nimic Roșu sau Albastru în profil.

Ce părere ai despre instrumentul DISA?
Cred că e ceva excepțional! Un instrument util, de care oamenii ar trebui să știe. M-am recunoscut în multe dintre secțiunile acestei cărți. A fost o lectură incredibilă. Le-am arătat cartea tuturor celor pe care îi cunosc și ne-am amuzat de cât este de precisă. Am citit aproape toată cartea, în special secțiunile

dedicate Galbenilor. Nu sunt de acord cu tot ce am citit, dar, de cele mai multe ori, au fost atinse puncte esențiale.

Care secțiuni referitoare la Galbeni ți s-au părut cele mai pertinente?

Faptul că Galbenii sunt creativi și plini de resurse. Oamenii îmi spun tot timpul asta. Prin urmare, sunt adeptul problemelor complexe, fiindcă văd soluții diferite față de ceilalți.

Ce înțelegi prin „soluții diferite"?

Einstein a spus cândva că o problemă nu poate fi rezolvată în același fel în care a fost creată. Sau ceva de genul. Cred că avea dreptate. Tocmai de-aia abordez fiecare problemă într-o lumină nouă. Clienții mei apreciază gândirea mea creativă și abilitatea de a-i cuceri pe oameni. Mi s-a părut întotdeauna că este ușor să îi farmeci; am făcut-o mereu. În plus, mă pricep la vorbit în public. La școală, eram președintele consiliului de elevi și, deseori, vorbeam în fața întregii instituții.

Întreaga instituție?

Da, în fața tuturor elevilor. Sau o parte dintre ei. De cele mai multe ori, cei din clasa mea. Însă, atmosfera era tot timpul minunată, iar oamenilor le plăcea de mine. Încă de mic îmi place să vorbesc în public. Deseori mi se cere să fiu purtător de cuvânt.

Poți să îmi dai câteva exemple?

Desigur. Când sunt proiecte noi la muncă, de exemplu. Eu sunt tot timpul cel care îi dă raportul în fața șefului. Fac prezentări foarte reușite când sunt întâlniri cu clienții. Dacă sunt mai mulți invitați de la noi de la firmă, eu sunt cel care preia cuvântul.

Ce cred ceilalți despre asta?

Nu au nici o problemă, pentru că evită, astfel, să vorbească. Mulți oameni se tem să vorbească în public, după cum bine știi. Ești psiholog? Știu o tipă care e psiholog și lucrează la un penitenciar, pare foarte interesant ce face ea. Spune că cei mai mulți deținuți sunt foarte nefericiți. Ceea ce nu mă miră, nu mi-ar plăcea să fiu închis.

Nu sunt psiholog, sunt analist comportamental.

Există o secțiune în carte pe care nu am înțeles-o: sfaturile de ameliorare.

La ce crezi că m-am referit?

Cartea vorbea despre maniera în care Galbenii iau decizii pripite, lucru care este adevărat. Însă nu sunt de acord cu faptul că deciziile mele nu sunt gândite. Sunt o persoană foarte analitică și fac tot timpul studii minuțioase. Culeg toate informațiile necesare înainte de a lua o decizie. Așa că, mi se pare că, la capitolul asta, cartea are niște lipsuri.

Înțeleg. Ai mai identificat alte discrepanțe?

Da, că folosesc multe cuvinte când exprimă o critică. E greșit. Sunt o persoană foarte concisă. Sunt foarte articulat în gândire, așa că informația ta nu e foarte precisă. Iar ideea cu privire la urmărirea instinctului – mi se pare că e un lucru bun, nu o slăbiciune.

Să acționezi în funcție de sentimente și nu de faptele concrete?

Exact. Oamenii sunt ființe emoționale. Așa că ar trebui să ne folosim de sentimente. Inclusiv eu. Sunt foarte intuitiv, un alt lucru la care mă pricep. Nimeni nu are instincte bune, așa că e un atu pentru mine.

Se prea poate să fie adevărat. Nu crezi că oamenii își pot dezvolta intuiția?

Nu. E ceva cu care te naști. Fie ai intuiție, așa cum am eu, fie nu.

Deci e prea târziu să mai fac ceva?

Nu am spus asta. Nu la asta mă refer.

Dar ai spus că oamenii care nu au intuiție nu și-o pot dezvolta.
Da, probabil am exagerat puțin. Dar e foarte interesant!

Nu ți se întâmplă să ții emoțiile deoparte și să te folosești de logică?
Ba da, desigur. E important să gândești logic și rațional. Am spus asta tot timpul. Trebuie să te uiți la ceea ce funcționează cu adevărat și să pornești de acolo. Cred că e mai ușor pentru cineva ca mine, care are experiență. Am fost furnizor vreme de mulți ani, așa că știu ce e de făcut.

Îmi cer scuze, sunt ușor confuz. Mi-ai spus că intuiția și instinctul sunt cele mai importante. Cum legi asta de gândirea rațională?
Îmi pui cuvinte în gură. Nu am spus că nu trebuie să folosești logica. (Håkan își încrucișează brațele și își mușcă buzele.) Ce vreau să spun este că trebuie să acționezi în virtutea instinctelor. (Pauză.) Și a faptelor concrete.

Să continuăm. Care e cel mai util lucru pe care l-ai învățat citind cartea?
Faptul că Albaștrii sunt plictisitori. E ceva ce știam deja. Dar nu știam că sunt Albaștri. Îmi amintesc că lucram la un proiect, nimic complicat, mai ales că mai făcusem același lucru și cu alte ocazii. O modalitate interesantă de a vinde o nouă linie de produse. Aveam doi Albaștri în echipă. Erau deștepți, bine informați, dar nu începeau deloc să lucreze. Au făcut planuri și au scris liste și au făcut calcule și s-au pierdut în detalii. Dar nu au făcut nimic în mod concret!

Poate că nu erau buni la a-și urma instinctele?
Ce vrei să spui?

Prin urmare, ți se pare greu să lucrezi cu Albaștri?

Nu pot ține pasul cu mine, atâta tot.

Ți-a afectat viața personală în vreun fel ceea ce ai învățat din această carte?

Nu. Sunt același dintotdeauna. Am mulți prieteni. Petrecerile pe care le organizez la mine sunt legendare. Toți vecinii vorbesc despre ele luni înșir după ce au avut loc.

Deci îți inviți și prietenii? Foarte simpatic.

Nu, nu! Sunt plictisitori ca naiba.

Dar despre ce vorbesc vecinii, în cazul acesta? Dacă nici măcar nu vin la petrecere?

(Pauză.) Cine știe? Ha, ha!

Ce sfat le-ai da celor care te întâlnesc? Ce ar trebui să știe?

Cei care mă întâlnesc pe mine?

Da. Cum ai vrea să reacționeze cei din jurul tău?

Nu trebuie să iei viața prea în serios. Până la urmă, nu trăim decât o dată. Oamenii trebuie să rețină acest lucru. Trebuie să ne mai și distrăm și să nu ne lăsăm copleșiți de lucruri mărunte. Trebuie să mergem mai departe și să nu ne împotmolim în nimic. Viața este o călătorie de plăcere.

În regulă, dacă asta crezi tu. Dar ce sfaturi le-ai da oamenilor pe care îi întâlnești? Cum ți-ar plăcea să fii tratat de ei?

Cu un zâmbet. Poți ajunge departe cu un zâmbet.

Și când vine vorba de muncă? Cum ți-ar plăcea să fii tratat la serviciu?

La fel. Cu un zâmbet. Toate celelalte se rezolvă de la sine.

(Pauză.) În regulă. Nu există oameni perfecți, cu toții avem defecte și slăbiciuni. Cam care crezi că ar fi slăbiciunile tale?

Eu nu gândesc așa. M-au preocupat întotdeauna lucrurile pozitive. Îmi place să pun accentul pe lucrurile pozitive din viață. Dacă ne-am trăi viața întrebându-ne ce anume nu merge, nu am mai rezolva nimic, nu crezi?

E logic ce spui tu, dar orice personalitate are slăbiciuni. Ele nu dispar doar pentru că evităm să vorbim despre ele.

Nu la asta mă refer. Mă refer la faptul că nu ar trebui să te concentrezi asupra aspectelor negative. E mai bine să te preocupe lucrurile pozitive. Știm bine că e multă tristețe în lume, nu? Să luăm exemplul Verzilor. Ei își fac tot timpul griji. Văd pericolul la orice pas. Nu poți să-ți duci viața fiind anxios. Nu așa funcționează. Am un vecin care se teme de orice. În special de lucrurile noi, care sunt exact lucrurile la care mă pricep cel mai bine. Uneori mă gândesc că se teme până și de umbra lui. Sau, hai să ne gândim la Albaștri. *Risco-fobie!* Pentru ei, orice alegere implică un risc. Chiar și dacă știi rezultatul dinainte, ei își fac griji de riscuri. E ceva ce nu pot înțelege.

Ai perfectă dreptate! Verzii nu sunt înclinați să schimbe lucruri, iar Albaștrii se împotmolesc în analiza factorilor de risc. Ți se pare că Roșii au vreo slăbiciune?

Scandalagii. Iată ce cred despre Roșii. Iar unii dintre ei sunt chiar periculoși. Desigur, sunt orientați, hotărâți și ce mai vrei tu, dar nu trebuie să fii nepoliticos. Unii dintre ei pot fi atât de agresivi. Știi cum e? Le trimiți un mesaj frumos, iar ei îți răspund: „OK". Îți ia câteva secunde să scrii un mesaj mai lung, nu te costă nimic și e mult mai personal! Întotdeauna am grijă cum mă exprim.

Așadar, ai analizat slăbiciunile Roșilor, Verzilor și ale Galbenilor. Ți se pare că sunt posibile niște îmbunătățiri în cazul Galbenilor?

Da... totul depinde de autoconștientizare. În absența autoconștientizării, lucrurile o pot lua razna. (Pauză.)

Te gândești la un exemplu anume?
Da, la faptul că nu știm să ascultăm. Este important, pentru că, dacă nu știi despre ce se vorbește, discuția poate să o ia pe arătură. Însă uneori nu poți să stai deoparte și doar să asculți. De multe ori sunt nevoit să preiau comanda în timpul reuniunilor, pentru că altfel nu se întâmplă nimic. Însă eu pot să fac ca lucrurile să continue, așa că totul funcționează de minune.

În regulă, deci Galbenii trebuie să învețe să asculte. Cum stau lucrurile în ceea ce te privește? Crezi că ai slăbiciuni la care ar trebui să lucrezi?
(O lungă pauză.)
Nu-mi trece nimic prin minte.

Elisabeth, Verde cu trăsături Albastre. Are și puțin Galben, dar Roșu deloc. Lucrează la o organizație de sănătate publică.

Ce crezi despre metoda DISA?
A fost o lectură amuzantă. Știam multe despre personalitatea mea, dar cartea m-a ajutat să clarific niște lucruri. Știu că Roșii mă consideră încăpățânată, iar eu sunt de acord că sunt ceva mai precaută de fel. Însă îmi place ca toată lumea să se înțeleagă. Cooperarea este importantă și cred că toți ar trebui să fie de aceeași părere.

Ce ai reținut din această carte?
Fiul meu mi-a oferit cartea de ziua mea. E atât de dulce, îmi oferă tot timpul câte un cadou, chiar dacă i-am spus că nu vreau. E șomer și are probleme cu banii, însă Filip e un om foarte grijuliu. Mi-a luat ceva până ce am început să citesc cartea. La început mi-a fost greu, pentru că mă întrerupea cineva tot timpul. Însă, odată ce am intrat în subiect, nu am mai lăsat-o din mână. Sunt nenumărate exemple care mi-au plăcut. Am citit cu voce tare secțiunile referitoare la culoarea soțului meu și ne-am prăpădit de râs.

Ce culori crezi că are soțul tău?
Galben și Albastru, în același timp. Poate cineva să fie așa?

Desigur, este posibil. De ce crezi că v-ați amuzat?
Ne-au amuzat detaliile despre optimismul lui incurabil. Tot timpul are senzația că va face mai multă treabă decât face în mod real. Și așa ne trezim în trafic îndată ce ne-am urcat în mașină. Sau se trezește sub duș, cu câteva minute înainte să ne sosească invitații. Lucruri de genul acesta. Totuși, optimismul lui m-a făcut să mă îndrăgostesc de el în urmă cu 30 de ani. E un tip simpatic Tommy.

Ce ai reținut din această carte în termenii cunoștințelor practice?
Am reținut că mă înțeleg bine cu alți Verzi, ceea ce e în regulă, pentru că suntem foarte numeroși. Mi-a plăcut partea în care este descris faptul că Verzii au grijă de ceilalți. E foarte important. Însă, în zilele noastre, am senzația că oamenii devin din ce în ce mai egoiști. Cu toate acestea, nu cred că așa vom continua să ne comportăm pe termen lung. Am aflat și multe lucruri despre Galbeni (soțul meu) și despre Albaștrii (sora mea.) Este foarte conformistă, rigidă și chiar puțin dezinteresată.

Dezinteresată? Cum adică?
Nu prea îi pasă de restul lumii. Nu te întreabă niciodată ce mai faci și abia dacă mă sună de ziua mea.

Abia? Asta înseamnă că nu te sună de ziua ta?
Ei bine, ba da. Dar parcă o face din obligație, nu dintr-o preocupare sinceră. În plus, poate să fie foarte critică la adresa mea. În urmă cu câțiva ani, Tommy a renovat terasa din spatele casei. Apoi a venit Eivor, sora mea, și primul lucru pe care l-a făcut a fost să critice munca lui.

Ce a spus?

Primele cuvinte care i-au ieșit din gură au fost că terasa era cu două grade mai înclinată decât trebuia.

Și așa era?

Ei bine, era ușor înclinată. Dar, oare, chiar era necesar să arate asta cu degetul? Lucrase câteva săptămâni și, în loc să-l complimenteze pentru munca depusă, a început să critice totul.

Deci nu criticase doar terasa?

(Elisabeth încuviințează din cap.)

Ce crezi despre Roșii?

Cred că sunt OK... în felul lor. (Pauză.)

Ce vrei să spui?

Sunt foarte eficienți. Sunt foarte productivi și rapizi. Uneori mi-ar plăcea să fiu mai ambițioasă, dar nu sunt. Sunt doar eu.

Dar crezi că ți-ar fi de ajutor să fii puțin mai Roșie uneori?

Desigur. Dar suntem ceea ce suntem... Iar Roșii pot fi un pic duri.

Duri?

Ușor insensibili în anumite situații. Șeful de departament de la noi e Roșu. Spune tot ce îi trece prin minte. Iar chirurgii sunt cei mai răi, ne vorbesc de sus ori de câte ori au ocazia.

Și cum te afectează acest lucru?

Îmi este greu să gestionez conflictul. Îl poți evita complet, știu asta, dar e dificil când cineva are tot timpul un cui împotriva ta.

Deci, sunt cu toții certăreți?

Nu chiar toți. Și nu tot timpul, desigur. Însă avem, fără îndoială, probleme de comunicare. Este o atmosferă tensionată, iar echipa de management nici nu ne ia în seamă. Cei mai mulți dintre noi suferim într-un asemenea mediu de lucru. Anul trecut mi-am luat concediu medical.

Ați vorbit cu șeful vostru despre asta?

Am încercat, cu cinci ani în urmă. Nu a ajutat prea mult. Pentru o perioadă, lucrurile se îmbunătățiseră, dar apoi, totul a revenit la normal.

Și acum cum te simți?

E în regulă. Avem o echipă excepțională și asta este cel mai important. Lucrăm împreună. Mulți dintre noi avem vechime aici și nu vrem să plecăm.

Ce crezi despre propria culoare? Ca Verde, cum te înțelegi cu celelalte culori?

Ei bine, Roșii sunt greu de gestionat. Nu le plac Verzii, deși sunt mulți ca noi. Se plâng tot timpul de noi, eu personal am auzit asta. Spun vrute și nevrute despre noi, ba chiar ne pun și porecle.

Ce vrei să spui? Ai un exemplu clar?

Nu am un exemplu clar, dar e ceva ce știi, pur și simplu. Simți când un Roșu e nemulțumit, tensiunea plutește în aer.

Ai spus că șeful tău era Roșu?

Nu șeful meu direct, ci managerul de departament. Foarte Roșu.

Cum știi asta?

E limpede ca bună ziua. Merge repede, vorbește repede. Este foarte pretențios și centrat pe obiective. O persoană dificilă. Ne-a redus salariile.

Deci dacă reduci salariile ești o persoană dură?

Clar.

Cum merg treburile cu managerul de departament?
Nu știu, nu i-am vorbit niciodată în mod direct. Dar se aud de toate despre el, știi.

Adică?
Am auzit că alți angajați au avut probleme cu el.

Ce au pățit?
Una dintre angajate a fost certată pentru lucruri nesemnificative, cum ar fi întârziatul la muncă. A fost chemată imediat în biroul lui. Mie nu mi s-a întâmplat, eu nu întârzii niciodată.

Deci o angajată a întârziat la serviciu și a fost criticată pentru asta?
A primit o mustrare.

Ce i s-a spus?
Nu am fost acolo și nu am auzit nimic, dar mi-a spus că o asemenea problemă nu se gestionează în felul acesta.

Ți se pare că e normal să ajungi cu întârziere la serviciu?
Nu, nu este normal.

Și nu este responsabilitatea șefului de departament să corecteze asemenea comportamente?
Ba cred că da, depinde cum o iei.

Iar angajata respectivă a făcut scandal?
Nu, dar i s-a spus că nu mai are voie să întârzie, căci, în caz contrar, va primi un avertisment.

De câte ori a întârziat?
Întârzie tot timpul.

Bine. Ce ai vrea să știe despre tine oamenii pe care îi întâlnești în viață? Cum ți-ar plăcea să se poarte cu tine?

Ar fi minunat dacă oamenii ar înțelege că unii dintre noi au nevoie să o ia mai ușor... Și că nu ne plac schimbările. Îmi place să îi cunosc pe cei de lângă mine, dinainte de a ne cufunda în muncă. Hai să bem o cafea și să discutăm puțin. E drăguț să ne cunoaștem între noi, apoi ne putem întoarce la treabă.

Altceva?

Da, noi, Verzii, nu ne pricepem la gestionarea conflictelor. Ar trebui să învățăm mai bine acest aspect.

Stefan, economist Albastru, care lucrează la sediul central al unei corporații, cu filiere în mai multe țări europene. Crede că are și câteva nuanțe de Roșu, dar nu poate identifica nimic Galben sau Verde în comportamentul său.

Ce părere ai despre metoda DISA?

Este un concept interesant. Se pare că există multe studii pe această temă, ceea ce mi se pare genial. Am mai văzut o variație a acestei metode și cu alte ocazii, dar era vorba despre un sistem care clasifica oamenii în funcție de combinații de litere. Ar fi interesant de comparat cele două modele.

Există multe metode disponibile. Majoritatea se bazează pe aceleași idei, dar, cu timpul, ele s-au dezvoltat diferit. Instrumentul pe care îl utilizez eu este foarte pertinent.

Te referi la fiabilitate sau la validitate?

La ambele. Ți-aș recomandat și *Emoțiile oamenilor normali*, un studiu publicat de Marston. Ce concluzii ai tras după lectura acestei cărți?

A fost interesantă structura cărții. Autorul a caracterizat cele patru tipologii în ordinea Roșu, Galben, Verde și Albastru. Fiecare nouă idee era explicată cu referire la celelalte patru culori. E o metodă bună, pentru că poate deveni plictisitor să citești doar despre o culoare. Și am observat că fiecare culoare are același număr de pagini. Mă întreb cum de a reușit asta aproximativ.

În ceea ce privește modelele comportamentale, ce ai învățat până acum?

Că oamenii sunt diferiți. Știam asta deja, desigur, dar a fost interesant să descopăr ce anume ne face diferiți. Iar cartea propune numeroase exemple. M-a interesat, în special, comportamentul Roșu.

Și ce părere ai?

Mi se pare excepțională motivația lor de a merge mai departe. Am un coleg cu aceeași atitudine. Tot timpul primul. Abilitatea lui de a lua decizii este cu adevărat impresionantă. Face o groază de greșeli, desigur, dar le corectează repede, așa că nu cred că e o problemă.

Lucrezi bine cu Roșii?

Destul de bine, aș zice. Desigur, deseori, Roșii sunt foarte neglijenți, dar îi poți ajuta să fie mai silitori. Rolul meu este acela de a mă asigura că respectăm planul, un lucru la care Roșii nu se pricep. Însă, deseori sunt buni la improvizație, ceea ce e o abilitate de apreciat. În plus, sunt foarte curajoși.

Se pare că nu ai mari probleme cu Roșii, nu-i așa?

Așa este. Depinde ce vrei să spui prin „mari", dar, da, aș zice că nu am mari probleme cu ei. Acestea fiind spuse, cred că lor le vine mai greu să aibă de-a face cu persoane ca mine.

Ce vrei să spui?

Îmi place structura. Zero greșeli. În domeniul finanțelor nu e loc de greșeli. O asemenea industrie are nevoie de oameni meticuloși. Dacă am înțeles bine, Roșii nu sunt preocupați de detalii, adică exact munca mea. Catastrofele sunt considerabile dacă greșim cifrele. Pur și simplu, e de neconceput.

În regulă. Ce părere ai despre celelalte culori? Cum te înțelegi cu Verzii?

Destul de bine. Potrivit cărții, Albaștrii și Verzii sunt oameni introvertiți, ceea ce cred că este un lucru pozitiv. Te poți dedica muncii, în loc să pierzi timpul pălăvrăgind. (Pauză.)

Dar Verzilor le place să vorbească.

E adevărat. Însă mie nu îmi place. Decât dacă e o discuție legată de muncă. Ceea ce nu îmi place la Verzi este că pretind că muncesc, deși uneori nici nu sunt la birou și fac orice altceva decât să muncească. Aici avem o problemă.

Ți se pare că o problemă des întâlnită la locul de muncă?

Da.

Și ce ai făcut să o rezolvi?

Nimic.

De ce nu?

Nu e responsabilitatea mea. E o problemă ce ține de management.

Ai discutat despre asta cu managerii tăi?

Nu.

Așadar, unii dintre colegii tăi se fac că muncesc, ceea ce încetinește proiectul. Ai observat acest lucru și nu ai făcut nimic în privința asta?

Așa este.

De ce nu?

Așa cum am mai spus, este o problemă ce ține de management. Eu nu am nici o autoritate.

Ce ai face dacă ai avea autoritatea de a acționa?

Este o întrebare ipotetică.

Da, dar să spunem că ai avea autoritate.

Dar nu e cazul. Nu mă interesează managementul, așa că nu știu ce aș face.

De curiozitate, dacă șeful tău ți-ar cere sfatul cu privire la problema asta, ce i-ai spune?

Ipotetic?

Da.

I-aș cere să discute problemele cu angajații săi, mult mai des. Să le dea feedback, să le atragă atenția și să le ceară să își schimbe comportamentul.

În regulă. Putem vorbi puțin despre Galbeni?

(Stefan își încrucișează mâinile la piept și încuviințează din cap.)

Cum îi percepi pe Galbeni?

Sunt plictisitori. Mi-ar plăcea să ia lucrurile mai în serios. De exemplu, la serviciu. Știu că trebuie să te și distrezi, dar nu toată ziua. Nu poți să te prostești toată ziua, în loc să lucrezi. Mă enervează că sunt agitați și deranjează pe toată lumea cu prostiile lor. Uneori, pot fi amuzanți, dar munca e o treabă și distracția e altă treabă. Mai e și incapacitatea lor de a înțelege lucrurile. Cred că sunt incompetenți când vine vorba de lucruri concrete. Nu iau nimic în serios și fac numeroase greșeli. De exemplu, dacă un Galben pur ar ocupa postul de controlor de conturi, cum și-ar face treaba? Nici nu știe ce să caute. Cu toate acestea, cea mai mare problemă este că spun lucruri neadevărate. De exemplu, pot să îți spună că au verificat de două ori detaliile, dar, de fapt, nici pomeneală. Sau insistă că nu sunt neglijenți, deși toată lumea știe că sunt. E foarte frustrant.

Ai cunoscut cu adevărat un Galben?

E imposibil să nu. Îți povestesc viața lor, complet lipsiți de discernământ. Au impresia că ne pasă tuturor de casa lor de vacanță sau de cățelușul lor sau de fiul lor care și-a pierdut un dinte de lapte sau că fratele și-a cumpărat o barcă de pescuit. Absolut irelevant.

Îți petreci timpul cu Galbeni?

Nu. Încerc să îi evit.

De ce?

Nu aș suporta atâta vorbărie. Ar fi moartea mea. Pur și simplu, nu pot să îi ascult vorbind despre toate și despre nimic. Și nu poți ști dacă ceea ce îți spun este sau nu adevărat. Lucru care mă irită. Înfloresc totul. Petrec cinci minute cu un Galben și sunt la capătul puterilor. Cumnatul meu vorbește tot timpul despre noua poziție pe care o ocupă la muncă. Dar de fiecare dată descrie altfel lucrurile. L-am întrebat ce post ocupă, de fapt, pentru că nu am înțeles niciodată, dar totul e foarte vag. L-am întrebat, la un moment dat, cum merge compania și mi-a povestit că sunt pe cale să obțină un patent mondial pentru un produs. Dar nu mi-a zis nici despre ce produs e vorba și nici despre detaliile proiectului. O discuție inutilă.

Poate nu știa răspunsul?

În cazul acesta, putea să spună că nu știe. Cât de greu poate fi? În schimb, mi-a vorbit despre un milion de alte lucruri, care nu mă interesau.

Ce sfat le-ai da celorlalți, pentru a-i ajuta să interacționeze mai bine cu tine?

Bună întrebare. Le-aș cere să îmi respecte dorința de a fi un profesionist desăvârșit și de a nu-mi pierde timpul cu lucruri inutile. Ar trebuie își facă temele înainte să vină la mine cu întrebări. E nevoie de multă cercetare pentru a da un răspuns pertinent.

Care sunt cele mai mari slăbiciuni ale tale?

Să mă gândesc... Uneori, mă pierd în detalii. Știu asta. Nu cred că e o problemă foarte gravă, dar, în viața privată, se poate dovedi o problemă.

Adică?

Soția mea este mai degrabă Roșie. Crede că sunt o persoană înceată și are dreptate. Sunt foarte suspicios cu privire la ideile noi. Nu e vorba că nu mă pot schimba, însă, deseori, văd probleme acolo unde nu există cu adevărat. Uneori, mi se pare greu să iau decizii și devin anxios. Avem nevoie de un nou televizor acasă, pentru că cel vechi nu mai are viață lungă. Însă, sunt atâtea modele pe piață, iar eu nu am reușit să fac o cercetare corespunzătoare. Soția mea crede că am nevoie doar de zece minute ca să cumpăr unul nou. Dar, dacă nu este bun? Cum pot să știu dacă e modelul de care avem nevoie? Până la urmă, e o investiție importantă. Așa că, pentru moment, ne descurcăm cu cel vechi.

Alte gânduri la sfârșit de interviu?

Așa cum am spus, DISA este un concept interesant. Voi achiziționa cartea lui Marston.

20. Mic chestionar de evaluare a celor învățate

Vei avea mai jos ocazia să îți testezi abilitățile! Un exercițiu care te poate ajuta să-ți evaluezi prietenii. Cât de multe știi despre oamenii cu care lucrezi? Sper ca răspunsurile pe care le obții să te conducă la discuții interesante, în jurul dozatorului de apă de la serviciu sau chiar la cină, în familie.

1. Ce combinație de profiluri funcționează la nivel social?
   Doi Galbeni
   Doi Roșii
   Galben și Roșu
   Albastru și Verde
   Toate răspunsurile sunt corecte

2. Ce combinație de profiluri funcționează în mediul profesional?
   Verde cu oricine altcineva
   Doi Galbeni
   Doi Roșii
   Albastru și Roșu
   Toate răspunsurile sunt corecte

3. Ce profil își dorește tot timpul să fie la conducerea proiectului?
   Roșu
   Galben
   Verde
   Albastru

4. Ce profil i se potrivește unui chirurg desăvârșit?
   Roșu
   Galben
   Verde
   Albastru

5. Cărei persoane i-ar plăcea cel mai mult să țină un discurs?
   Roșu
   Galben
   Verde
   Albastru

6. Cine știe cu exactitate unde a salvat un mesaj primit de la șef?
   Roșu
   Galben
   Verde
   Albastru

7. Ce persoană își dorește să facă mai multe teste și verificări înainte de a lua o decizie?
   Roșu
   Galben
   Verde
   Albastru

8. Pe cine te poți baza că ajunge la timp?
   Roșu
   Galben
   Verde
   Albastru

9. Ce persoană nu urmează regulile pentru a duce la bun sfârșit un proiect?
   Roșu
   Galben
   Verde
   Albastru

10. Ce persoană este mai dispusă să încerce ceva nou pentru a duce la bun sfârșit un proiect?
Roșu
Galben
Verde
Albastru

11. Ce persoană ține minte criticile care i se aduc?
Roșu
Galben
Verde
Albastru

12. Ce persoană este mai afectată de critici?
Roșu
Galben
Verde
Albastru

13. Ce persoană este cea mai puțin organizată, dar știe exact unde să găsească ceea ce are nevoie?
Roșu
Galben
Verde
Albastru

14. Ce profil vrea să ia întotdeauna decizii?
Roșu
Galben
Verde
Albastru

15. Ce profil poartă haine la modă?
Roșu
Galben
Verde
Albastru

16. Ce profil se bucură cel mai mult de provocări?
    Roșu
    Galben
    Verde
    Albastru

17. Ce profil se grăbește să-i judece pe ceilalți?
    Roșu
    Galben
    Verde
    Albastru

18. Ce combinație de profiluri ar forma cea mai bună echipă?
    Doi Verzi
    Doi Roșii
    Galben și Roșu
    Albastru și Verde
    Toate culorile combinate

19. Ce profil este cel mai vorbăreț?
    Roșu
    Galben
    Verde
    Albastru

20. Ce profil asimilează cel mai repede ideile?
    Roșu
    Galben
    Verde
    Albastru

21. Ce profil delegă o sarcină, dar tot el o duce la bun sfârșit?
    Roșu
    Galben
    Verde
    Albastru

22. Ce profil este cel mai bun ascultător?
    Roșu
    Galben
    Verde
    Albastru

23. Ce profil nu ar rata niciodată ultima etapă din manualul de instrucțiuni?
    Roșu
    Galben
    Verde
    Albastru

24. Care este cel mai des întâlnit profil din mediul tău social?
    Roșu
    Galben
    Verde
    Albastru
    Răspunsurile la sfârșitul cărții.

Mai multe despre întrebarea 24

La serviciu, nu îi poți alege întotdeauna pe oamenii cu care vrei să lucrezi. Ei, pur și simplu, sunt acolo, fie că îți plac sau nu. În lumea profesională, trebuie să joci cea mai bună partidă cu cărțile pe care le ai în mână. Însă, când nu ești la serviciu, când poți alege cu cine să îți petreci timpul, pe cine vei alege? Îi vei alege pe cei care îți seamănă sau pe cei complet diferiți de tine?

Desigur, nu există răspunsuri corecte sau greșite, dar e interesant să te gândești la asta. Pe cine alegem când avem șansa de a alege?

Și cum ne alegem partenerul de viață? După chipul și asemănarea noastră sau dimpotrivă? O întrebare fascinantă, nu-i așa?

21. Un ultim exemplu din viața de zi cu zi

Poate cel mai edificator proiect de echipă din istoria lumii

Ei bine, e vremea să facem rezumatul acestei cărți și să tragem concluziile. Dar, înainte de toate, mi-ar plăcea să împărtășesc o experiență fascinantă, pe care am trăit-o în urmă cu câțiva ani.

Eram la o conferință și mi-a trecut prin minte să fac un experiment cu un grup de manageri, care lucrau la o companie de telecomunicații. Participanții erau profesioniști inteligenți și aveau mult succes în domeniul lor. Aveau calificări excelente și cariere de excepție. Le făcusem deja profilul și completaseră un chestionar care arătase ce stil de comunicare foloseau.

I-am împărțit pe managerii respectivi în grupuri de indivizi cu profiluri asemănătoare. Mi-am spus că e mult mai ușor dacă procedez astfel, pentru că s-ar înțelege între ei. Erau 20 de oameni în total. Am atribuit câte o culoare fiecărui grup – Roșu, Galben, Verde și Albastru – pentru că *trebuia* să dau o denumire fiecărui grup.

Aveau de rezolvat o problemă special gândită, din domeniul lor de expertiză, problemă care cerea, înainte de orice, multă cooperare. Au avut o oră la dispoziție. Le-am explicat provocarea și au acceptat fără probleme instrucțiunile.

După un timp, am început să mă plimb pe lângă ei, să văd cum merg lucrurile în fiecare grup.

În grupul Roșu, tonul era foarte ridicat. Trei bărbați erau în picioare și explicau în gura mare de ce ei aveau dreptate. Cel de-al patrulea hotărâse să lucreze singur. Complet deconectat de la meciul dintre cei trei colegi, individul scria atât de repede, încât pixul abia rezista presiunii.

Când i-am întrebat cum merge treaba, toți patru s-au uitat surprinși la mine.

„E totul în regulă?" am întrebat eu îngrijorat.

„Totul merge ca uns!" mi-a răspuns unul dintre ei, foarte iritat. „Aproape am terminat."

I-am lăsat în pace și mi-am continuat plimbarea. Și grupul Galben muncea din greu. Aproape că simțeai energia din sală. Discuțiile erau vii, fiecare încerca să își exprime poziția. Spre deosebire de Roșii cei nervoși, Galbenii erau numai un zâmbet. Doi dintre Galbeni împărțeau spațiul de pe tabla de scris, iar un altul mi-a spus un banc care nu avea nimic de-a face cu subiectul. Al cincilea manager din grupul Galben se juca cu o bucată de hârtie și trimitea emailuri de pe telefon.

I-am lăsat să lucreze și m-am îndreptat spre grupul Verde. O liniște ciudată domnea în sală. Vocile erau stinse, iar ei mai degrabă ascultau decât vorbeau. Obiectivul era echilibrul și siguranța. Cinci dintre manageri ascultau povestea unuia dintre colegi: acesta își pierduse în mod tragic câinele, care murise de bătrânețe. Încă îi era dor de prietenul său necuvântător.

Ultimul manager schițase niște sugestii despre cum ar fi putut să rezolve sarcina pe care le-o dădusem, însă fiecare sugestie se termina cu un semn de întrebare. Avea nevoie de multe informații și îmi dădea senzația că voia să mă întrebe. Dăduse de bucluc.

Mi-am continuat plimbarea. În cazul ultimului grup, cel Albastru, nu se auzea nimic din sala respectivă. După ce am stat câteva minute cu ei, timp în care nimeni nu a scos un cuvânt, am început să îmi fac griji. Se vedea clar că în spatele tăcerii se ascundea multă reflecție, dar nu comunicau între ei.

O femeie citea instrucțiunile în tăcere. I-am întrebat dacă aveau nevoie de ajutor pentru a începe. Au încuviințat din cap, dar cu multă ezitare. În curând, aveau să înceapă să delibereze. Voiau neapărat să finalizeze sarcina și era evident că erau pe calea cea bună, însă erau complet rătăciți în detalii. Au pierdut mul timp vorbind despre planul de acțiune.

Îmi amintesc că m-am uitat la ceas. Se scursese jumătate din timp și nu făcuseră nimic concret. Existau mai multe propuneri, însă fuseseră respinse de fiecare în parte, din cauza unor detalii tehnice. Fiecare cuvânt era ales cu grijă, iar avantajele și dezavantajele erau bine evaluate. Îi preocupa mai mult acest proces decât finalizarea sarcinii.

I-am lăsat în pace și m-am întors în sala de conferințe. Înainte ca timpul să se scurgă, Roșii au venit la mine zâmbind triumfător. S-au felicitat între ei pentru că erau primii care reușiseră să rezolve problema.

M-am dus să-i chem în sala de conferințe și pe membrii celorlalte echipe. Galbenii erau cei mai în urmă, așa că a trebuit să mă duc de două ori după ei. Doi dintre ei vorbeau la telefon, iar cel de-al treilea tocmai băuse o cafea și mâncase o prăjitură.

După ce toate echipele au venit în sală, i-am lăsat să prezinte rezultatele. Roșii au urcat triumfători pe podium. Rezolvaseră sarcina în doi timpi și trei mișcări, în nici măcar o jumătate de oră, deși le lăsasem o oră la dispoziție. Cea de-a doua jumătate de oră o petrecuseră telefonându-le colegilor, să vadă cum se descurcau. Era o prezentare coerentă, structurată și bine gândită. Însă mi-am dat seama imediat că rezolvaseră o problemă complet diferită de ceea ce le cerusem. Nu era nici pe departe ceea ce le cerusem eu.

Când i-am întrebat dacă citiseră instrucțiunile, au început să se certe. Unul dintre bărbați mi-a mărturisit că adaptaseră sarcina respectivă la realitate. Făcuseră o treabă grozavă. Se așteptau la aplauze, dar când au constatat că nu îi aplaudă nimeni, au ridicat din umeri și s-au întors la locurile lor. Imediat după ce s-au așezat, femeia din grup a început să trimită mesaje pe telefon; în mod evident avea de trimis urgent un SMS.

A venit rândul Galbenilor: doi bărbați și două femei. Zâmbeau cu toții și se întrebau cine să înceapă prezentarea. A avut loc o scurtă deliberare înainte ca una dintre femei să își croiască drum spre podium. A intrat direct în subiect, povestindu-ne cât de interesantă fusese ultima jumătate de oră petrecută cu colegii. A vorbit ceva vreme despre cât de plin de inspirație fusese exercițiul și ne-a explicat că avea să folosească cele descoperite, odată întoarsă la muncă. Prezentarea ei a fost foarte interesantă, mai ales că nu avusese decât un sigur obiectiv: acela de a ascunde că nu rezolvaseră sarcina. Totuși, grupul Galben a fost felicitat, în special ca reacție la prezentarea ei minunată.

A venit și rândul Verzilor. A durat ceva până să urce toți pe podium. Deși Galbenii se certaseră hotărându-se cu greu cine să fie purtătorul de cuvânt, Verzii erau foarte anxioși. Urcăm toți pe podium? Cine trebuie să prezinte raportul? Eu? Nu tu ar trebui să o faci? Cel puțin jumătate dintre cei șase participanți arătau de parcă aveau probleme digestive. Desigur, era grupul cel mai mare, dar erau cu toții foarte nervoși.

Nimeni nu a preluat comanda. După deliberări îndelungate, unul dintre bărbați a început să vorbească. S-a uitat la tabla de scris în cea mai mare parte a timpului. A vorbit încet și s-a îndreptat spre membrii echipei lui, pentru a fi susținut. Era atât de subtil în observații încât mesajul se pierduse. Disperat, le-a cerut ajutorul colegilor lui.

La sfârșitul prezentării, nici măcar Verzii nu rezolvaseră sarcina, deși progresaseră mai mult decât Galbenii – i-am întrebat dacă erau de acord cu materialul prezentat.

Nefericitul purtător de cuvânt mi-a spus că *se prea putea ca fiecare dintre ei să fie relativ de acord*. Am întrebat grupul și au încuviințat cu toții din cap. Cel puțin patru dintre participanți aveau fețele mohorâte și brațele lipite de corp – limbajul corporal era mai grăitor decât ceea ce auzisem. Una dintre femei privea disprețuitoare la purtătorul de cuvânt.

În cele din urmă, grupul Albaștrilor a urcat pe podium. Participanții s-au așezat în ordine alfabetică. Arne ne-a prezentat instrucțiunile și ne-a explicat dificultățile sarcinii respective. Printre altele, a remarcat o greșeală de tipar în structura unei fraze: ne-a explicat că ar fi fost mai bine dacă aș fi scris „supervizor" în loc de „supraveghetor", deși ambele forme sunt corecte din punct de vedere tehnic. În plus, ne-a mai indicat și două greșeli gramaticale pe prima pagină.

Berit a luat cuvântul apoi, întrerupt de două ori de Arne care credea că omisese câteva detalii în prezentarea lui. A venit rândul lui Kjell, dar încă erau departe de a prezenta o soluție la problemă. Stefan nu a fost nici el mai edificator, iar Yolanda ne-a anunțat că mai aveau nevoie de timp suplimentar pentru a rezolva sarcina.

Roșii au spus despre Albaștri că ar fi niște idioți, Galbenilor li s-a părut că testul fusese cea mai plictisitoare experiență, iar Verzii sufereau în tăcere.

Concluzii

Scopul era acela de a demonstra că nici un grup alcătuit din indivizi de aceeași culoare nu poate funcționa și că diversitatea este singura opțiune. Cel mai util este să combini tipologii diferite, căci numai așa se poate obține o dinamică. Concluzia pare intuitivă, dar, cu toate acestea, majoritatea organizațiilor în care am lucrat ignoră această cerință fundamentală în procesul de recrutare. Managerii aduc oameni noi, doar pentru că se înțeleg între ei.

Această carte și-a propus să explice de ce lucrurile funcționează astfel și să ofere instrumentele necesare pentru rezolvarea problemele. Sper că a fost o lectură plăcută și o experiență utilă în explorarea modului în care funcționează oamenii, a asemănărilor și a diferențelor dintre aceștia. Pentru că suntem diferiți. Dacă ești atent, vei înțelege în ce fel suntem diferiți.

Restul depinde de tine.

Răspunsuri la întrebările din Capitolul 20

1. Doi Galbeni
2. Verde cu oricine
3. Roșu
4. Albastru
5. Galben
6. Albastru
7. Albastru
8. Albastru
9. Roșu
10. Galben
11. Verde
12. Galben
13. Galben
14. Roșu
15. Galben
16. Roșu
17. Roșu
18. Combinație din toate culorile
19. Galben
20. Roșu
21. Roșu
22. Verde
23. Albastru
24. Nu există un răspuns la această întrebare, așa cum poate ai înțeles deja.

LECTURI SUPLIMENTARE

Blink: The Power of Thinking Without Thinking, Malcolm Gladwell (Back Bay Books, 2007)

Conversation Transformation: Recognize and Overcome the 6 Most Destructive Communication Patterns, Ben Benjamin, Amy Yeager și Anita Simon (McGraw-Hill Education, 2012)

Emotional Intelligence: Why It Can Matter More Than IQ, Daniel Goleman (Bantam Books, 2005)

Feel the Fear... And Do It Anyway, Susan Jeffers (mai multe ediții)

Get Your Sh*t Together: How to Stop Worrying About What You Should Do So You Can Finish What You Need to Do and Start Doing What You Want to Do, Sarah Knight (Little, Brown and Company, 2016)

How To Stop Worrying And Start Living, Dale Carnegie (Gallery Books, 2004)

How to Win Friends and Influence People, Dale Carnegie (mai multe ediții)

Influence: The Psychology of Persuasion, Robert Cialdini (Harper Business, 2006)

Outliers: The Story of Success, Malcom Gladwell (Back Bay Books, 2011)

Quiet: The Power of Introverts in a World That Can't Stop Talking, Susan Cain (Broadway Books, 2013)

Social Intelligence: The New Science of Human Relationships, Daniel Goleman (Bantam, 2007)

The 7 Habits of Highly Effective People: Powerful Lessons in Personal Change, Stephen R. Covey (mai multe ediții)

The 10 Dumbest Mistakes Smart People Make and How to Avoid Them:

Simple and Sure Techniques for Gaining Greater Control of Your Life, Arthur Freeman (William Morrow, 1993)

The Power of Habit: Why We Do What We Do in Life and Business, Charles Duhigg (Random House, 2014)

The Ten Types of Human: A New Understanding of Who We Are, and Who We Can Be, Dexter Dias (Random House, MB, 2017)

Types of Men, Eduard Spranger (Target Training International, 2013)